그림 같은 여자
그림 보는 남자

일러두기

1. 단행본·신문·잡지·전시는 《 》, 미술작품·영화·시·논문은 〈 〉로 묶어 표기했습니다.

2. 인명 및 지명 등의 외래어표기는 국립국어원 외래어표기규정을 따랐으나, '반 고흐' 같이 용례가 굳은 경우에는 통용되는
   표기를 사용했습니다.

3. 이 책에 사용된 도판은 대부분 저작권자의 동의를 얻어 수록했지만 일부는 찾지 못했습니다. 저작권자가 확인되는 대로
   정식 동의 절차를 밟고자 합니다.

4. 각 작품에는 작가, 작품명, 제작 기법, 실제 크기(회화는 세로×가로, 입체는 세로×가로×높이), 제작 연도, 소장처 순으로
   기재했으나 일부 확실하지 않은 경우에는 세부정보를 기재하지 않았습니다. 구체적인 정보가 확인되는 대로
   기재하겠습니다.

5. 이 책에 사용된 일부 작품은 한국미술저작권협회(SACK)를 통해 ADAGP, Succession Picasso, VEGAP와 저작권
   계약을 맺은 것입니다. 저작권법에 의하여 한국 내에서 보호를 받는 저작물이므로 무단 전재 및 복제를 금합니다.
   그 목록은 다음과 같습니다.

서로를 안아주는
따스한 위로와 공감

그림 같은 여자
그림 보는 남자

유경희 지음

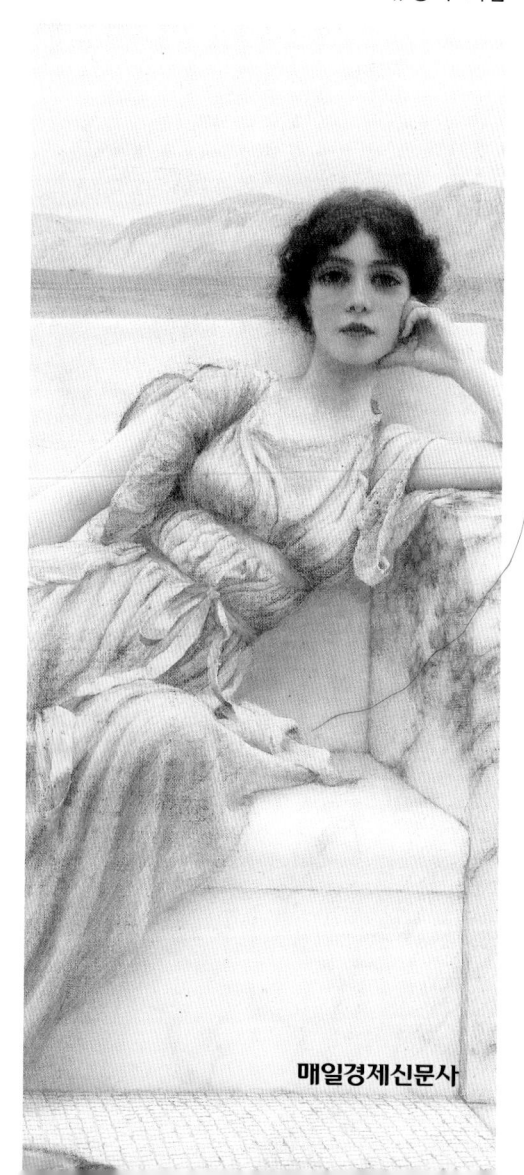

매일경제신문사

나의 아토포스,

R에게

———

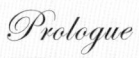

완벽한 이해 없이도 온전한 사랑이 가능하다.
_영화 〈흐르는 강물처럼〉에서

"절경絶景은 시가 되지 않는다"고 어느 시인이 말했을 때 내 등은 뜨겁게 시려왔다. 내 인생을 절경이라고 생각했던 적이 별로 없어온 터라 살가운 위로를 느꼈다. 나는 내 사전에 절경에 대한 정의를 새롭게 내리고 싶어졌다. 어디 더할 나위 없이 훌륭한 경치만이 절경이겠는가? 남들 보기에 훌륭하지 않아도, 그럴듯하지 않아도, 멋지지 않아도 충분히 흥미롭고 가치 있고 의미 있는 인생이 있다. 그 삶이야말로 진정 절경 아니겠는가!

그런 생각을 하게 만든 건 내 지성소의 뮤즈들, 바로 예술가와 그들의 삶이었다. 내가 만난, 나의 멘토이자 친구이자 연인이 된 뮤즈들은 세상과 사람에 대한 호기심과 섬세함을 결코 잃은 적 없는 존재들이다. 그들은 삶에 대한 진지하고 유쾌한 호기심과 관심을 견지하려고 노력했고, 삶의 순간순간을 유머와 위트를 담아 창의적으로 헤쳐나가고 싶어했다. 그리고 어떤 어려움 속에서도 자신이 무엇을 원하는지 명확하게 알고자 했다.

내가 사랑하는 예술가들은 타자들이었다. 소외되고 배제된 존재들이란 뜻이다. 태생부터 불온하며, 부모와 갈등을 겪었고, 가족의 이른 죽음을 경험했거나, 질병과 장애를 안고 있는 경우가 많았고, 사회로부터 냉대받거나 배척당했다. 이런 사회적, 심리적, 육체적 상처와 절망에도 그들은 항상 위기를 절체절명의 기회로 전환했다. 그 지난했던 시간들이야말로 예술가들에게 가장 생산적이고 창의적인 모멘텀, 즉 창작의 근원이었다.

예술가들이야말로 상처와 위기에 아주 취약한, 소심하고 예민한 존재들이다. 그러기에 그들에게 닥친 소외, 배신, 가난, 사고, 늙음, 죽음, 추함, 파산은 무엇보다 더 크고 예리한 상흔을 남겼다. 보통 사람이라면 포기했을 그 지점에서 예술가들은 분연히 일어났다. 그네들이 끝내 놓지 않았던 것은 '예술'이라는 꿈과 상상과 이데아의 세계였다. 그들은 절경으로 존재하지는 못했지만 꿈꾸기를 포기하지 않았고, 그들이 꿈꾸는 세상은 최선의 절경이 되었다. 생채기에서 처연하리만큼 아름다운 꽃이 핀 것이다!

그림이라는 세상, 예술이라는 세계가 당신에게 손을 내밀기 시작했다. 모든 사소하고 비천하고 힘겹고 어렵고 짜증나고 분노할 수 있는 지점들이 새삼스럽게 자신을 발견하게 하고, 타인들을 이해하게 하는 접점이 될지도 모른다. 예술가와 그 그림들이 당신의 어깨를 토닥이며 말을 건넬 것이다. 다 괜찮다고, 당신에게 느낌과 감정이 있다는 건, 당신이 뜨겁게 살아 있다는 증거라고, 그렇게 살아 숨 쉬는 한 당신은 아름다운 사람으로 기억될 것이라고. 그리고 예술가와 그림이 당신의 삶에 가장 큰 힘은 아니지만, 가장 아름다운 조력자로 당신과 함께할 것이다. 감동할 수 있는 권리를 잃어버린 당신! 이제 당신을 예술의 아름다움에 매혹당하도록 방기하자. 아름다움에 대한 열정으로 스스로를 무장해제시키자. 예술 혹은 그림이 당신을 절절히 원하고 그리워하고 있다. 당신은 그냥 시선을 던지기만 하면 된다. 아주 간단한 일이다.

포도나무로 덮여 있는 유년의 정원에서
유경희

Contents

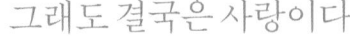

LOVE   그래도 결국은 사랑이다

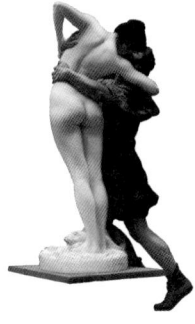

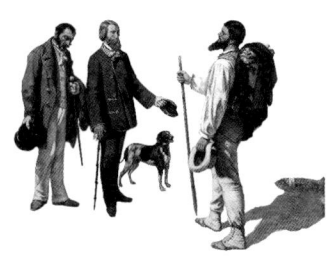

LIFE

좋은 일과 나쁜 일,
그 중간쯤에 인생이 존재한다

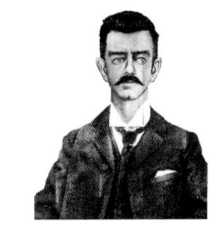

FAMILY 당신의 지원군 또는 당신의 적군

SUCCESS 언제 찾아올지 모르는 그 순간

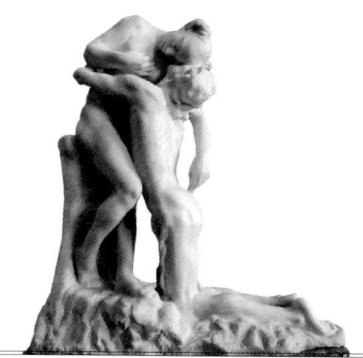

STYLE 자신만의 취향 안에서 생기는
새로운 세계

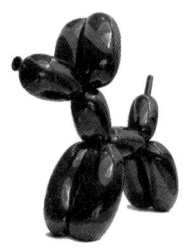

그래도
결국은
사랑이다

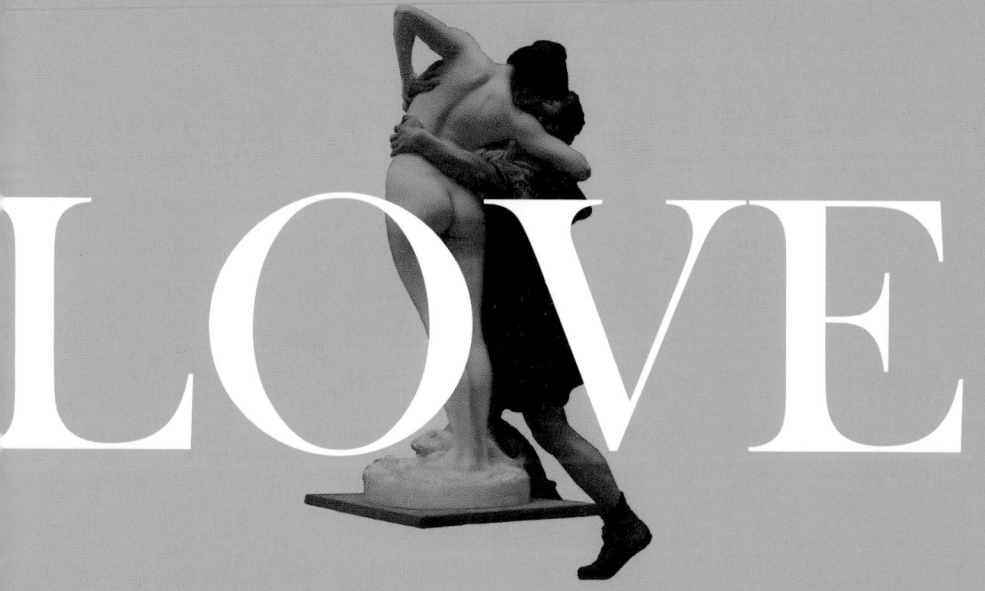

LOVE

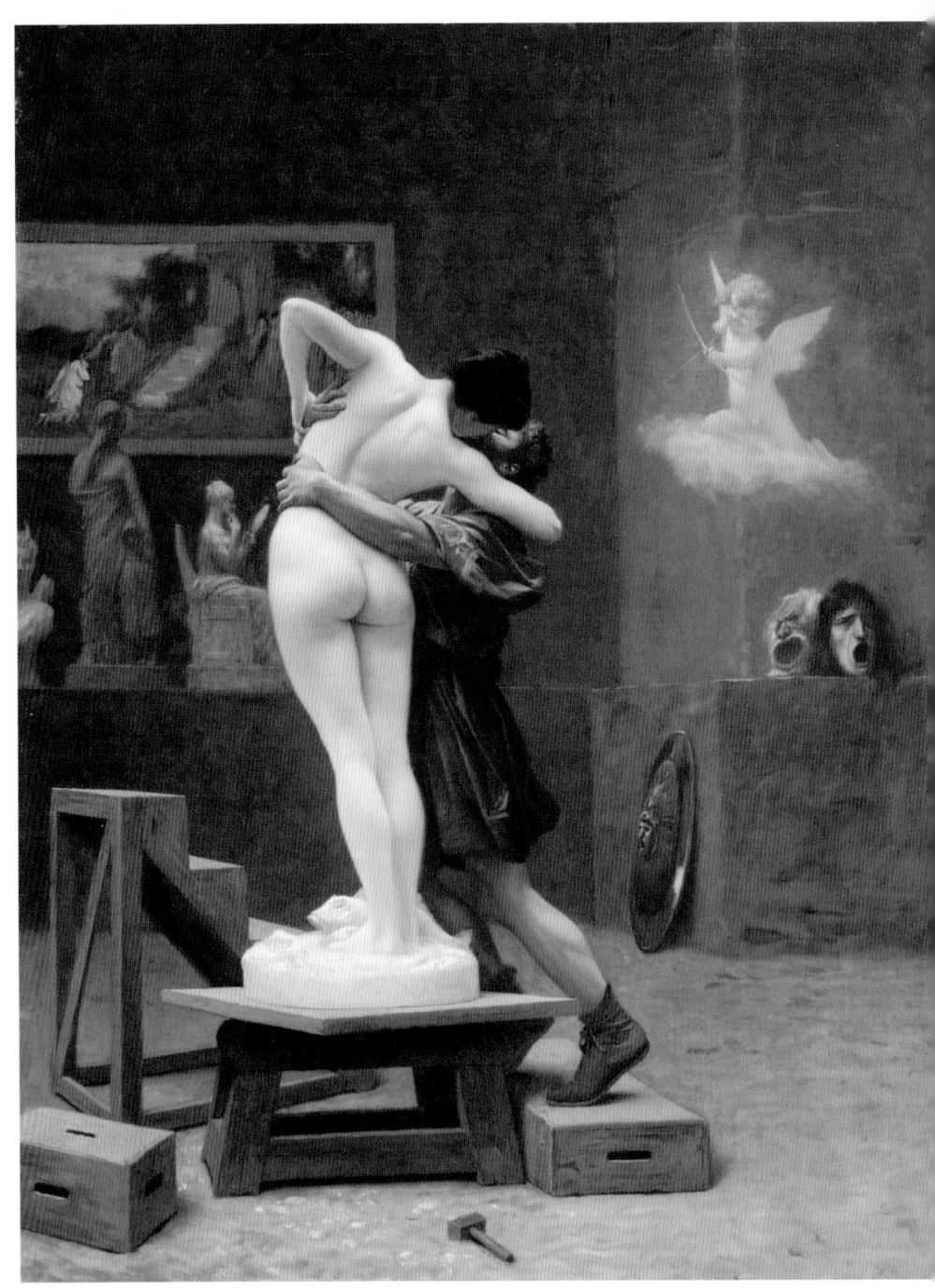

장 레옹 제롬, 〈피그말리온과 갈라테이아〉
캔버스에 유채, 89×68.5cm, 1892, 뉴욕 메트로폴리탄 박물관

지금, 사랑하는 사람과
살고 있습니까?

자신이 만든 세계 안에서만
사랑을 찾는 사람들

매일 밤 문득 옆에서 잠을 자고 있는 존재가 낯설게 느껴지지는 않는가? 새로운 상대와의 로맨틱한 연애를 꿈꾸고 있지는 않은가? 스스로 선택한 사랑에 실망하고 있는 중인가? 그런 자신을 처절하게 돌아보게 만드는 신화가 있다. 바로 피그말리온!

피그말리온은 노총각이었다. 게다가 직업은 조각가였다. 그의 소망은 여자 없는 세상에 사는 것이었다. 설마? 어쩌면 여성에게 상처받은 남자들에게 가끔씩 듣게 되는 엄살과 푸념이라고 생각해도 좋을 것 같다. 사실 그는 여자를 싫어했다기보다 두려워했다고 보는 편이 옳다.

그렇다면 피그말리온은 왜 여성을 두려워하게 된 것일까? 오비디우스 Publius Ovidius Naso의 《변신 이야기 Metamorphoses》를 통해 그 이유를 추측해볼 수 있다. 이 책에는 어린 소녀들이 몹쓸 짓을 하는 것을 보게 된 피그말리온의 이야기를 담고 있다. 그는 수치스러운 줄 모르고 악행에 물들어 있는 여인들을 자주 목격하곤 충격을 받았다. 그 이후 피그말리온은 혼자 살기로 결심했다. 그렇지만 여자가 그립지 않은 것은 아니었다.

조각가였던 피그말리온은 놀랄 만한 솜씨로 하얀 상아로 된 여인을 만들었다. 적당한 크기의 봉긋한 가슴에, 탐스러운 엉덩이 등 자기가 가장 선호하는 모양 그대로 말이다. 그렇게 공들여 만든 조각은 깜짝 놀랄 만큼 현실의 여인과 똑같았다. 그 스스로도 그것이 진짜 사람 살갗인 줄 착각하고 만져보기 일쑤였다. 그렇게 그는 자신이 만든 완벽한 조각에 매료되었고, 사랑에 빠졌다.

피그말리온은 매일 그녀를 만지고 키스하고 껴안았다. 여자들이 좋아하는 조약돌, 조개껍질, 백합 같은 아름다운 꽃, 보석, 애완용 새를 선물하며 그녀의 아름다움에 찬사를 보냈다. 심지어 옷을 입히고, 귀고리와 목걸이를 선사했으며, 심지어 약혼한 것처럼 손가락에 반지까지 끼워주었다. 그리고 자줏빛 침대로 데려가 머리맡에 부드러운 베개를 놓아주며 "사랑하는 이여, 내 사랑"이라고 불렀다. 피그말리온은 실재와 환상을 넘나들며 묘한 사랑의 감정을 즐겼다. 비록 사랑의 대상이 조각이라는 것이 다소 불만이었으나 그래도 조각을 향한 그의 사랑은 결코 멈추지 않았다.

그러나 이 사랑은 애초부터 현실 속 대상을 배제한 것이어서 늘 갈증이 났다. 그는 입술이 바짝 말랐고 온전한 사랑을 열망했다. 고민 끝에 피그말리온은 사랑의 신인 비너스의 축제 때 제물을 바치며 그녀를 살아 숨 쉬는 여성으로 전환시켜 달라고 간청하였다.

"오 신이시여! 제가 만든 눈부시게 빛나는 조각을 살아 있는 여성으로 변신시켜 주소서!" 집에 돌아온 피그말리온은 조각상이 누워 있는 침대에 슬며시 들어갔다. 살며시 입을 맞추니 마치 촛농을 만지듯 상아 조각이 부드럽게 느껴졌다. 비너스가 소원을 들어준 것이다. 그는 여자에게 '우윳빛 처녀'라는 뜻의 갈라테이아라는 이름을 붙여주었다. 그리고 갈라테이아는 파포스란 이름의 딸을 낳았다.

19세기 프랑스의 신고전주의 화가인 장 레옹 제롬 Jean-Léon Gérôme 과 영국 라파엘전파 Pre-Raphaelites, 르네상스의 대표화가인 라파엘로 산치오와 미켈란젤로 부오나로티의 작품 스타일이 과대 평가되었다 비판하고 자연을 섬세히 관찰해서 표현한 초기 르네상스와 중세 미술로 돌아가자는 운동의 에드워드 번 존스 Edward Burne-Jones 는 여러 차례에 걸쳐 피그말리온과 갈라테이아를 그렸다. 특히 제롬은 장 오귀스트 앵그르 Jean Auguste Ingres 의 영향을 받아 관능적이고 매혹적인 여성과 드라마틱한 장면을 아주 잘 그렸다. 제롬이 그린 피그말리온과 갈라테이아는 어찌나 아름답고 실감나는지 전율이 느껴질 정도다. 그림 속에서는 큐피드가 막 화살을 쏘려고 활시위를 당기고 있고, 등을 돌린 갈라테이아는 허리를 굽혀 피그말리온과 키스하고 있다. 그리스 조각 같은 우윳빛 몸과 아름다운 영혼을 가진, 세상에서 가장 아름다운 여인이 여성혐오자인 피그말리온의 여자가 된 것이다.

그런데 모든 것을 쟁취했다고 느낀 순간, 무언지 석연치 않다. 그림 속 배경의 가면과 방패가 이들의 예사롭지 않은 미래를 암시하는 것만 같다. 뭉크의 〈절규〉처럼 비명을 지르는 두 개의 가면은 도대체 무엇을 의미하는가? 또한 메두사의 잘린 머리가 새겨진 듯한 방패는 또 무슨 뜻인가?

사실 오비디우스의 《변신 이야기》에는 피그말리온의 사랑이 성취된 이야기까지만 나온다. 흔히 말하는 해피엔드인 것이다. 20세기 최고의 미학자이자 정신분석학자인 슬라보예 지젝Slavoj Žižek은 "해피엔드야말로 그 어떤 결말보다도 절망적인 것"이라고 말한다. 이처럼 그림 속 두 개의 도상인 가면과 방패는 두 사람의 사랑의 결말에 관해 토로하는 상징물이다. 그러니까 환상 속의 그녀인 갈라테이아는 인간이 되었고, 인간이 된 갈라테이아는 어쩔 수 없이 늙어가 아름다움을 잃어버렸다는 얘기다. 이들의 사랑은 결국 보통 사람들처럼 희로애락애오욕喜怒哀樂愛惡欲으로 가득한 현실이라는 재앙을 만났다는 것이고, 환멸을 통과해야만 했을 것이라는 의미다.

삶은 매순간 선택으로 채워진다. 그리고 결국 인간은 자기가 선택한 것에 대한 대가를 충분히 치러야 한다. 앙드레 지드André Gide처럼 사랑하는 사촌동생과 결혼하고도 그녀를 털끝 하나 건드리지 않고 지속적으로 잠자리를 피함으로써 평생 욕망의 대상으로 삼을 것

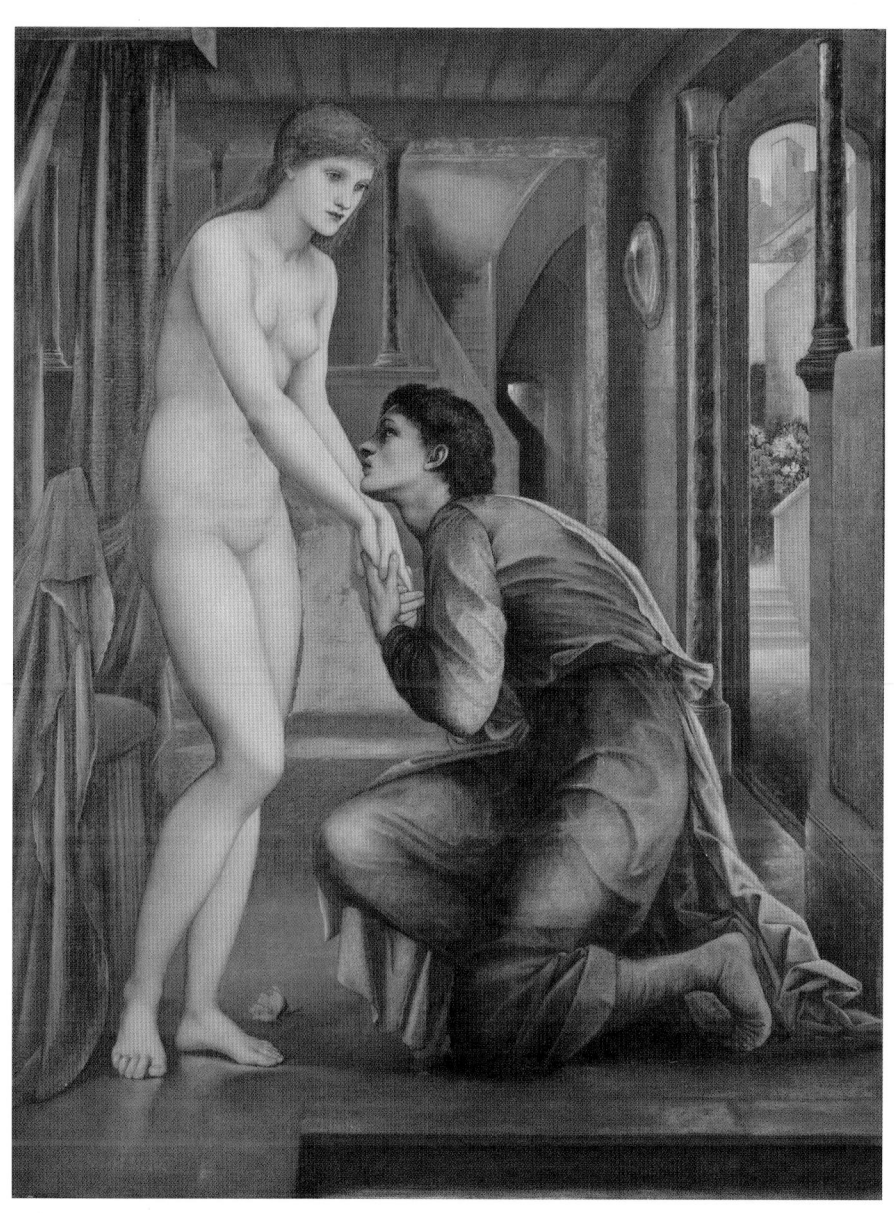

에드워드 번 존스, 〈피그말리온과 갈라테이아 4 – 영혼을 얻다〉
캔버스에 유채, 99.4×76.6cm, 1868~78, 영국 버밍엄 박물관

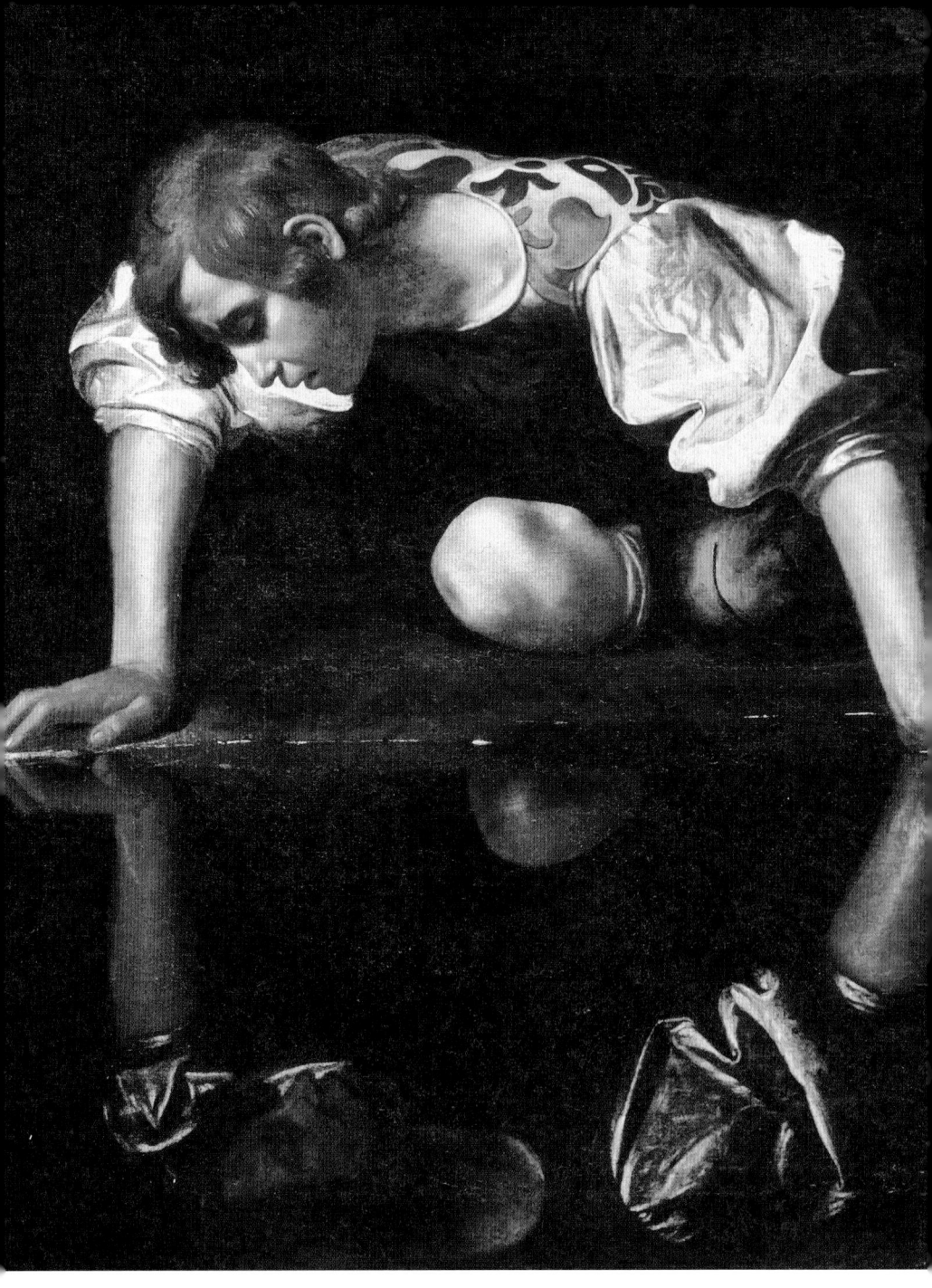

카라바조, 〈나르키소스〉
캔버스에 유채, 110×92cm, 1597~99, 로마 국립고전회화관

인가? 알베르 카뮈Albert Camus에 따르면 지드는 육체가 욕망을 억제함으로써 그 욕망이 더욱 예민해지는 것을 원했던 사람이다. 그러나 평범한 사람들은 욕망의 충족을 지연시키는 법을 배우지 못했다. 그래서 그들은 스스로 환상을 지키며 살지 못하면서도, 상대 여자에게는 환상을 지켜줄 것을 내심 요구한다.

당신은 반려자와 살고 있는가? 그렇다면 어떤 반려자와 살고 있는가? 어쩌면 피그말리온처럼 자신이 만든 환상 속의 인물이었던 반려자와 살고 있을 것이다. 당신이 한때 온몸과 영혼을 바쳐 사랑했던 반려자는 이미 당신이 사랑했던 그 사람이 아닐 가능성이 크다. 그녀는 마치 카산드라Cassandra, 예언의 능력을 가졌으나 아무도 그녀의 예지를 믿지 않는 운명을 가진 트로이의 여인처럼 악을 쓰는 사람으로 변신해 있을지도 모른다. 분명 그 사람은 내가 애초에 사랑했던 그녀의 모습은 아닌 것이다.

로맨틱코미디에 속하는 조지 버나드 쇼George Bernard Shaw의 《피그말리온》이라는 희곡에서 주인공 히긴스가 피커링 대령에게 말한다. "여자는 자신의 인생을 살기를 원하고, 남자는 또 자기 방식대로 살기를 원해요. 각자 상대방을 다른 방향으로 끌고 가려고 하지요. 한 사람은 북쪽으로 가려고 하는데 다른 사람은 남쪽으로 가려고 하거든요. 결국은 둘 다 전혀 다른 방향인 '동쪽'으로 가게 되죠. 둘 다 동풍을 싫어하는데도 말입니다. 그래서 전 확실한 독신으로 있는 거예요. 또 그렇게 남아 있고 싶고요."

이처럼 허례허식으로 가득 찬 상류사회를 경멸했던 히긴스는 남성과 여성은 각각 다른 개성을 지닌 독립적인 존재들이기 때문에 결혼이 서로의 삶을 더 불행하게 할 수도 있다고 일갈하고 있다.

그렇지만 결혼 상태를 유지하고 있는 사람들은 어찌할 것인가? 피그말리온 신화에서 파생된 피그말리온 효과pygmalion effect의 본뜻을 다시 한 번 상기해보는 것은 어떨까. 피그말리온 효과는 타인의 기대와 관심에 부응해 능률이 오르거나 결과가 좋아지는 경우를 일컫는다. 무언가를 간절히 원하고 바라면, 그것이 기적처럼 이루어진다는 것!

어쩌면 당신에게 남은 것은 새로운 최면을 거는 일이다. 다시 건강한 환상을 회복하는 일이다. 사실 모든 사랑의 출발은 자기사랑이다. 피그말리온이 만든 것은 결국 자기 자신이었던 것이다. 인간 사랑의 근원은 바로 나르시시즘, 즉 자기애이다. 이야말로 나르시시즘과 피그말리온 신화를 그대로 보여주는 예가 아닌가! 그러니 새로운 최면이란 "너는 나"라는 암시다. 내 환상이었던 그녀가 결국 나였다니, 어찌 사랑해주지 않을 수 있단 말인가!

사랑과 우정의
기로에 서서

사랑했을 때 일어나는
예상치 못한 일들

최근 재개봉한 프랑수아 트뤼포François Truffaut 감독의 영화 〈쥴 앤 짐〉(1961)은 세 남녀 사이의 기묘한 사랑을 보여주는 영화사의 빛나는 걸작이다. 영화 속 주인공 중 한 명인 카트린은 친구 사이인 쥴과 짐, 두 남자와 동시에 사귄다. 기묘하게도 둘 다(모두 글 쓰는 작가다) 카트린을 동시에 만나면서도 연적과의 우정을 지속해 나간다. 게다가 카트린의 첫 남편인 쥴은 아내가 짐과 만나는 것을 보고서도 묵묵히 참아낸다. 진정 그녀 곁에 남아 있기를 원했기 때문이다.

한 번에 둘을 동시에 사랑할 수 있을까? 과연 가능한 일일까? 한 남자가 두 여성을 거느렸던 일이야 우리에게도 그리 먼 과거가 아

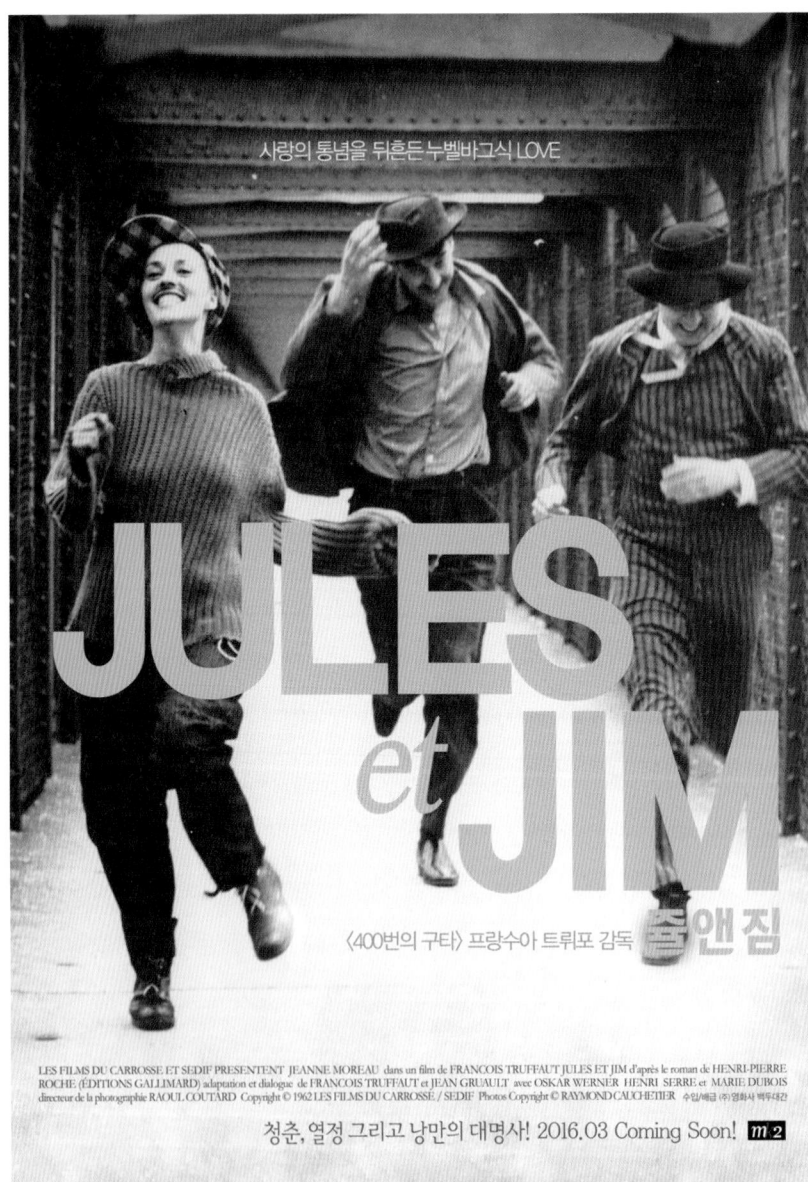

영화 〈쥴 앤 짐〉 포스터.

니지만 그 반대의 경우는 더 멀리 원시 모계사회로 거슬러 올라가야 하지 않을까? 한 사람이 동시에 둘 이상을 사랑했던 이들은 그 사이에서 어떤 가슴속 폭풍우를 견뎌내며 사랑과 우정을 조절했을까?

2009년 영국 BBC 방송국에서 〈데스퍼레이트 로맨틱Desperate Romantics〉이라는 드라마를 방영했다. 이 드라마는 19세기 빅토리아 여왕 시대에 라파엘전파 작가들의 예술과 사랑을 다루었다. 이 예술가 집단에 속해 있던 단테 가브리엘 로세티Dante Gabriel Rossetti 와 윌리엄 모리스William Morris 는 절친한 친구 사이였다. 그러나 두 사람은 공교롭게도 한 여성을 동시에 사랑했다. 그 여성은 바로 제인 모리스.

1839년 마부의 딸로 태어나 극도의 빈곤 속에서 성장한 그녀는 열일곱 살 때 우연히 라파엘전파 화가들의 모델로 활동했다. 특히 유복한 가문에서 태어나 옥스퍼드대학교를 졸업한 후 디자이너이자 공예가, 시인, 사회주의 개혁가로 활동하던 모리스는 제인을 모델 삼아 그림을 그리다 사랑에 빠진다. 모리스는 그녀의 서늘한 침묵과 생각에 잠긴 모습에 매료되었다. 제인은 모리스와 약혼한 뒤 상류층 부인이 되기 위한 교양과 매너 수업에 매진한다. 그녀 역시 감각이 뛰어났던 만큼 금세 귀부인의 자질을 갖추고 남편이 운영하던 공예 장식 사업에 적극적으로 뛰어든다.

모리스는 성급하지만 결단성 있고 진지했으며, 좋은 성격의 소유자였다. 그렇지만 부부 사이는 정서적 갈등이 심화되며 차츰 멀어져 갔다. 이때 평상시 제인의 외모를 예찬했던 로세티가 두 사람의 불편한 사이를 눈치채고 끼어들었다! 사실 제인의 외모는 당대 미의 기준과는 거리가 멀었다. 빅토리아시대에는 통통하고 앙증맞은 여성이 인기가 높았다. 그에 비해 제인은 투박하고 거친 스타일이었다. 키와 덩치가 컸으며, 숱이 많은 짙은 갈색 머리카락에 안색은 창백했다. 게다가 표정은 나른하고 침착하며 다소 우울한 분위기를 풍겼다. 예술가들은 늘 새로운 미의 기준을 찾아나서는 존재들이었고 특히 로세티는 그녀의 분위기가 기묘하게 매력적이라고 생각했다.

시인이기도 했던 로세티는 제인을 찬미하는 시, 소네트를 집중적으로 써 보낸다. 두 사람의 관계는 이미 라파엘전파 화가들 사이에 전해졌고 결국 남편의 귀에까지 들어갔다. 모리스는 현실을 그대로 받아들이기로 마음먹었다. 마음속은 흙탕물이었지만 선구적 지식인이라는 위상을 버릴 수 없어 자제력과 관용으로 이들의 관계를 수용했다. 남편의 동의 아래 제인은 두 딸과 함께 로세티와 여름휴가를 다녀오곤 했다. 로세티로서는 자신의 뮤즈를 공개적으로 찬미하고 형상화할 수 있는 꿈같은 시간이었다.

로세티의 작품 속에서 제인은 매우 고혹적인 모습으로 현신한다. 그중 로세티가 그린 〈페르세포네〉는 제인을 그린 작품 중 으뜸이다. 그리스 신화 속 페르세포네는 농업과 계절의 여신 데메테르의 딸이다. 페르세포네에게 반한 지하세계의 신 하데스는 그녀를 납치했고 이에 격분한 데메테르는 딸을 돌려주지 않으면 곡물이 자라지 못하게 하겠다고 협박했다. 결국 제우스의 중재 하에 페르세포네가 하데

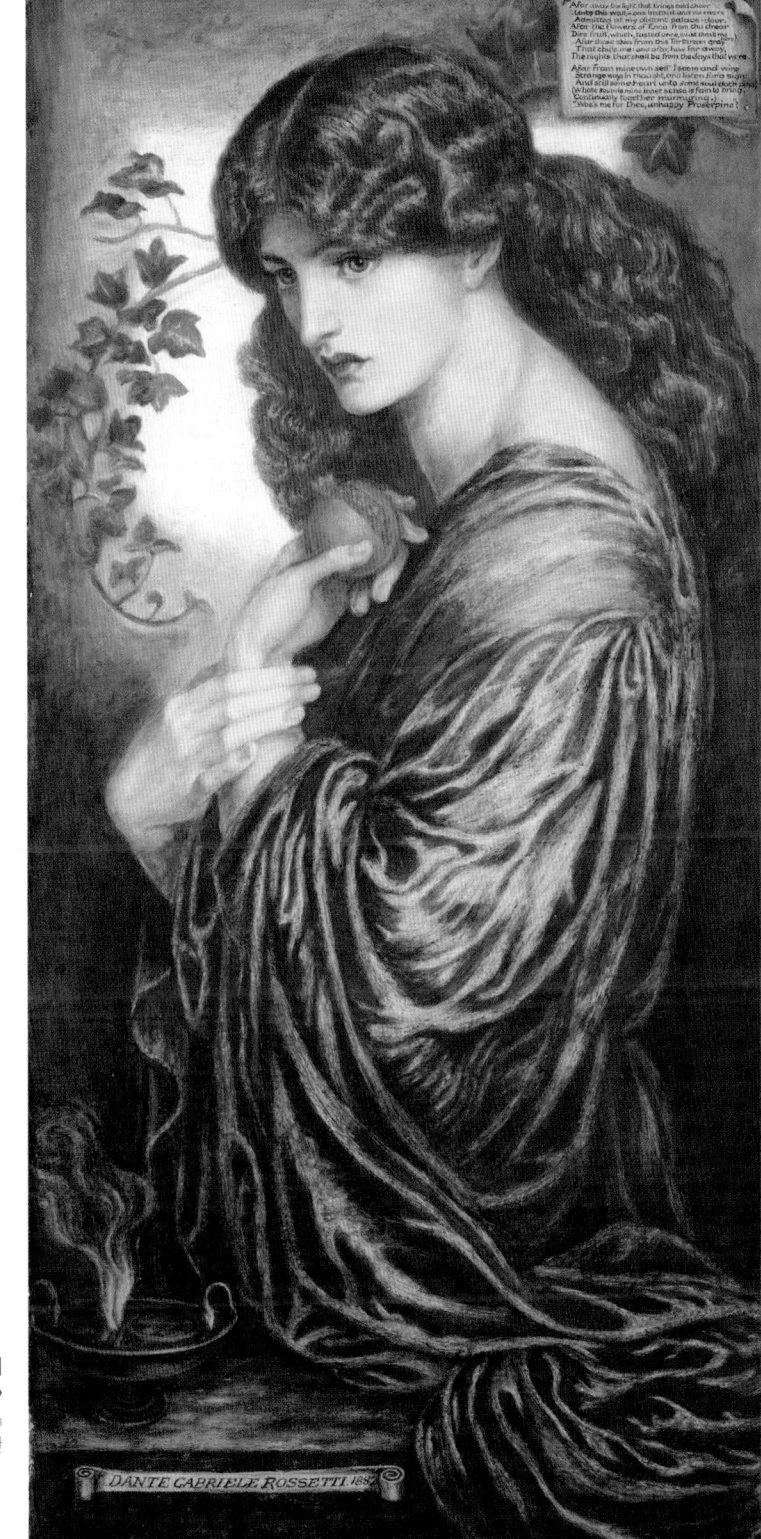

단테 가브리엘 로세티
〈페르세포네〉
캔버스에 유채, 78.7×39.2cm
1882, 런던 버밍엄 박물관

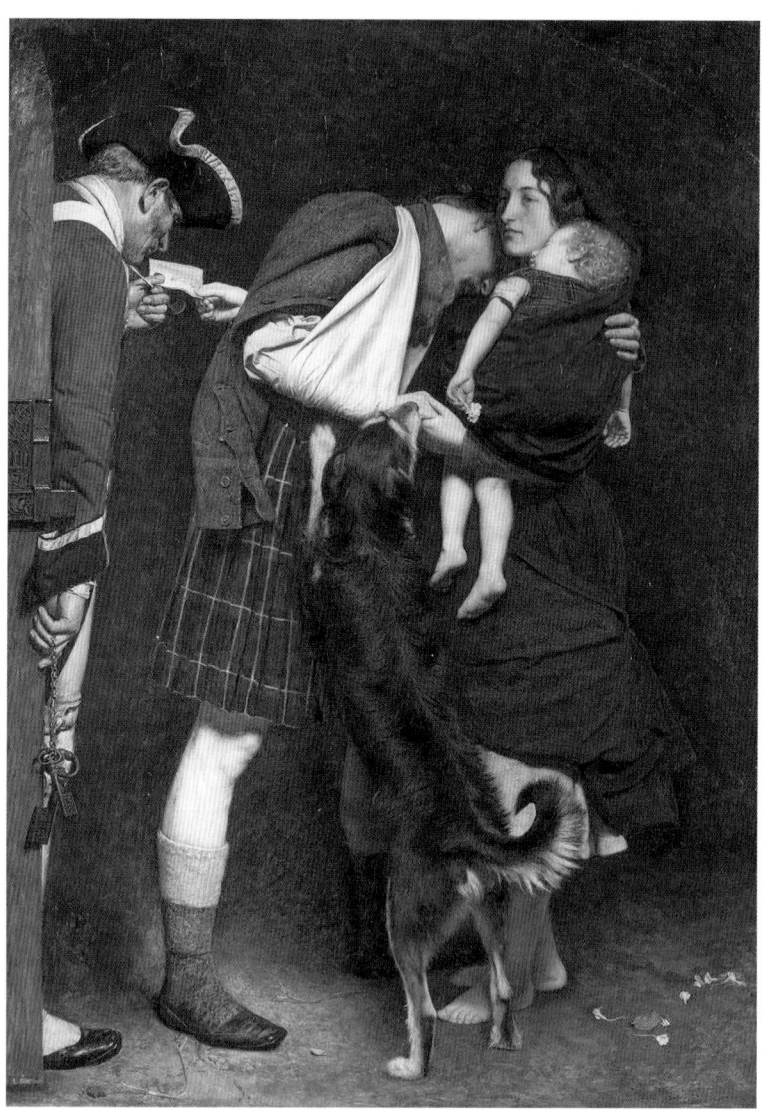

존 에버렛 밀레이, 〈1746년의 방면 명령〉
캔버스에 유채, 102.9×73.7cm, 1853, 런던 테이트 미술관

스에게 잡혀 있는 동안 아무것도 먹지 않으면 풀어주겠다는 조건으로 데메테르와 하데스의 협상이 성사되었다. 그러나 페르세포네가 애석하게도 의도치 않게 석류씨 네 개를 먹어 매년 넉 달 동안은 하데스의 신부로 돌아가 지하세계에 머물러야만 했다.

로세티는 이 신화를 자신의 상황과 동일시했다. 페르세포네가 지하세계에 갇혀 있는 시간을 제인이 모리스와 보내는 시간에 비유했다. 로세티는 자신과 남편 사이에서 어쩌지 못하는 제인의 우유부단한 심리상태를, 한 손으로는 석류를 입으로 가져가고 있고 다른 손으로 이를 저지하는 페르세포네를 통해 보여주었다. 이렇게 시와 그림으로 사랑을 보여준 로세티를 제인은 마음속 깊이 연인으로 받아들였던 것 같다. 진짜 사랑은 남편의 친구와 나누고 결혼 생활은 자신을 여전히 매혹적으로 생각하는 남편과 유지했던 것이다.

그러나 이런 부적절한 관계가 영원히 지속될 수는 없는 법. 1876년 이후 제인과 로세티의 관계는 급속히 악화된다. 로세티도 전 부인의 죽음으로 인해 받은 상처로 심한 신경쇠약에 시달리게 되면서 마취성이 강한 최면제에 빠져 지내게 된다. 제인 역시 딸의 건강이 나빠져 간호해야 할 처지가 되었고 이때 남편 모리스와의 관계도 부분적으로 회복된다.

로세티와 모리스는 친구였고 동시에 제인을 사랑했지만 그들의 우정은 기묘하게도 파탄나지는 않았다. 우정에 심각한 타격을 입었던 라파엘전파의 화가는 따로 있었다. 존 러스킨John Ruskin과 존 에버

렛 밀레이John Everett Millais가 그들이다. 당대 유명한 사회비평가이자
미술평론가인 존 러스킨은 라파엘전파의 이론적 수장이었다. 탁월
한 재능을 지녔지만 혹독한 비난을 받던 밀레이를 위해 러스킨은 호
평 가득한 기사를 두 번씩이나 신문에 게재한다. 밀레이는 러스킨에
게 감사편지를 썼고, 이를 계기로 러스킨 가족의 저녁식사에 초대받
는다. 그때 밀레이는 러스킨의 아내 에피 그레이를 보고 반해 모델
이 되어 달라고 청한다. 에피는 밀레이의 모델을 서게 되었고, 이를
계기로 밀레이는 에피에게 그림을 가르쳐주고 가족동반 여행을 함
께 떠날 만큼 친해진다. 싱글남에 만능 스포츠맨이었던 밀레이는 친
구들에게 에피 이야기를 할 때면 "이 세상에 태어난 피조물 가운데
가장 아름다운 존재"라고 찬사를 보내곤 했다.

그러던 어느 날 밀레이는 에피에게 충격적인 이야기를 듣게 된다.
결혼한 지 육 년이 넘었음에도 러스킨 부부에게 육체관계가 전혀 없
었다는 사실을 알게 되었다. 부부는 행복한 척했지만 당시 에피의
우울함은 극에 달해 있었다. 소심하고 논리적인 러스킨은 아이를 갖
는 것도 싫지만 아내의 건강이 상할까 봐 관계를 가지지 않는다는
핑계를 댔다. 하지만 진짜 이유는 성에 대한 러스킨의 병리학적 이
유, 즉 여성의 체모를 직접 보게 되는 것이 두려워서였다. 자신이 그
동안 찬탄해마지않았던 고대 그리스나 로마의 우아한 조각과 달리
체모가 있는 아내의 성기를 보는 것이 실망스러울 뿐만 아니라 낯선
경험이었기 때문이다.

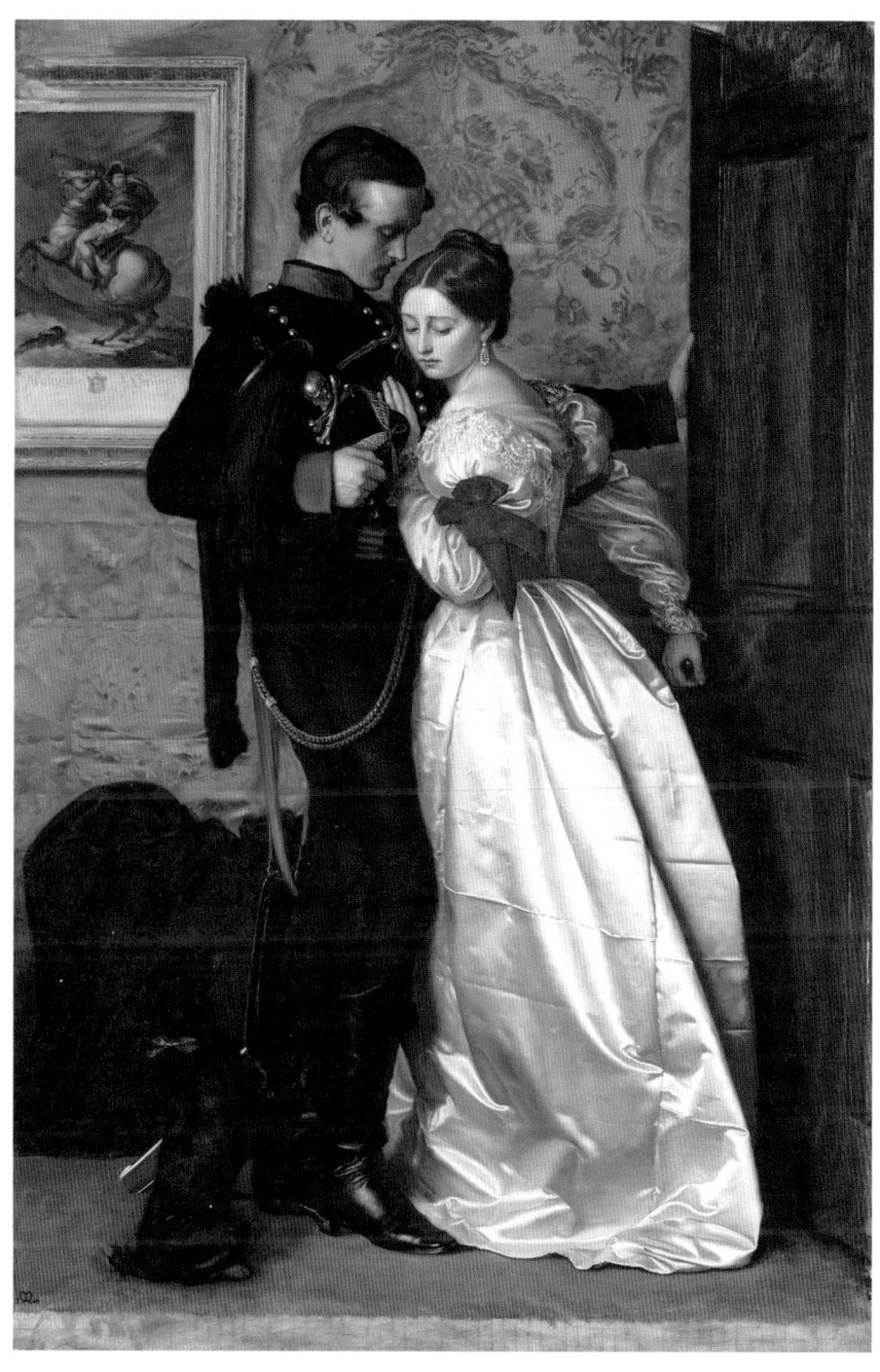

존 에버렛 밀레이, 〈블랙 브라운슈바이커(브라운 슈바이크의 기병대)〉
캔버스에 유채, 104×68.5cm, 1815, 영국 리버풀 레이디레버 미술관

어느 순간부터 밀레이와 에피는 이런 은밀한 경험을 공유할 만큼 서로를 깊이 사랑하게 되었다. 사랑을 고백하고 편지를 보내지만 화답을 받지 못한 밀레이는 에피의 집으로 직접 가 그녀에게 청혼한다. 드디어 에피는 프러포즈를 승낙하고 러스킨과의 결혼무효소송을 낸다. 러스킨은 아내와 친구의 결혼을 막으려 했다. 밀레이에게 우정만큼은 변치 않고 싶다고 호소했다. 그러나 밀레이와 에피는 결혼했고 러스킨은 절망했다. 밀레이는 초창기 어려운 시절 자신을 도왔던 러스킨을 배반했고 결국엔 라파엘전파를 탈퇴했다. 밀레이와 에피는 이후 4남 4녀를 낳았고 사십 년을 해로했다.

〈블랙 브라운슈바이커〉라는 이 그림은 1815년 워털루 전투에서 패한 병사의 귀환을 그린 작품으로 밀레이가 자신과 에피의 관계를 그린 것으로 보인다. 패잔병으로 표현된 밀레이는 남자들끼리의 전쟁에서 패했다는 것, 즉 우정을 저버릴 각오가 되어 있음을 은연중 말하고 있다. 밀레이는 이미 러스킨과의 우정은 물 건너갔다는 것을 알았다. 남자는 문을 열려고 하고 여자는 문고리를 잡고 있어, 여전히 남자를 받아들이는 걸 망설이는 듯 보인다. 이런 갈등과 고민은 두 사람의 결합으로 해소되었지만 결국 남자들의 우정은 끝장났다.

눈 감은 그녀를
사랑하다

사랑과 욕망을
구분하지 못하는 사람들

18세기 말, 낭만주의 시대가 오기 전 화가들은 주문자의 요구를 충실히 반영해 그림을 그렸다. 주문자는 대개 왕족과 귀족 가문 남자들이었다. 그들이 주문한 그림 중 많은 부분을 차지하는 것은 벌거벗은 여자들이다. 그렇지만 그들은 현실 속 여자들이 아니라 한결같이 그리스 신화 속 비너스와 같은 여신들이거나 성경 속 밧세바와 수산나 같은 여성들이었다. 남성들이 벗은 몸을 아무런 검열 없이 감상하기 위해선 신화와 성경이라는 베일 혹은 프레임이 필요했다. 그렇게 되면 그녀들은 더 이상 나체naked가 아닌 누드nude로서 자리매김한다.

누드란 세속적으로 벌거벗은 여자들이 아니라 아름답고 탄탄하게

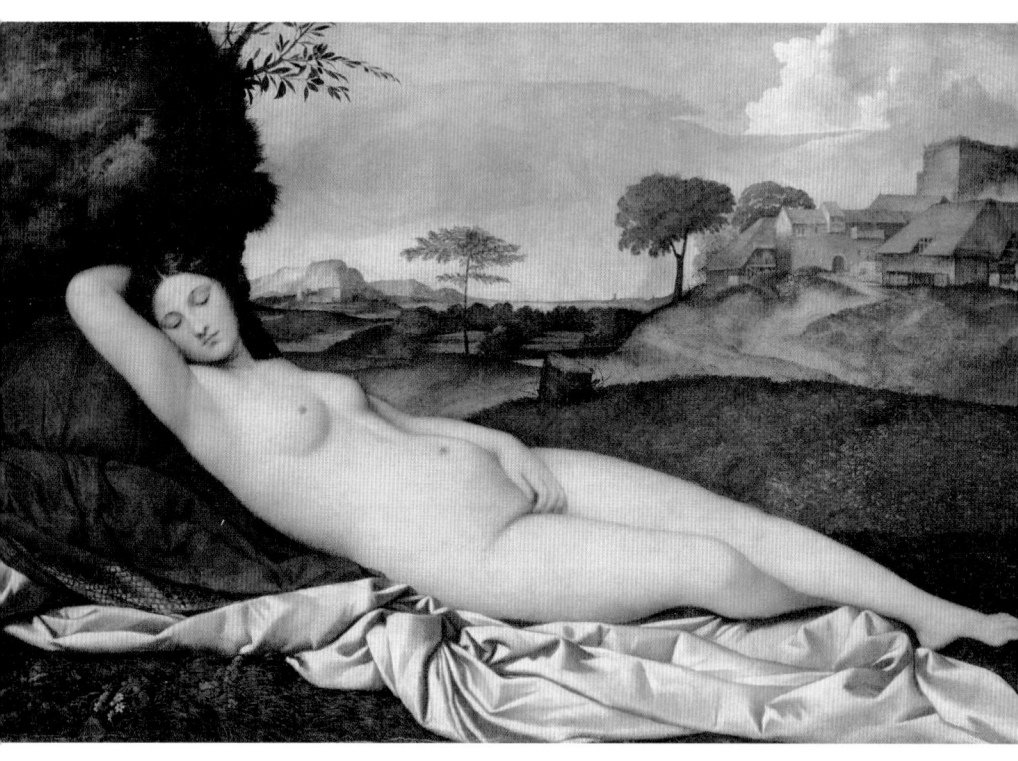

조르조네, 〈잠자는 비너스〉
캔버스에 유채, 108.5×175cm, 1510, 드레스덴 국립회화관

재구성된 육체를 말한다. 그리고 누드의 대표로 자리매김한 비너스는 시대가 변함에 따라 〈올랭피아〉〈오달리스크〉〈마하〉와 같은 이름으로 외양만 살짝 바뀌어 드러난다.

그렇다면 서양미술사에서 누드의 패러다임을 제공한 최초의 그림은 무엇일까? 아마 조르조네Giorgione의 〈잠자는 비너스〉일 것이다. 이 비너스야말로 남성들의 판타지를 그대로 보여주는 가장 전형적인 비너스이다. 비너스가 실내인지 야외인지 경계가 불분명한 장소에서 아주 다소곳이 누워 있는 데다 눈까지 감고 있다는 사실 때문이다. 눈을 감고 있다는 건 무엇을 의미하는가?

생각해보라! 새근새근 잠든 아기를 보면 사람들은 대부분 흐뭇해한다. 반면 연인이 자고 있는 모습을 보게 된다면? 사실 매번 낯설지 않을까 싶다. 내가 알던 그 사람이 아닌 것 같다. 낮에 눈을 뜨고 온갖 걱정거리를 토해내던 사람은 더 이상 거기에 없다. 그때 느끼는 낯선 감정은 미지의 것이다. 상대가 접근과 소유가 불가능한 대상으로 보이는 것일까? 소유할 수 없는 까닭에 또 다른 욕망이 일어나는 것일까? 그런 의미에서 눈 감은 여자를 그린 그림은 역설적으로 지배층 남성 관객에게 훨씬 더 자주 욕망의 대상으로 보였을지도 모른다.

《잃어버린 시간을 찾아서》중 〈사라진 알베르틴〉에서 마르셀 프루스트Marcel Proust는 "우리는 접근 불가능한 무언가를 추구하기만을 사랑하며 우리가 소유하지 못하는 것만을 사랑한다"고 말한다. 달리

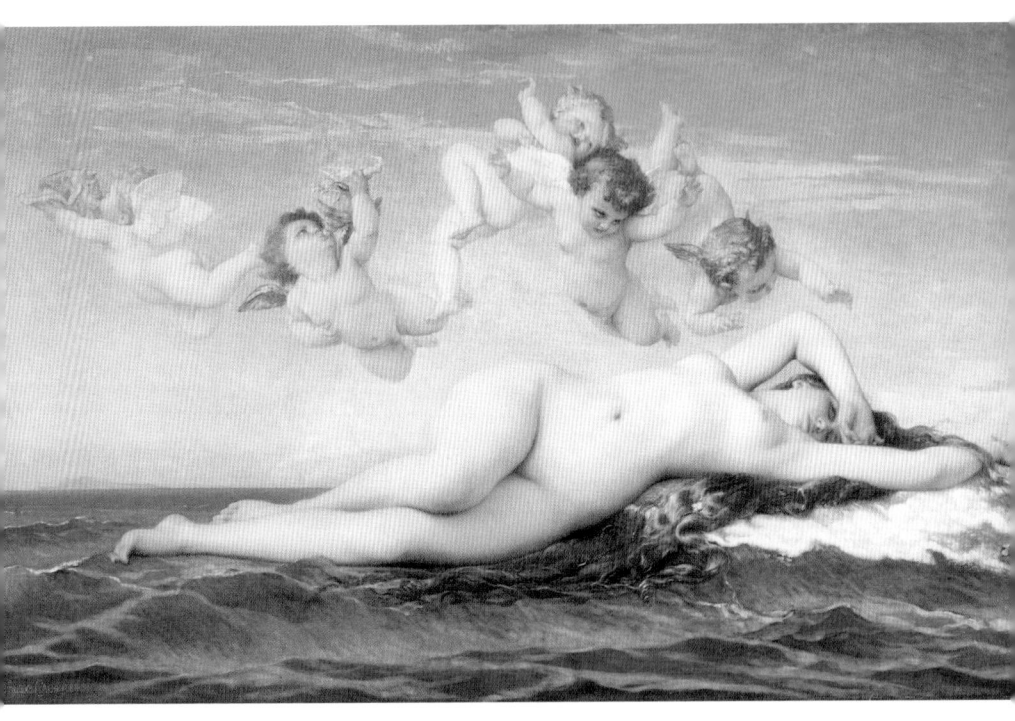

알렉상드르 카바넬, 〈비너스의 탄생〉
캔버스에 유채, 130×225cm, 1863, 파리 오르세 미술관

말해 우리의 사랑을 불러일으키는 대상은 하나같이 자신의 앎이나 삶과는 동떨어진 미지의 존재들이다. 그래서인지 소설 속 화자는 연인 알베르틴이 잠들어 있을 때 그녀를 자꾸 범하려 든다.

잠들어 있을 때만이 상대가 낯설어 보이기 때문이다. 어떤 여자를 원하느냐고 물었을 때, 남성들이 흔히 낯선 여자에게 매혹된다고 말하는 것과 같은 맥락이다. 그런 까닭에 조르조네의 〈잠자는 비너스〉와 알렉상드르 카바넬Alexandre Cabanel의 〈비너스의 탄생〉 등의 작품에서 비너스들은 모두 완전히 혹은 반쯤 눈을 감고 있는 것이 아닐까? 그것은 자신을 온전히 내어 보여주지 않는다는 의미로서 남성들에게 전혀 낯선 존재, 즉 판타지 혹은 신비로운 존재로서 기능한다.

네덜란드 화가로 신조형주의를 창시한 피에트 몬드리안Piet Mondrian 역시 눈 감은 여자 초상화를 그린 적이 있다. 수직과 수평만으로 된 미니멀리즘 추상화를 그렸던 그도 젊은 시절엔 구상회화를 그렸다. 드물게도 그가 남긴 여성 초상화는 여성에 대한 소심함과 두려움이라는 무의식적 감정을 드러낸다. 결벽주의자였던 몬드리안은 평생 독신으로 살았지만, 처음부터 그가 결혼을 전혀 고려하지 않았던 것은 아니다.

1909년, 작품이 팔리기 시작하던 해 몬드리안은 가족을 이루고자 해 용기를 내어 약혼하지만 그 관계는 곧 끝장난다. 이후 그가 증명사진처럼 그린 여성 초상화를 보면 몬드리안이 여성에 대해 느끼는 감정이 얼마나 경직되어 있는지 알 수 있다. 혐오스럽거나 끔찍한 초상화가 아니라 딱딱하고, 어색하고, 어둡고, 부드럽지 못한 초상화였던 것이다. 눈을 감고 있는 여성 초상화는 훨씬 더 부드럽고 아기자기하며 소녀스럽지만 그것도 기이하기는 마찬가지다. 아마 눈 감은 여자를 보고 느꼈던 감정적 체험을 그린 것 같다.

화가들이 눈 감은 여자를 그리는 맥락과 비슷한 이유로 서양미술사에서는 체모 없는 여자들이 수없이 그려졌다. 서양미술에서 남성의 성기는 대체로 큰 문제 없이 허용되어 왔지만 여성의 성기는 그렇지 못했다. 19세기가 되어서도 여전히 여성 성기는 마치 세상에 없는 것인 양 취급되었다. 특유의 형태도 털도 없는, 마치 소녀 같은 여성 혹은 무모증에 걸린 여성들이 그림 속에 넘쳐난다.

이처럼 서양미술사에서 여성 성기에 체모를 그리지 않은 이유는 무엇일까? 그것은 여성을 누드로 만드는 것과 관련이 깊다. 영국의 미술평론가인 케네스 클라크 경 Sir Kenneth Clark 은 나체naked는 그 자신을 그대로 드러내는 것이지만 누드nude는 전시하는 것이라고 말했다. 그런 까닭에 누드 그림의 진짜 주인공은 관객, 즉 주문자이자 감상자인 남성이다. 그리고 그 누드는 성적 충동과는 관계가 없다는 것! 그런 까닭에 누드에는 체모가 없다. 왜냐하면 털로 뒤덮인 여성 성기야말로 남성들로 하여금 두려움과 공포를 느끼게 했기 때문이란다.

그래서 여성들이 체모를 제거하는 행위는 그녀들 자신으로부터 자발적으로 생성된 문화가 아니라 남성들이 원하는 몸 만들기의 일

환이었음을 배제할 수 없다. 즉 체모가 자라지 않은 어린 여자에 대한 취향, 털이 환기하는 두려움과 공포 혹은 원죄의식이라는 집단무의식을 반영하는 것도 배제할 수 없다. 다시 말해 체모 없는 여자들은 남성들이 원하는 이상적 여성상의 모습 중 하나다.

그렇다면 역으로 체모를 그린다면 그것은 무엇을 의미하는 것일까? 체모는 정욕, 그리고 성적인 힘과 관련된다. 여성의 성적 정열은 주문자이자 감상자로 하여금 만만하게 그녀를 장악한다는 느낌을 주지 못한다. 즉 체모가 무성한 여성은 남성들이 보기에 성적 열정을 지닌 팜파탈Femme fatale, 즉 욕망의 주체라는 느낌을 준다. 대부분의 남성 지배 사회에서 여성은 남성의 욕망을 충족시키기 위해서만 존재해야 하며 스스로의 욕망을 충족시키는 경우는 없어야 한다고 보았기 때문에 체모 없는 누드가 그려졌다. 그런 까닭에 여성을 지배하고자 하는 남성에게 체모가 그려진 여성의 누드는 심기를 불편하게 했다.

그중에서도 가장 논란의 중심에 서 있던 작품은 스페인의 왕실 화가였던 프란시스코 고야Francisco Goya y Lucientes의 〈벌거벗은 마하〉이다. 1800년대 초 그의 작품이 발표되자마자 가톨릭 사회였던 스페인은 혼란에 휩싸였고 고야는 이단죄로 종교재판을 받게 됐다. 그 당시 누드화는 신화나 성경 속 인물을 대상으로 그려졌지만 〈벌거벗은 마하〉의 주인공은 현실의 여인임이 틀림없었다. "그림의 주인공이 누구냐?"는 질문에 고야는 "제가 사랑했던 여인입니다"고만 말한 채 끝내 대답을 회피했다.

항간에서는 당시 스페인 최고의 명문가인 알바 공작부인이 이 그림의 주인공이 아니냐는 소문이 돌았지만 그는 끝까지 묵묵부답이었다. 고야가 죽고 알바 공작 집안에서는 공작부인의 결백을 입증하고자 무덤을 파헤치는 등 소란을 피웠지만 그 주인공은 끝내 밝혀지지 않았다. 현재 스페인의 프라도 박물관에 전시 중인 〈벌거벗은 마하〉는 어쩌면 더 이상 누드가 아닌 최초의 나체일지도 모른다.

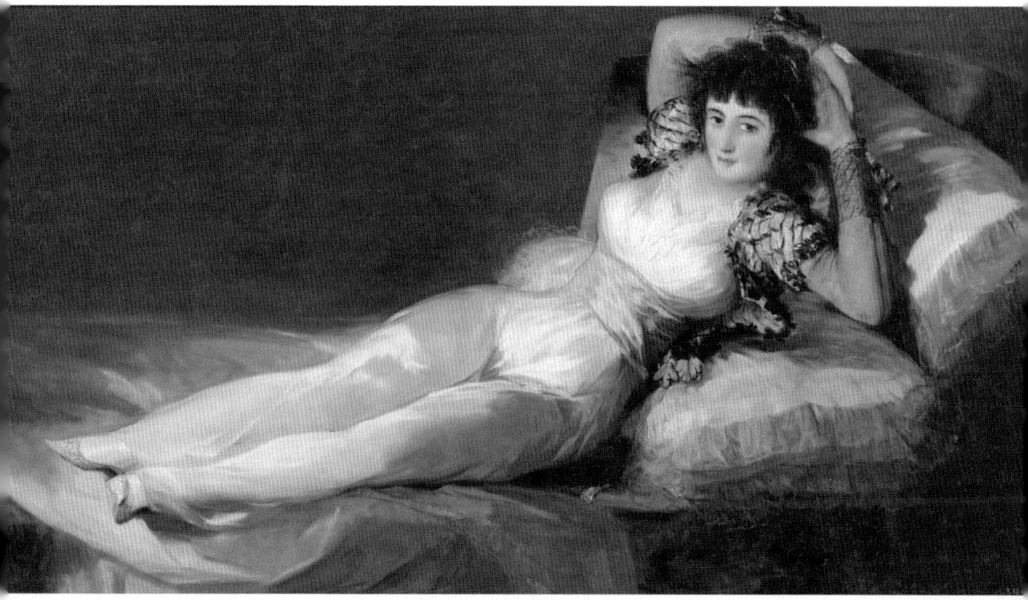

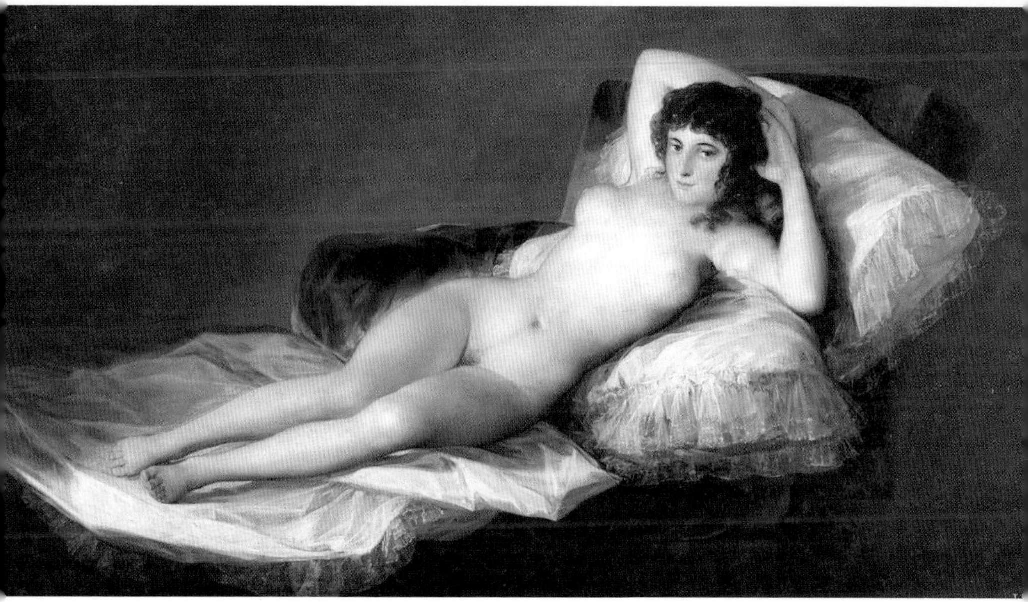

(위)프란시스코 고야, 〈옷을 입은 마하〉 (아래)프란시스코 고야, 〈벌거벗은 마하〉
캔버스에 유채, 각 98×191cm, 1797~1800, 마드리드 프라도 박물관

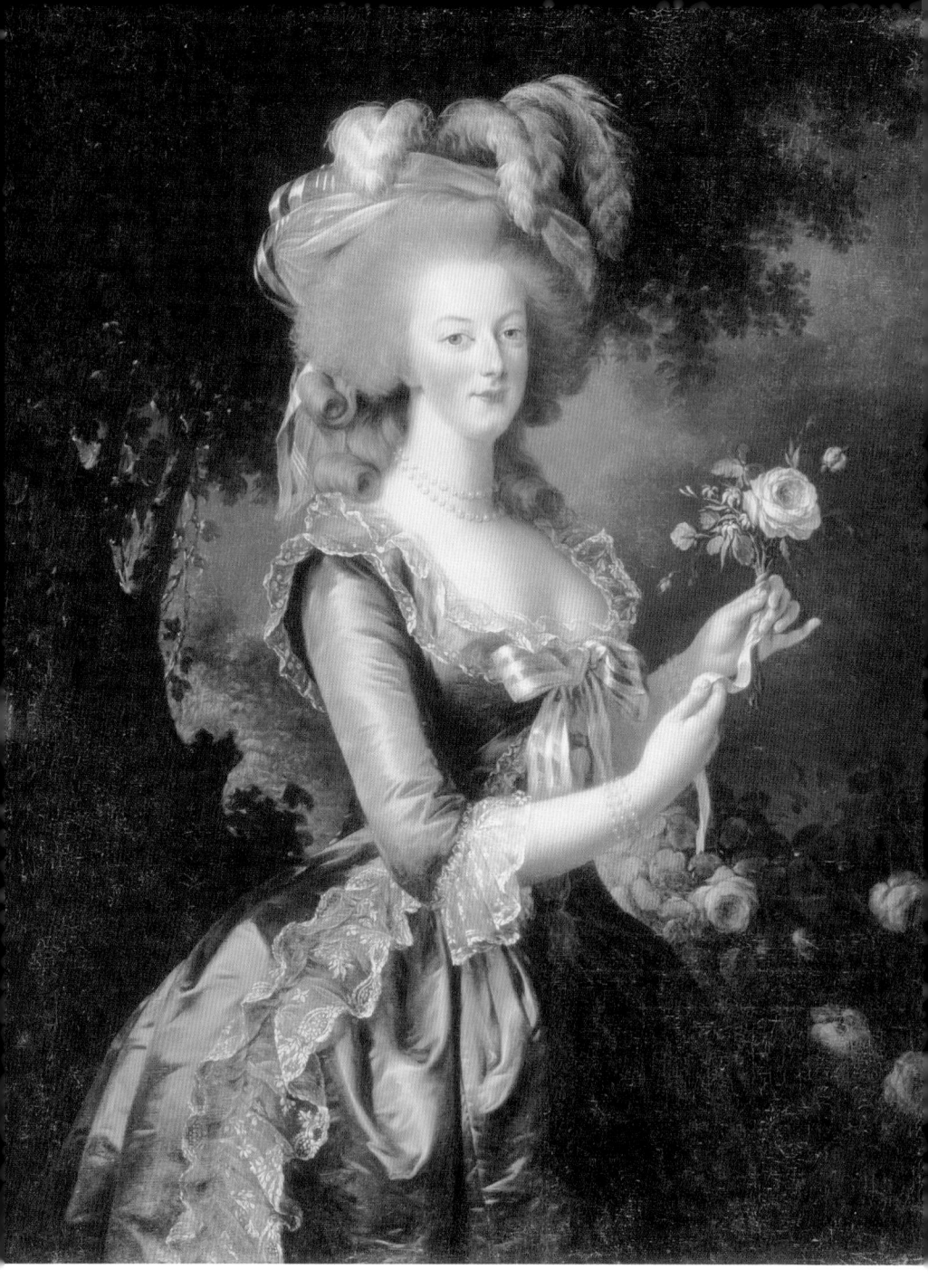

엘리자베트 비제 르브룅, 〈장미를 들고 있는 마리 앙투아네트〉
캔버스에 유채, 130×87cm, 1783, 베르사유 궁전

그녀는
남자를 사랑하지 않았다

여성들이 차마
말하지 못한 판타지

미국의 한 다큐멘터리 프로그램에서 여성의 성적 판타지를 조사해 그 결과를 보여준 적이 있다. 과연 미국 여성에게 가장 매혹적인 성적 판타지의 대상이 누구였을까? 한편으로 당혹스럽고 한편으로 솔직하고 한편으로 그럴듯했다. 먼저 3등은 UPS맨(미국의 사설 우편배달 시스템으로 이 회사 직원들은 갈색제복을 입은 근육질 남성이라는 이미지가 있다), 2등 소방대원. 대망의 1등은? 바로 여자였다. 여성이 성적 판타지를 느끼는 대상이 바로 동성이었던 것이다.

물론 성적 판타지의 대상과 사랑의 대상이 일치한다고 할 수는 없다. 그러나 사랑의 완성이 영靈과 육肉의 결합이라면 이런 조사는 무언지 심상치 않게 느껴진다. 여자들끼리의 우정과 사랑, 거기에는 남자들에게는 없는 그 무엇이 있다.

마리 앙투아네트는 한 여인을 진정으로 사랑했다. 앙투아네트는 단두대의 이슬로 사라지기 전 혹 자기로 인해 사랑하는 이가 처형될까봐 크게 두려움에 떨었고 몹시 슬퍼했다. 앙투아네트의 마지막 모습을 다룬 〈페어웰, 마이 퀸〉(2012)이라는 영화에서 앙투아네트는 책을 읽어주는 시종에게 이렇게 말한다.

"혹시 한 여성에게 매료되어 본 적이 있느냐? 나는 그녀가 없으면 끔찍하고 괴로워서 눈을 감고, 그녀의 갸름한 얼굴과 보드라운 살결, 빛나는 눈을 상상하곤 하지."

앙투아네트는 프랑스혁명으로 풍전등화의 운명에 놓였으면서도 그녀만을 생각하고 있는 자신이 한심하다는 듯 푸념 어린 고백을 한다. 앙투아네트가 그토록 사랑한 여인은 도대체 누구일까? 바로 가브리엘 폴리냐크 Yolande Martine Gabrielle de Polastron, duchesse de Polignac 백작부인이다. 폴리냐크 백작부인의 어떤 점이 마리 앙투아네트를 매료시켰던 것일까?

앙투아네트는 폴리냐크 부인을 처음 만났을 때부터 두근거렸다고 고백한다. 여섯 살 연상의 백작부인은 앙투아네트가 쉽게 다룰 수 있는 여자가 아니었다. 앙투아네트는 누구의 눈치도 보지 않는 그녀의 무례하기조차 한 행동이 묘하게 마음에 들었다. 그리고 프티 트리아농 궁을 자기 집처럼 드나들고 왕비인 자신의 맘에 들려고 애쓰지 않는 폴리냐크의 성격을 마음에 들어했다.

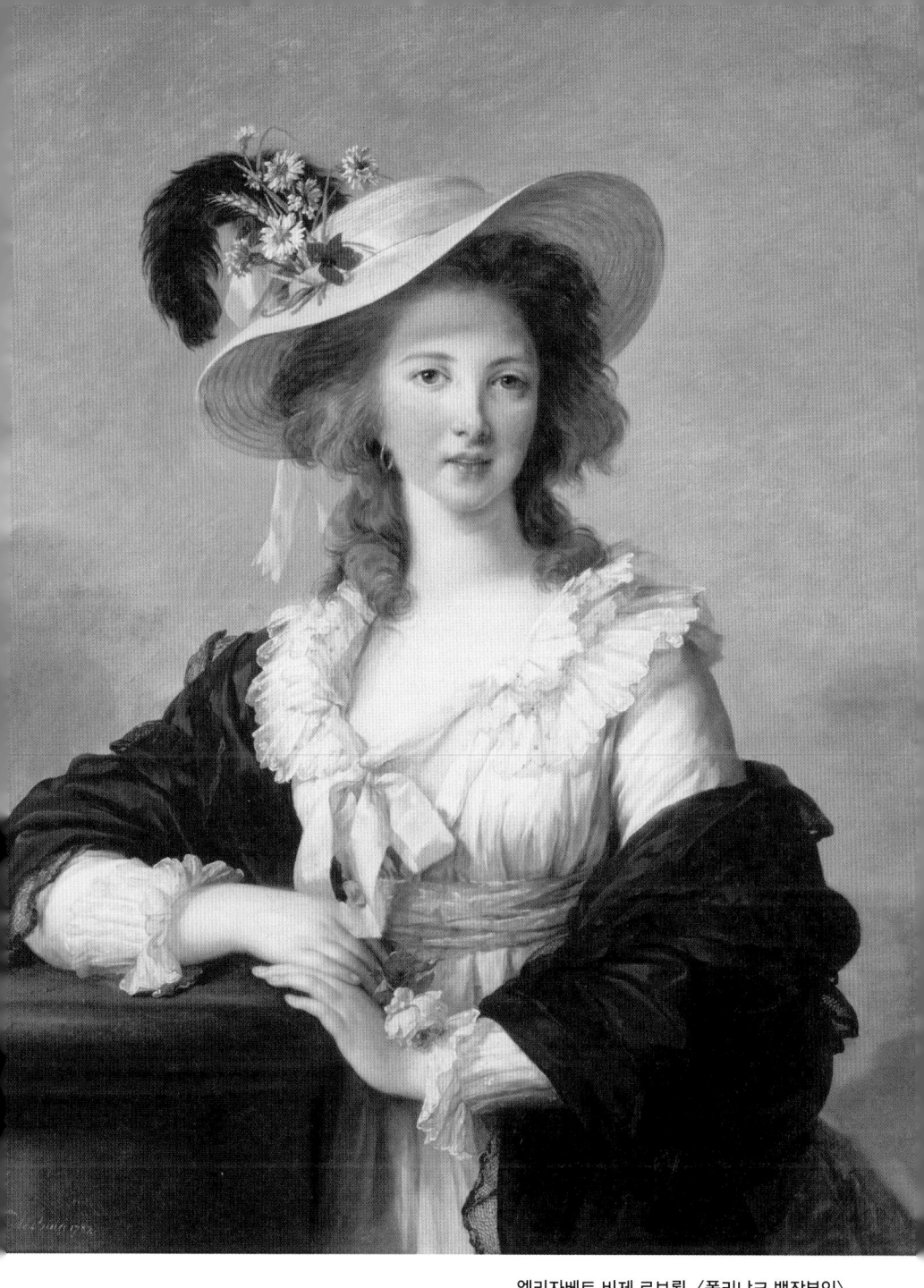

엘리자베트 비제 르브룅, 〈폴리냐크 백작부인〉
캔버스에 유채, 92.2×73.3cm, 1782, 베르사유 궁전

"난 그녀의 자유분방함이 너무 좋았어. 그렇지만 그녀는 지금 내 곁에 없어. 난 그녀의 포로가 되었어. 인정할 수밖에 없어."

폴리냐크 백작부인 때문에 상심한 적이 많았던 앙투아네트는 프랑스혁명 기간 시민들이 작성한 살생부 명단에서 그녀의 이름을 확인하자 그녀에게 빨리 베르사유 궁전을 떠나라고 말한다. 그렇게 그녀는 자신보다 사랑하는 이의 안위를 먼저 걱정했다.

폴리냐크 부인은 누구인가? 그녀는 후작 가문에서 태어나 1767년 후에 공작이 되는 폴리냐크 백작과 결혼했다. 폴리냐크 가문은 대대로 부르봉 왕가를 섬겼고 추기경을 배출해 루이 14세 및 루이 15세의 대표적인 외교관으로 중용되었던 집안이다. 하지만 쿠데타 등 여러 사건에 연루되어 가운家運이 쇠퇴하고 있었다.

폴리냐크 백작 부부는 궁정에서 영향력이 미미했던 왕세손빈 마리 앙투아네트에게 접근하여 그녀의 비위를 맞추고 가깝게 지내면서 신뢰를 쌓았다. 그 후 루이 15세가 죽고 루이 16세가 즉위하면서 폴리냐크 가문은 궁정의 실권을 장악했다. 특히 폴리냐크 백작부인은 앙투아네트에게 아부하면서 마음에 든 후 프티 트리아농에 초대받는 몇 안 되는 왕비의 측근 중 한 명이 되었다. 폴리냐크 백작 부부는 국왕 부부의 친구로 권세를 휘둘렀다. 하지만 프랑스혁명이 일어나자 폴리냐크 백작부인은 국왕 부부를 가장 먼저 버리고 오스트리아로 망명했다.

비록 앙투아네트가 폴리냐크 백작부인의 아첨과 유혹에 놀아났다

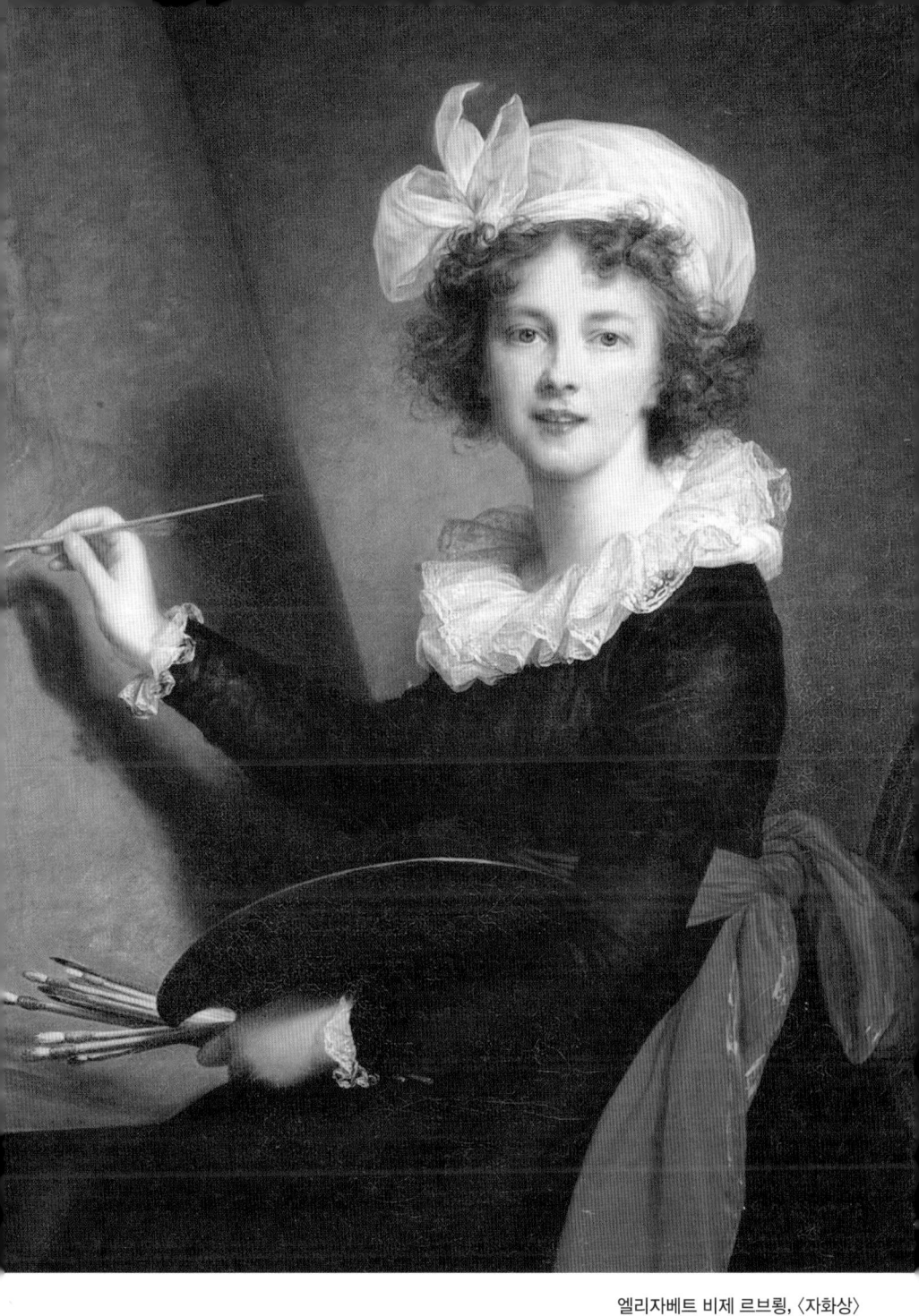

엘리자베트 비제 르브룅, 〈자화상〉
캔버스에 유채, 100×81cm, 1790, 피렌체 우피치 미술관

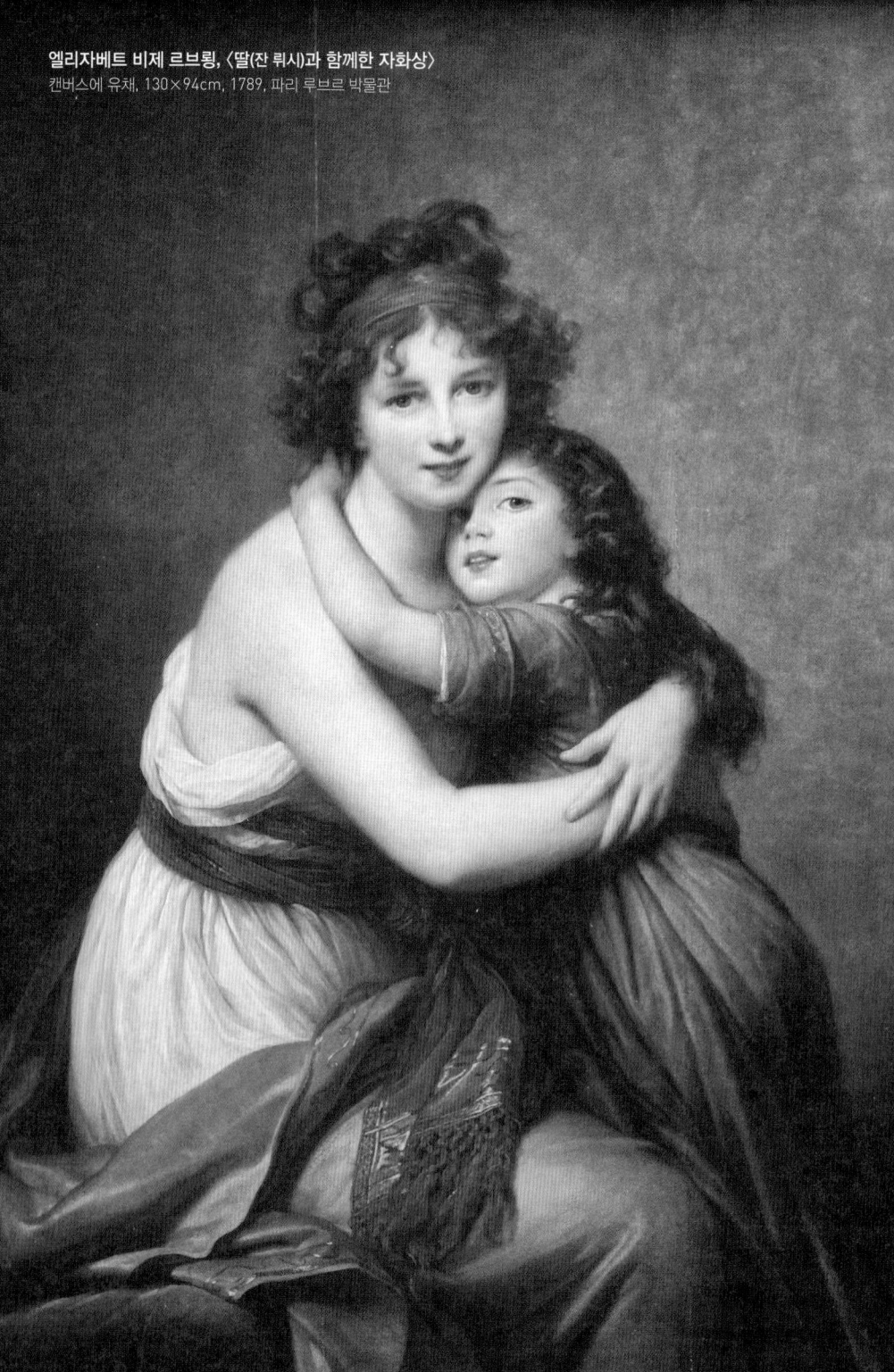

엘리자베트 비제 르브룅, 〈딸(잔 뤼시)과 함께한 자화상〉
캔버스에 유채, 130×94cm, 1789, 파리 루브르 박물관

하더라도 아마 두 사람은 남녀의 사랑 이상의 아름답고 기묘한 시절을 보냈으리라는 것은 자명하다. 이처럼 앙투아네트는 여자들과의 관계를 훨씬 더 소중히 이끌어갈 줄 알았다.

그녀의 궁정화가인 엘리자베트 비제 르브룅Elizabeth Vigée-Le Brun은 앙투아네트와 우정을 나눈 또 한 명의 여자친구였다. 우정이라기보다는 총애가 가까워보이지만 둘 사이가 그저 왕비와 신하 정도의 수준에서 머물지는 않았던 것 같다. 어쨌거나 앙투아네트의 주요 초상화는 거의 르브룅의 작품이다.

르브룅에게는 자신의 가치를 최고로 인정해주었던 조력자가 바로 앙투아네트였다. 앙투아네트가 이 여성 화가를 천거하여 자기 곁에 두었다는 사실만으로도 그녀의 파격적인 인사정책과 심미안은 보통 수준을 넘는다. 명성이 자자한 남성 화가들이 판을 치는 궁정에서 여성이자 젊은 나이의 르브룅을 선택한 것은 그녀가 섬세하고 예리한 시선으로 내면의 숨은 아름다움을 찾아내는 탁월한 감각이 있기에 가능했다. 그러니 그런 앙투아네트가 동성애자였다 한들 무슨 대수이랴. 게다가 르브룅의 미모와 패션 역시 세련되고 아름다워 앙투아네트의 마음을 사로잡았다.

르브룅 역시 자신을 최고로 우대해주는 왕비를 진심으로 이해하고자 했을 것이다. 그래서인지 그녀가 그린 앙투아네트 그림은 좀 남다른 데가 있다. 그림 속에는 왕비의 우아한 기품뿐만 아니라 인간적인 다정함까지 드러난다. 사실 왕실 화가의 사명은 세상에서 가

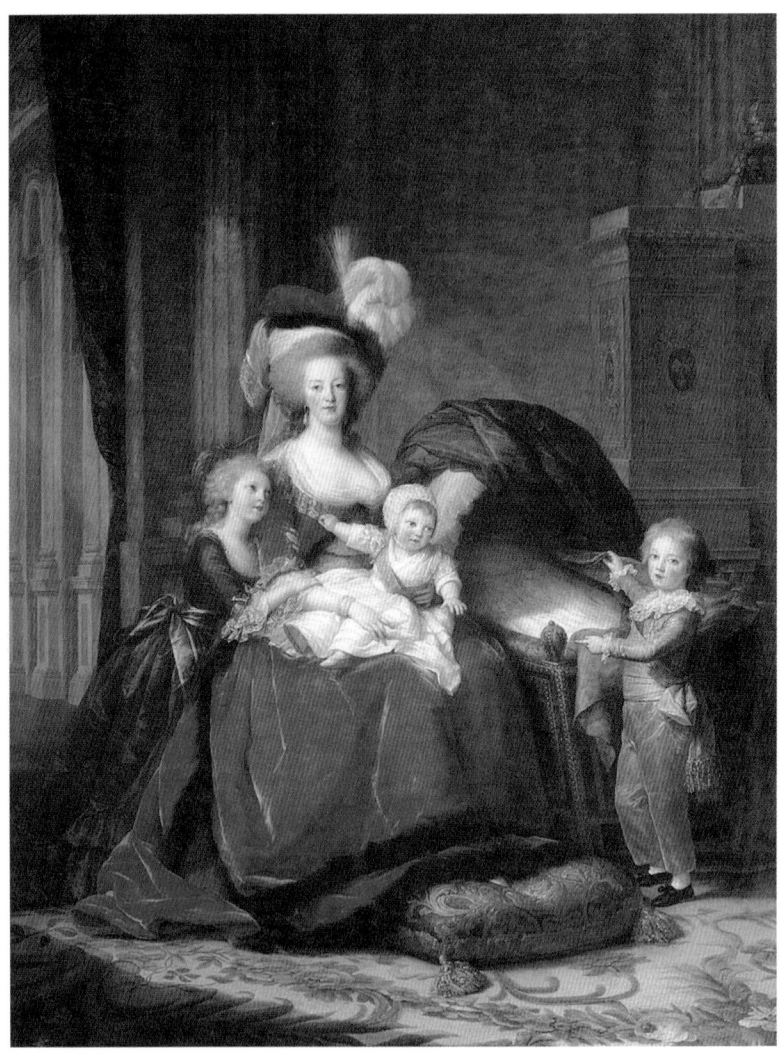

엘리자베트 비제 르브룅, 〈마리 앙투아네트와 세 자녀〉
캔버스에 유채, 275×215cm, 1788, 베르사유 궁전

장 존엄한 인물이자 무한한 권력과 부의 소유자로서의 왕실의 이미지를 만천하에 천명하는 것이다.

르브룅이 그린 〈마리 앙투아네트와 세 자녀〉는 기존의 왕실 초상화에서는 좀처럼 발견할 수 없었던 왕비의 가정적이고 인간적인 면모를 보여준다. 출산한 지 얼마 안 된 왕비는 요람을 곁에 두고 아기를 보살피고 있다. 아기를 무릎에 안고 있고 그 옆에는 딸아이가 평범한 엄마에게 그렇게 하듯 살포시 기대어 있다. 르브룅은 왕비의 이런 모습을 보여주면서 그녀가 세 아이의 자상한 어머니였음을 그림으로 토로했던 셈이다.

그렇다면 이 두 사람이 서로 깊이 대화하고 소통할 수 있었던 이유는 무엇일까? 그것은 그들이 동갑내기이기도 했거니와 둘 다 비슷한 시기에 어린 자식을 잃은 경험이 있었기 때문이다. 그림 그리는 일이 그렇듯 긴 대화 속에서 서로를 깊이 알아나갔던 그들은 어머니로서의 걱정과 기쁨도 함께 나누었을 것이다. 이 작품은 한때는 왕비의 권위를 떨어뜨린다는 논란을 일으키기도 했지만 지금은 다른 궁정화가들은 그릴 수 없는 마리 앙투아네트의 인간적인 매력을 아름답게 그려낸 작품으로 손꼽는다.

르브룅이 그린 그림에는 앙투아네트의 친구이자 연인 폴리냐크 백작부인의 초상화도 몇 점 눈에 띈다. 아마 연인의 모습을 담고 싶어 특별히 르브룅에게 요청했으리라 짐작만 할 뿐이다. 왕실 화가가 그린, 여왕의 동성 연인 초상화라니! 백작부인에 대한 앙투아네트의 마음이 얼마나 절절한지 보여준다. 뿐만 아니라 백작부인의 매력이 무엇인지 조금이나마 알 수 있을 것만 같다. 명민하고 아름다운 모습 뒤에 감춰진 암고양이 같은 무심함과 태연함이 앙투아네트의 애간장을 태웠던 것은 아닐까.

　앙투아네트의 사랑과 우정은 어떤 모습이었을까? 아마도 그것은 모든 여자들의 첫사랑의 상대가 엄마, 즉 여자였다는 사실을 다시 한 번 각인시킨다. 프로이트 식으로 말하자면 여자가 훨씬 더 양성적인 존재다! 프리다 칼로Frida Kahlo도 여성이든 남성이든 일단 사랑을 하게 되면 육체적인 결합을 통해서 더욱 완벽해진다고 믿었고 실제 실천했다. 칼로 역시도 말년에 병든 자신을 극진히 간호해주던 여자와 다시 한 번 사랑에 빠졌다.

양로원
로맨스

사랑하기 딱 좋은 나이인데

아흔을 훨씬 넘긴 나이에도 열정적으로 활동하는 철학자 김형석 교수에게 물었다. 지금 가장 하고 싶은 것이 무엇이냐고. 그는 사랑이 하고 싶다고 했다. 그리고 지금 '현재'가 당신의 인생 중 가장 행복하다고도 말했다.

요즘 양로원 로맨스가 간간이 들려온다. 몇 년 전 우연히 본 양로원 르포르타주 다큐멘터리는 흥미로웠다. 한 할머니가 그곳에서 만난 할아버지에게 차였다며 운다. 여든 넘어 처음 느껴보는 사랑의 감정이란다. 우는 할머니 말고 다른 여자를 더 좋아하는 할아버지는 양다리를 걸치고 싶었겠지만 가부간에 결단을 내라는 할머니 말에 "당신은 내 취향이 아니다"라고 에둘러 말하고 황급히 자리를 뜬다.

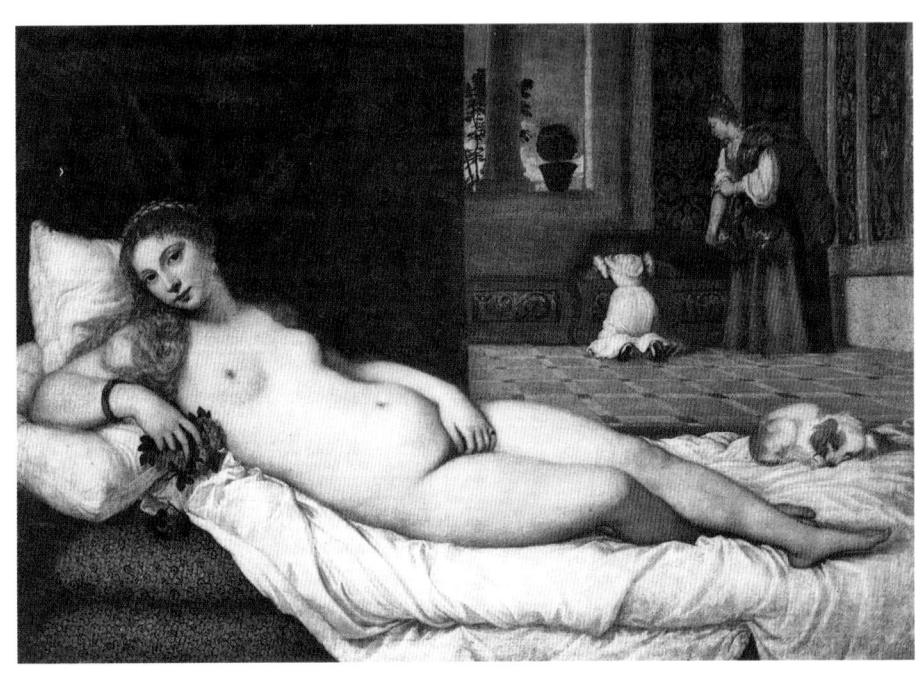

티치아노 베첼리오, 〈우르비노의 비너스〉
캔버스에 유채, 119.2×165.5cm, 1538, 피렌체 우피치 미술관

또 다른 사례도 이어 등장한다. 한 할아버지는 남자친구가 있는 할머니를 짝사랑한다. 그 할머니는 병든 남친 할아버지와 함께 다른 양로원으로 옮겼다. 그러자 할머니를 짝사랑하던 할아버지도 양로원을 이들과 같은 곳으로 옮겼다. 이후 이들에겐 기묘한 동반자적 삼각관계가 시작되었다. 씩씩한 현대 여성에 속하는 할머니는 여전히 병든 할아버지를 배려하고 보살피며 자기를 사랑하는 할아버지와는 친구로 지낸다.

짝사랑을 하는, 조금은 더 연하인 이 할아버지의 말이 더 압권이다. 자기는 평생 찾아 헤매던 이상형의 여자를 이제 만났으니 그 할머니가 누구를 더 좋아하든 상관없다고 말이다. 자기는 그녀를 위해서 무엇을 더 해줄 수 있는지에만 관심이 있다고도 했다. 체면도 겉치레도 모두 벗어 던졌으니 이게 두려움 없는 진짜 사랑 아닌가.

화가들은 늙어서는 어떤 사랑을 했을까? 늙은 거장의 사랑은 또 어떻게 그들의 작품에 영향을 주었을까? 미켈란젤로 부오나로티 Michelangelo Buonarroti는 예순이 넘어서야 사랑의 감정을 느꼈다. 1541년 〈최후의 심판〉이 완성되었을 때 60대 중반의 그는 이후 이십삼 년 동안 조각가로, 때로는 화가로 때로는 토목기사와 건축가로 밤낮없이 일했다. 나이를 먹을수록 그는 점차 고독해졌다. 동년배의 사람들은 모두 세상을 떠났고 가까운 친척들도 거의 다 죽었다. 그는 유일한 상속인인 조카 로렌초에게 모든 애정을 쏟았다.

그런 말년의 미켈란젤로에게 생애 최초의 위대한 열정이 싹텄다.

그러나 그것은 이전까지 젊은 청년들에게 바친 동성애적 사랑과는 다른 종류의 사랑, 즉 지성적인 열정에 근간한 사랑이었다. 이처럼 예순 넘은 미켈란젤로가 사랑을 바친 여인은 비토리아 콜론나_{Vittoria Colonna}였다. 베네치아 화파인 티치아노 베첼리오_{Tiziano Vecellio}가 그린 〈우르비노의 비너스〉에 등장할 만큼 유명한 귀족 여성이자 미망인이었던 콜론나에게 미켈란젤로는 깊이 빠져들었다. 그녀는 남달리 독실한 종교적 감정을 지닌 지적이고 지혜로운 여성이었다. 콜론나 역시 미켈란젤로가 받아들인 플라톤의 지혜와 신앙의 진리, 그리고 예술의 신비를 똑같이 열렬하게 찬미했다. 그러니 미켈란젤로의 예술에 대한 그녀의 찬사는 누구의 것보다 훨씬 더 강력하게 영감의 근원으로 작용했을 것이다.

페테르 파울 루벤스_{Peter Paul Rubens} 역시 늙은 나이에 젊은 아내를 맞았다. 원만하고 다정했던 첫 번째 부인 이사벨라 브란트가 흑사병으로 갑자기 세상을 떠나자 큰 상심에 빠진 그는 외교활동에 더욱더 전력했다. 그러나 정치에 환멸을 느끼고 외로움은 점점 더 커졌다. 루벤스는 자신이 독신으로 살며 금욕적인 삶을 살 수 있는 남자가 아니라는 사실을 잘 깨달았고 태피스트리 상인의 막내딸이었던 헬레나 푸르망과 혼인한다.

쉰두 살의 루벤스와 열여섯 살의 푸르망. 그들의 나이 차는 무려 서른여섯 살이었다! 그녀는 나이만 어린 것이 아니라 '북유럽의 비너스'라는 별칭이 붙을 만큼 풍만한 미인이었다. 중년 귀부인과의

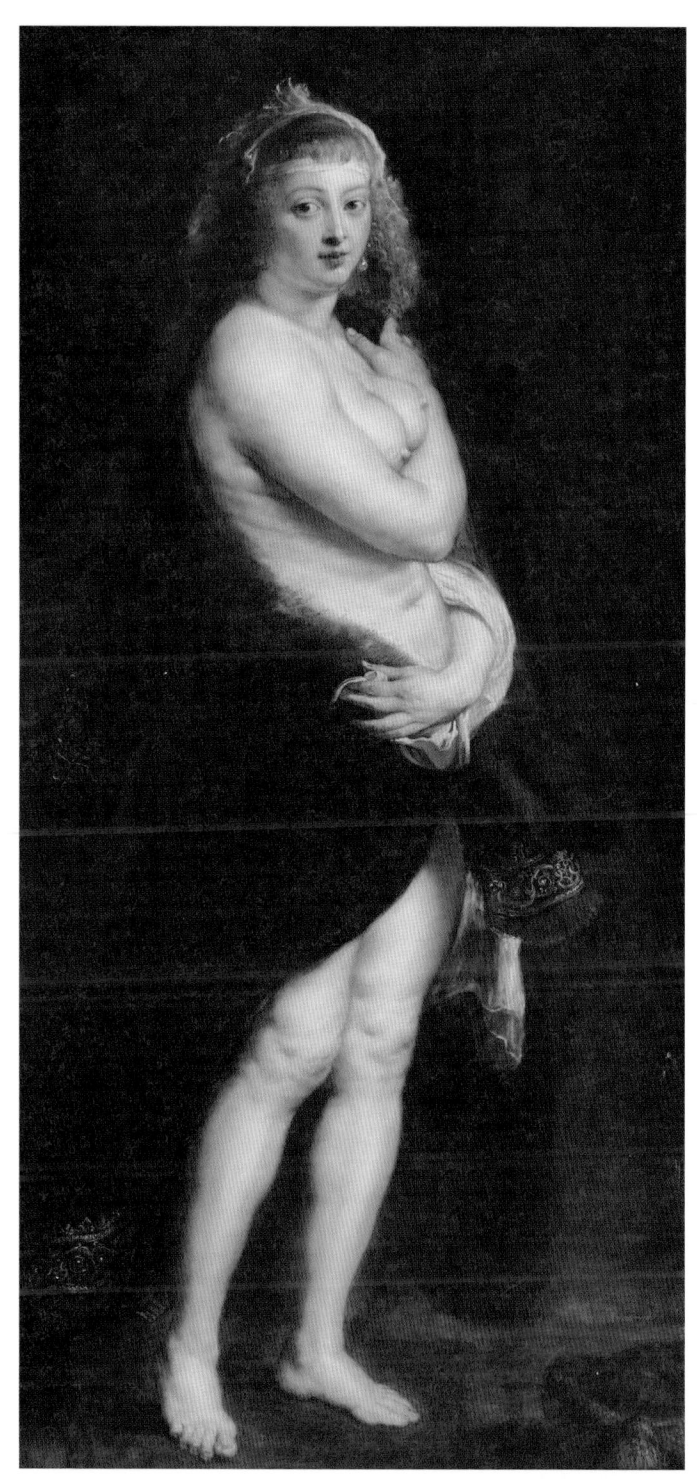

페테르 파울 루벤스
〈모피를 두른 헬레나 푸르망〉
캔버스에 유채, 176×83cm
1636~38, 빈 미술사 박물관

재혼을 권하는 주변인들의 권유를 뿌리치면서 푸르망과 재혼할 당시 루벤스는 이렇게 말했다. "비록 중산계급 출신이지만 좋은 가정의 아가씨를 아내로 맞았습니다. 모든 사람이 귀족 출신과 결혼하라고 나를 설득하려 했지만 말입니다. 나는 널리 알려진 귀족 사회의 그 부정적 자질이 두렵습니다. 특히 여성들에게 두드러진 자만심 말이지요. 그래서 나는 붓을 드는 것을 결코 부끄러워하지 않을 여인을 아내로 맞기로 했습니다."

푸르망은 예쁘기만 한 게 아니라 총명하기도 했다. 그녀는 박학다식한 루벤스와 대화를 나누기 위해 열심히 교양을 쌓았다. 그렇게 지성과 미모를 겸비한 푸르망은 루벤스의 말년을 행복한 삶으로 인도했다. 외교관으로 활동하며 귀족들의 이기심과 허영심을 충분히 경험한 루벤스는 평상시의 소망대로 평범한 아내와 평화롭고 조용한 시골에서 단란하게 살 수 있었다. 그리고 생애 마지막 십 년간 사랑스런 젊은 아내의 모습을 여러 점 그렸다.

특히 〈모피를 두른 헬레나 푸르망〉은 그가 마지막까지 간직했던 수작이다. 한 손은 가슴에, 다른 손은 모피를 잡아 음부를 가리며 베누스 푸디카Venus Pudica, 비너스 상이 취하는 정숙한 자세를 뜻하는 미술 용어 의 포즈를 취했다. 화면 밖을 바라보고 있는 푸르망의 눈길은 자신이 사랑받고 있는 것을 이미 알고 있는 듯 다소곳하고 수줍지만 동시에 당당하다.

푸르망은 십 년 동안 다섯 명의 아이를 낳는다. 마지막 아이는 루벤스가 죽은 후에 태어났다. 1640년 루벤스가 사망하자 푸르망은 남편의 재산 중 절반을 상속받았고 그 후로도 삼십삼 년을 더 살았다.

현대인의 불안과 고독을 가장 치열하게 파고든 조각가였던 알베르토 자코메티Alberto Giacometti도 말년에 한 모델과 사랑에 빠졌다. 자코메티는 특별히 거리의 여자들을 사랑했다. 자코메티는 결혼했음에도 매춘부들에게 단단히 빠져 있었다. 1958년 늦가을, 50대 후반의 그는 예술가들이 독한 술을 마시고 하룻밤 정분을 나눌 상대를 찾는 몽파르나스의 한 바에서 카롤린을 만났다. 그보다 마흔 살이나 어린 여성이었다. 그녀는 불량하고 변덕스러웠으며 약간의 바람기도 있었다. 두 사람은 첫눈에 반했고 미친 듯이 서로를 사랑했다. 평범한 육체관계일 수도 있는 소소한 사건이 이 로맨스의 시작이었다.

카롤린은 처음으로 자코메티 앞에서 포즈를 취한 다음 그를 '나의 그리자유grisaille, 회색 계통의 채도가 낮은 한 가지 색만으로 그리는 화법'라고 불렀다. 늘 회색 먼지 속에서 작업하는 자코메티를 보고 붙인 별명인 듯하다. 애정을 담은 별명이었기에 자코메티의 마음은 금세 누그러졌다. 자코메티는 카롤린이 갖고 싶어했던 빨간 자동차를 사주었고 그녀를 데리고 루브르 박물관, 자연사박물관, 런던의 테이트 미술관에도 갔다. 자코메티는 자기가 사랑하는 것들을 그녀에게 몽땅 보여주고 공유하고 싶었다.

당시 자코메티는 영국의 유명화가였던 프랜시스 베이컨Francis Bacon에게도 카롤린을 소개했다. 자코메티는 이미 부인 아네트가 있

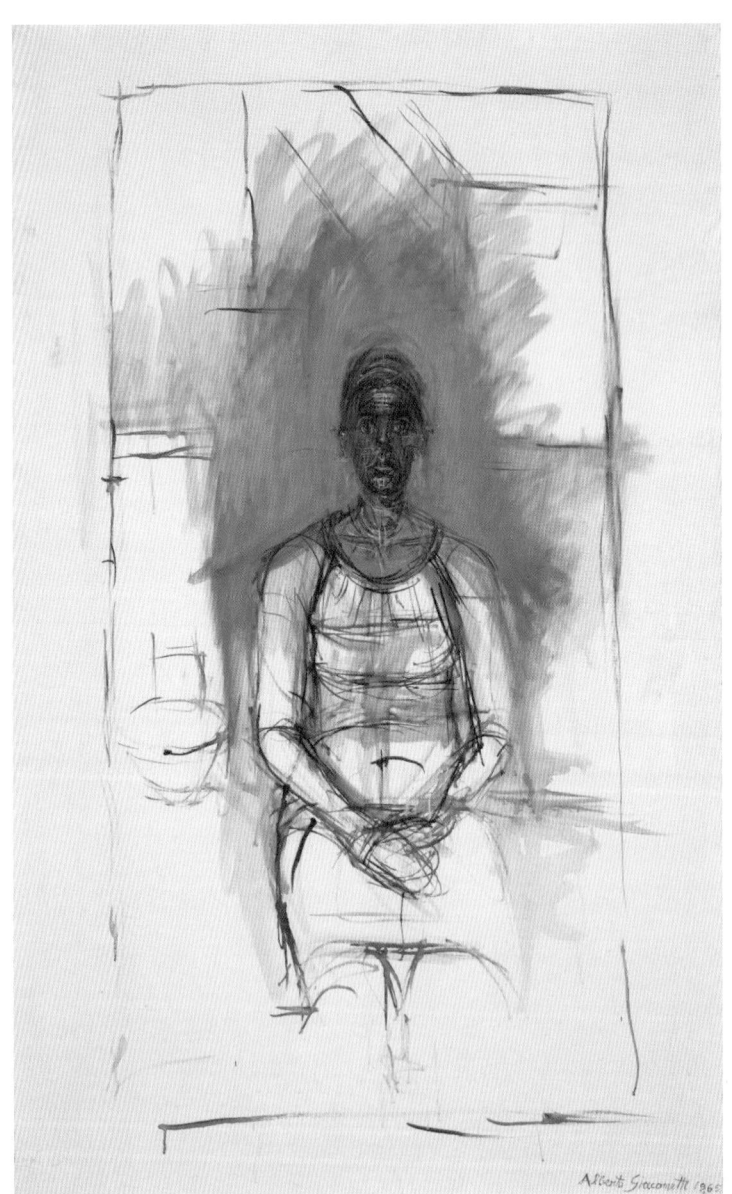

알베르토 자코메티, 〈눈물을 흘리는 카롤린〉
캔버스에 유채, 130×81.3cm, 1965, 런던 테이트 미술관

었고 추종자인 동생 디에고도 있었지만 그는 그들의 눈치를 보지 않았다. 자코메티는 카롤린이 계속 후원을 받을 남자를 찾고 있다는 사실을 알고 있었고 그 남자들에 대해서 지독히 질투했다. 자코메티가 1962년과 1965년에 각각 그린 유화 〈눈물을 흘리는 카롤린〉과 〈빨간 원피스를 입은 카롤린〉은 미술 애호가들에게 감탄을 자아낼 만큼 독특하다. 카롤린은 자코메티의 마지막 모델이자 최후의 열정이었다.

파블로 피카소Pablo Picasso는 60대 초반에 스물한 살의 프랑수아 질로를 만나 열정적인 사랑에 빠져들었고, 급기야 일흔 넘어서는 자기보다 무려 마흔다섯 살이나 어린 자클린을 만나 결혼까지 했다. 흥미로운 것은 피카소는 여자가 바뀔 때마다 새로운 사조를 몰고 왔다는 사실이다. 피카소가 특별히 나이가 들었을 때 만났던 여인들이 훨씬 더 많은 영감을 준 것은 아니다. 영감의 근원으로 작동하였던 여자들은 오히려 조금이라도 젊었을 때 만난 페르낭 올리비에, 마리 테레즈, 도라 마르 등이었다. 하지만 늙어서 만난 여자들은 그의 창작의 불길을 죽을 때까지 유지하는 데 도움을 주었다.

그런데 만약 남녀의 나이가 바뀌었다면? 물론 미술사에서 살펴보면 마흔네 살의 쉬잔 발라동Suzanne Valadon이 아들인 화가 모리스 위트릴로Maurice Utrillo의 친구인 스물세 살의 앙드레 우터André Utter와 사귀었다. 심지어 아들과 더불어 세 사람이 기막힌 동거를 했다. 당시 그림을 보면 분명 그녀는 이런 관계 속에서 새로운 창작의 열정을 갖게 되었음이 자명하다.

또한 작가이자 영화감독인, 우리에겐 《연인》이라는 소설이자 영화의 원작자인 마르그리트 뒤라스 Marguerite Duras 는 여든에 마흔 살이던 젊은 연인에게 사랑을 고백하는 책을 썼다. 얼마 전 가브리엘 마르케스 Gabriel Garcia Márquez 의 소설 《늙은 창녀들의 추억》을 읽고 영화도 보게 되었다. 늙은 남자의 사랑이란 무엇인가. 나이에 지지 마라. 어쩌면 절체절명의 사랑은 아직 오지 않았을지 모른다.

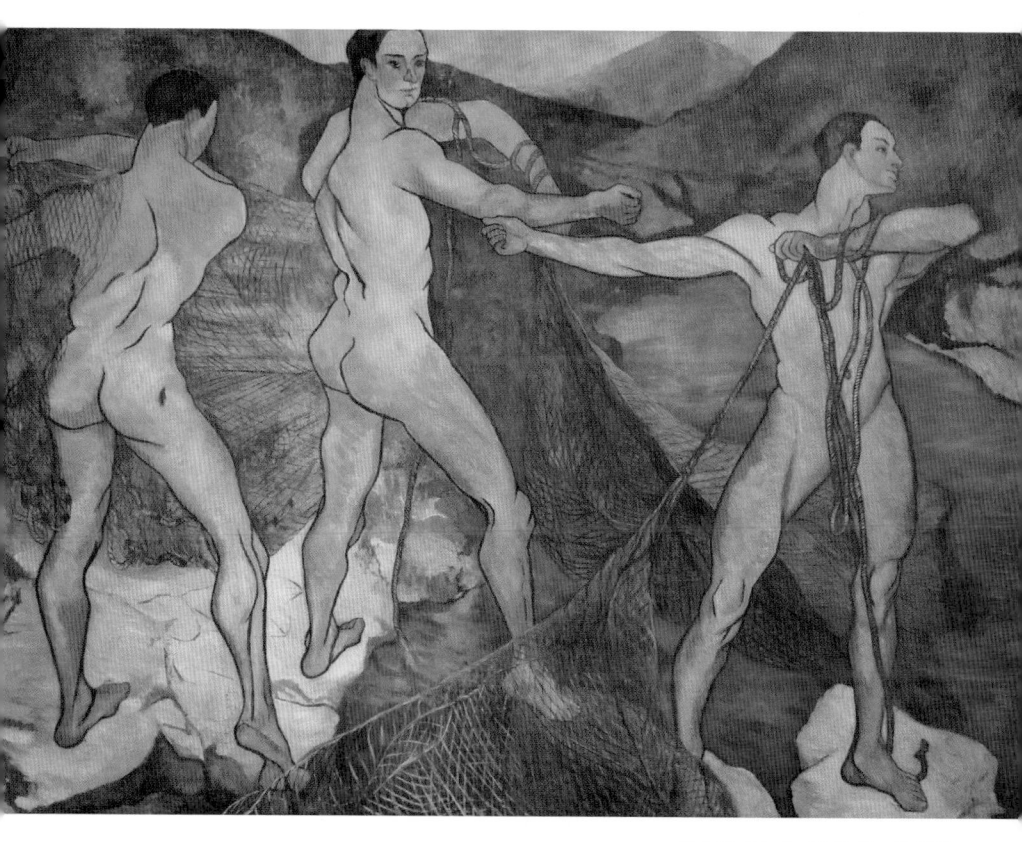

쉬잔 발라동, 〈그물 던지는 사람들〉
캔버스에 유채, 1914

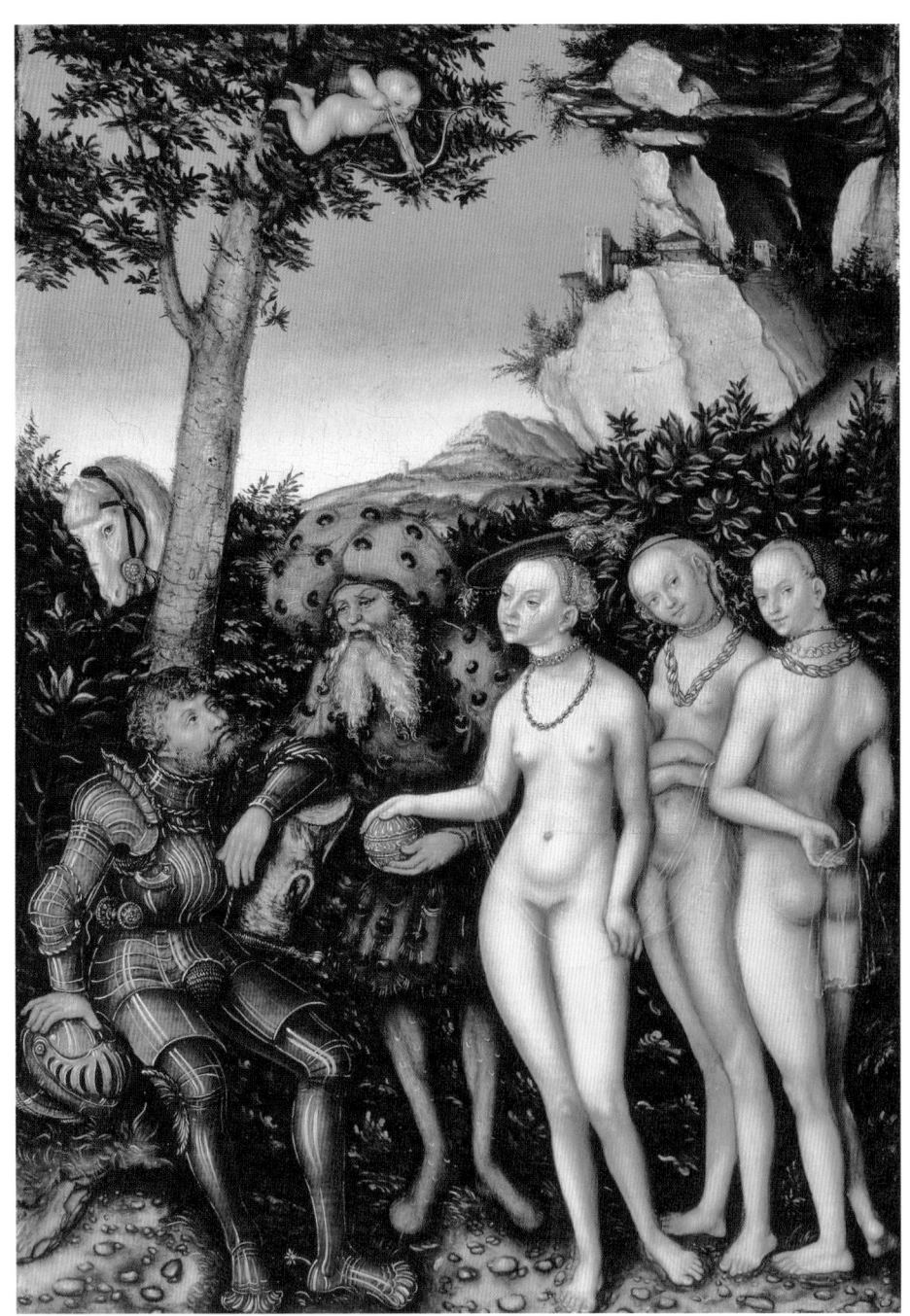

루카스 크라나흐 Lucas Cranach, 〈파리스의 심판〉

패널에 유채와 템페라, 50.8× 36.4cm, 1530, 세인트루이스 박물관

원하는 것을
선택한 대가

당신에게
선택권이 주어졌다면

그리스 신화에서 파리스의 심판은 가장 흥미롭고 가장 말썽 많은 심판이었다. 오늘 다시 파리스의 심판이 열린다면 당신은 누굴 택할 것인가? 권력과 재물, 명예와 지혜, 아름다운 여자 중에서 무엇을 선택할 것인가? 파리스처럼 아름다운 여인을 선택하고 그 결과로 무지막지한 전쟁도 감수할 수 있는가?

까마득한 옛날 펠레우스 왕은 아름다움을 뽐내던 바다의 여신 테티스를 사랑하게 되었다. 혼례식이 거행되었는데 오로지 불화의 여신인 에리스만 초대받지 못했다. 불화의 여신을 누가 결혼식에 초대하겠는가. 에리스는 분노가 극에 달해 앙심을 품고 "가장 아름다운 여신에게"라는 문구가 적힌 황금 사과를 결혼 피로연 식탁에 던지고 사라져버렸다. 싸움을 일으켜 분란을 조장하려는 심산이었다.

수많은 여신들이 나섰지만 가장 힘이 센 세 여신만이 최종 후보로 나섰다. 헤라와 아테나, 아프로디테. 세 여신은 사과를 서로 갖겠다고 다투게 되었다. 용호상박에다 막상막하의 이 멋진 여신들은 서로 양보를 할 태세가 전혀 없다. 이를 중재할 존재는 신들의 신인 제우스밖에 없다. 그러나 제우스조차 이 여자들의 갈등에 끼어들고 싶지 않았다. 올림포스 궁전의 여신들이 각각 자신의 아내, 딸, 연인인지라 감히 그 누구에게도 원망을 사고 싶지 않았기 때문이다. 한 여신의 손을 들어주어 두 여신의 원망을 사는 것이 자신에게 이로울 까닭이 없다는 것을 어찌 모르겠는가!

치밀한 전략가 제우스는 이 난감한 싸움을 지혜롭게 해결하기 위해 이데 산山의 파리스에게 결정을 맡기기로 한다. 사실 파리스는 트로이아 프리아모스 왕의 아들로 그가 태어나면 자기 나라를 멸망시킬 것이라는 예언을 들은 부모에 의해 이데 산에 버려진 인물이다. 마치 오이디푸스처럼 기적적으로 구조된 파리스는 왕자인 것도 모른 채 양치기들에 의해 키워졌다. 제우스는 파리스가 신들의 정체를 모르니 보복당할 것을 두려워하지 않고 공정하게 심판을 할 수 있으리라 여겼기 때문이다. 제우스는 전령인 헤르메스를 시켜 사과를 파리스에게 건네주었다.

파리스에게 결정권이 넘어가자 세 여신들은 그 황금 사과를 차지하기 위해 수단과 방법을 가리지 않고 그를 매수하기 위한 도전장을

그림 같은 여자 그림 보는 남자 ·

내민다. 먼저 제우스의 아내이자 올림포스 신전의 권력과 살림의 총책을 맡고 있었으며 모든 가정과 결혼의 수호신인 헤라는 소아시아 제국 전체를 통치할 왕권을 주겠다고 했다. 두 번째로는 제우스가 혼자서 낳은 딸로 명석한 두뇌와 이지적 미모를 가진 아테나로, 그녀는 지혜와 전쟁의 여신답게 전쟁에서 이길 수 있는 불굴의 용기와 지혜를 주겠다고 했다. 마지막으로 모든 신들로부터 아름다움을 공인받은 천하절색의 미와 사랑의 여신 아프로디테는 세상에서 가장 아름다운 여인을 주겠다고 약속했다.

당시 파리스는 억지 결혼한 아내 오이노네에게 권태를 느끼고 있던 차였다. 그는 고민할 필요도 없이 아프로디테의 손을 들어주었다. 아프로디테의 아름다움에 필적할 미모와 젊음을 갖춘 여인을 주겠다는 제안에 혹한 것이다. 파리스는 아프로디테의 도움을 받아 그리스 땅으로 건너가 스파르타의 왕 메넬라오스의 따뜻한 영접을 받는다. 메넬라오스 왕의 왕비 헬레네가 바로 아프로디테가 파리스에게 아내로 삼게 해주겠다고 약속했던 바로 '인간세상에서 가장 아름다운 여성'이었다.

하필 하고 많은 여자 중에서 유부녀를 주겠다는 아프로디테의 무개념 사랑법은 참으로 골칫거리처럼 보인다. 하지만 아프로디테 역시 폴리아모리polyamory, 즉 비독점적 다자연애를 추구하는 여신이었으니 말해 무엇하랴. 파리스는 아프로디테의 도움으로 헬레네를 꾀어 트로이로 데리고 왔고 그리스인들은 헬레네를 되찾기 위해 트로

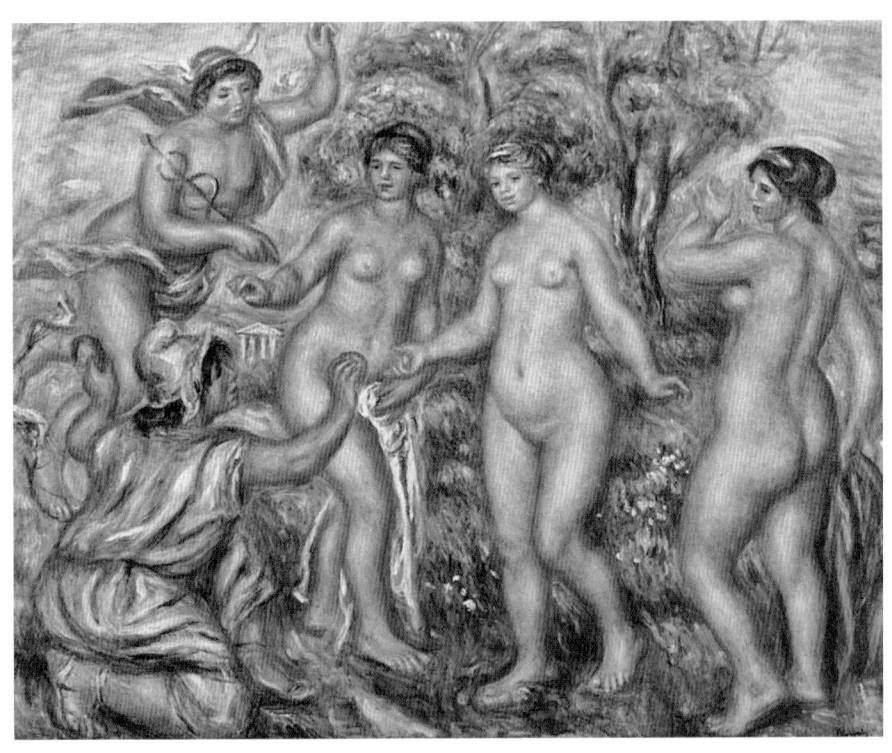

피에르 오귀스트 르누아르, 〈파리스의 심판〉
캔버스에 유채, 73×92.5cm, 1908~10, 히로시마 박물관

이로 원정을 가게 되었다.

어떻게 그렇게 많은 남자들이 원정을 나가게 되었을까? 사실 결혼 전 헬레네에게는 구혼자가 많았다. 그런데 구혼자 중 한 사람이었던 오디세우스는 헬레네가 어떤 사람을 선택하더라도 모두 힘을 합해 이 여인을 모든 위험으로부터 보호할 것을 맹세한 바 있다. 결국 헬레네는 메넬라오스를 지아비로 선택하여 행복한 나날을 보내고 있었다. 이런 그들에게 파리스가 손님으로 찾아와 유숙했고 급기야 그녀를 유혹하여 트로이로 데려갔다. 이로써 호메로스와 베르길리우스가 쓴, 고대의 가장 위대한 시의 소재가 된 트로이 전쟁이 터진 것이다. 오이디푸스처럼 파리스도 운명을 피할 수 없었다.

화가들은 파리스의 심판이라는 신화에 매료되었다. 수많은 작품이 남아 있는 게 그 증거다. 파리스의 심판을 다룬 그림은 대부분 세 여신의 알몸을 노출하는 것으로 유명하다. 그것도 고대 그리스 시대에 탄생한 삼미신三美神 도상, 즉 우미優美의 여신을 벤치마킹해 조금씩 변형시켜 그렸다. 이런 그림은 여체를 재현하는 솜씨를 과시하는 한편 시각적 즐거움을 제공하기 위한 매개체였던 셈이다. 특히 알몸의 여신들이 아름다움을 겨루는 미의 경합이라는 주제의 선정성 덕분에 르네상스 이후 이 주제는 자주 등장한다.

특히 가장 유명한 파리스의 심판은 바로크 시대 페테르 파울 루벤스의 것이다. 루벤스는 파리스의 심판을 여러 점 그렸다. 바로크 특유의 역동적인 화면과 티치아노에게 배운 살결의 표현이 아주 섬세

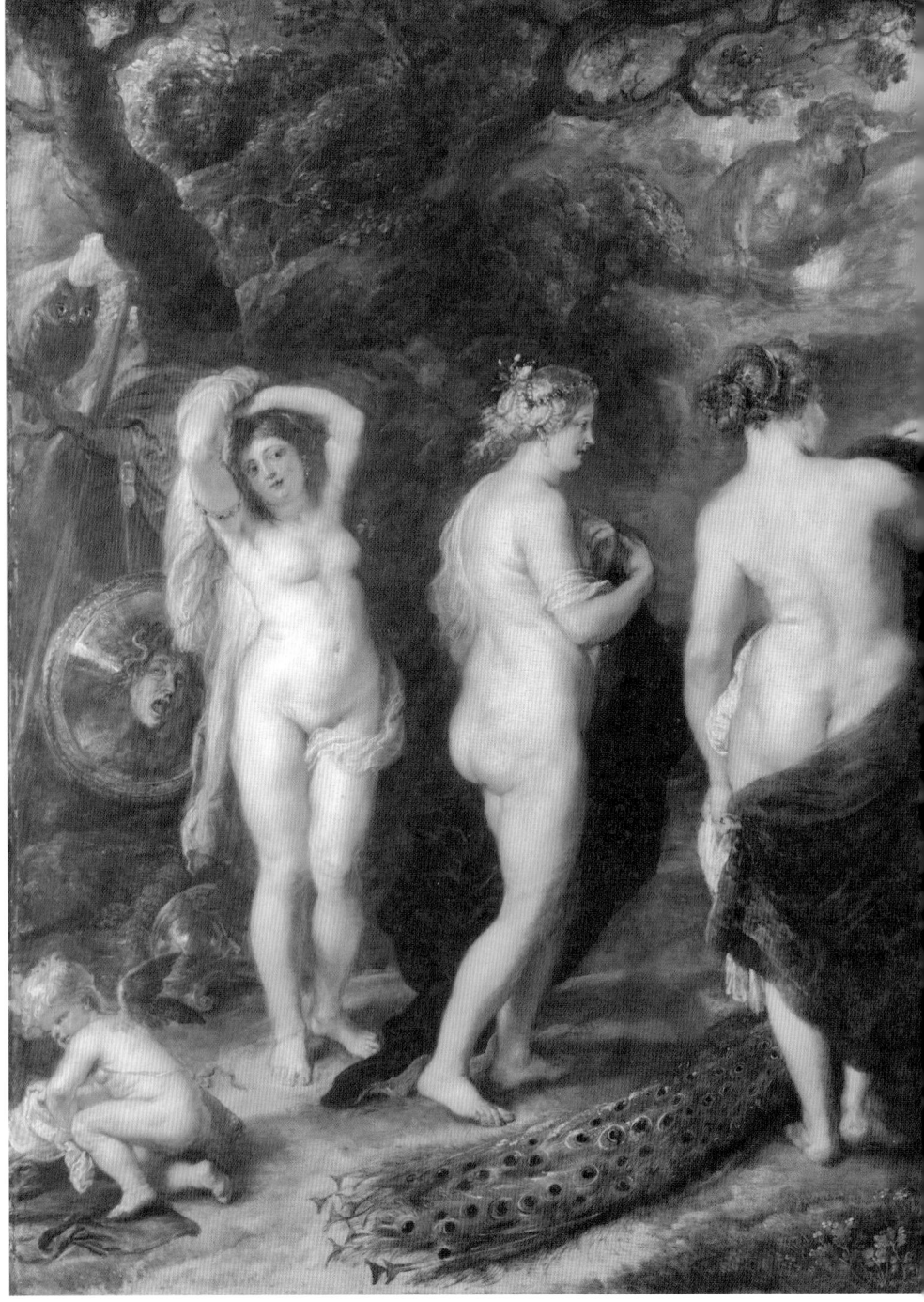

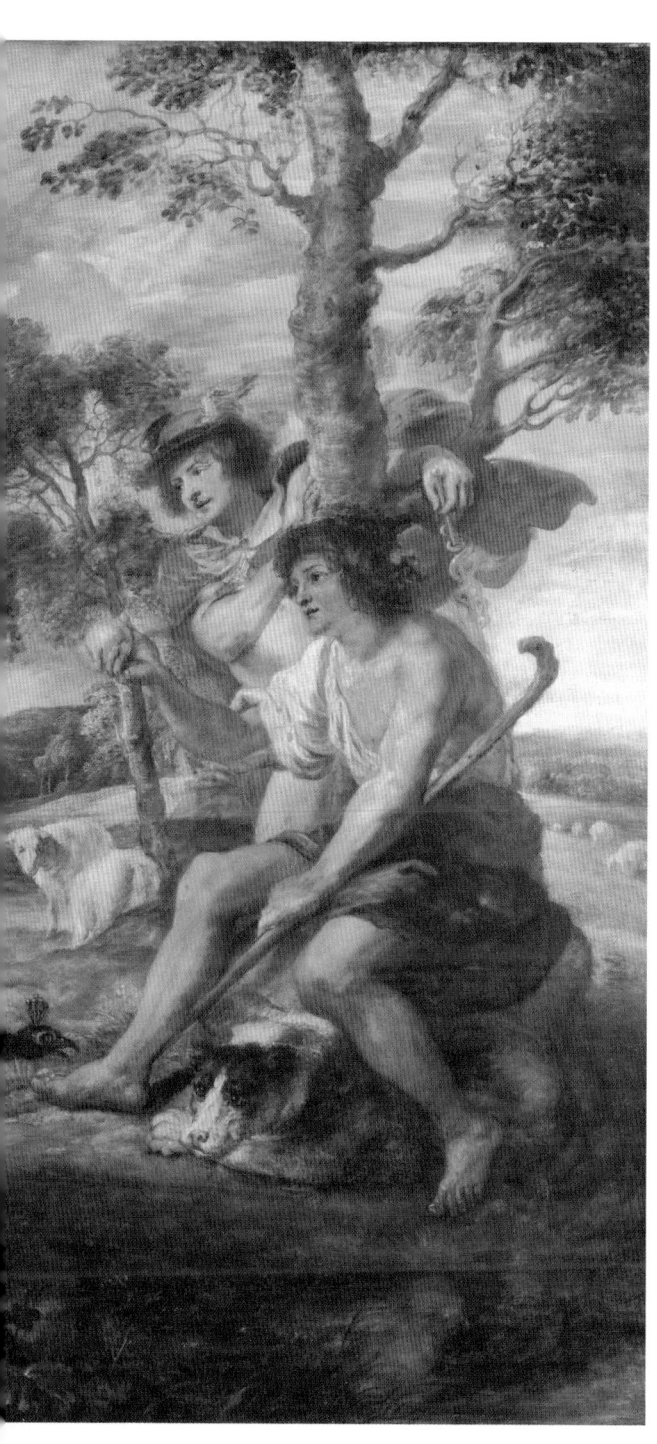

페테르 파울 루벤스, 〈파리스의 심판〉
캔버스에 유채, 144.8×193.7cm, 1636~38
런던 내셔널 갤러리

하고 드라마틱하다. 먼저 화면 중심에는 벨벳을 두른 헤라가 서 있는데 뒤돌아 서 있어 얼굴 모습이 거의 3분의 1 지점만 보여준다. 헤라는 자신의 신조인 공작새를 곁에 두고 있다. 가운데는 화려한 머리 장식을 한 아프로디테가 옆모습을 드러내고 있고 아들인 큐피드는 먼발치에서 어머니의 옷을 만지작거리고 있다. 가장 왼쪽 여인은 지혜와 전쟁의 여신인 아테나로 투구와 메두사 장식을 한 방패와 올빼미 등의 상징물을 곁에 두었다. 이처럼 루벤스는 어떤 여신인지 한눈에 봐도 알 수 있도록 이들을 묘사했다. 눈 밝은 사람들은 파리스가 이미 결정을 내렸다는 사실을 살짝 눈치챌 수 있다. 이미 파리스의 시선과 황금 사과를 쥔 손이 아프로디테에게로 향해 있지 않은가? 아프로디테 역시 이미 시선과 발걸음이 파리스에게로 향해 있음을 알 수 있다.

더군다나 루벤스의 〈파리스의 심판〉은 1630년 그의 나이 쉰세 살에 첫 번째 부인과 사별하고 만난 열여섯 살의 어린 신부였던 헬레나 푸르망의 20대 모습을 그린 것이다. 사실 그림 속 세 여신이 모두 헬레나 푸르망이다. 게다가 우연의 일치처럼 아내와 신화 속 인물의 이름이 비슷하기까지 하다.

이제부터 당신에게도 선택권이 주어졌다고 생각해보자. 세 미남이, 또는 세 미녀가 나타나 각각 어마어마한 재물과 권력, 지혜와 용기, 아름다운 연인을 주겠다고 한다. 당신이라면 무엇을 선택할 것인가? 아마 당신이 파리스처럼 20대였다면 단박에 시각을 마비시키는 연인에게 홀렸을 것이다. 모르긴 해도 당신은 아마 이제는 좀 스스로를 지혜롭다고 생각할지도 모른다. 요즘 사람들이라면 헤라를 선택할 것 같은 예감이 드는 이유는 무엇일까? 나부터 너무 유물론적이고 속물적인 생각을 하고 있는 건 아닐까? 누구를 탓하랴!

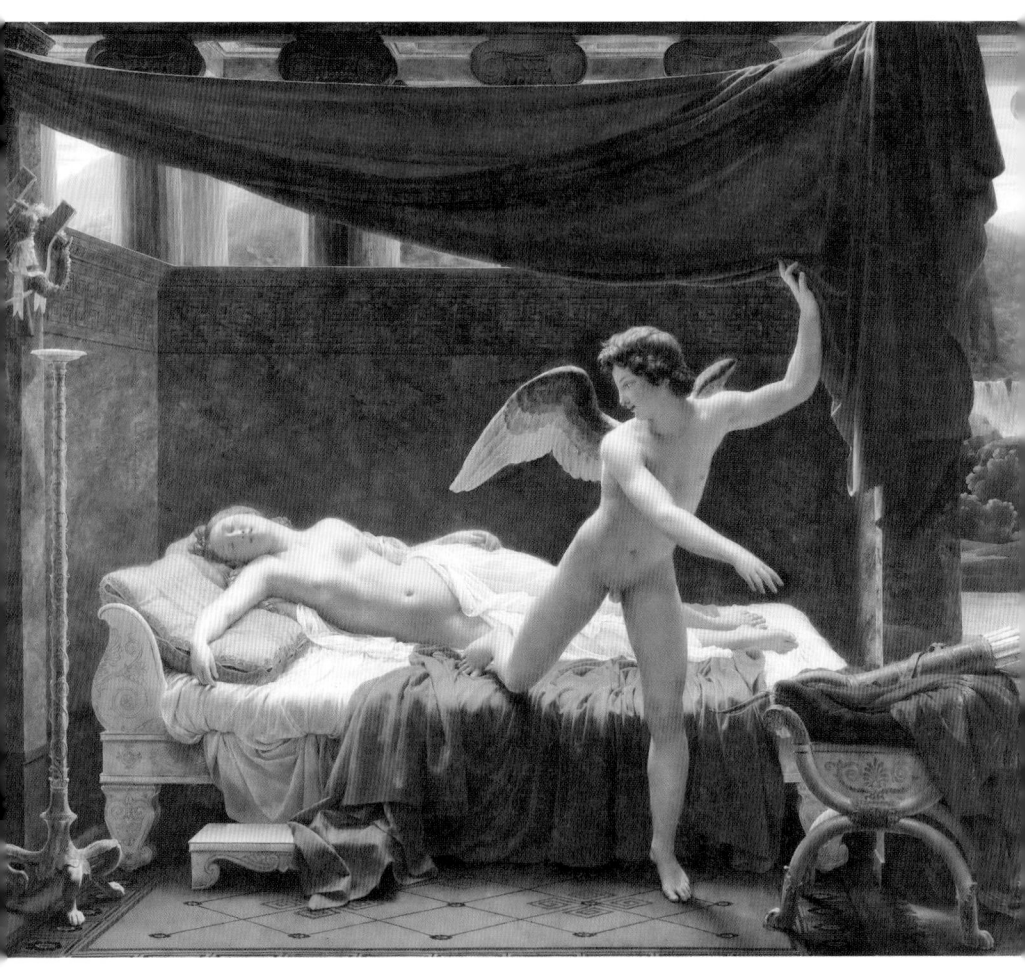

프랑수아 에두아르 피코 François Edouard Picot, 〈에로스와 프시케〉
캔버스에 유채, 31.7×46.4cm, 1817, 파리 루브르 박물관

우리 사랑
의심해도 괜찮을까

의혹을 통과한 사랑만이
살아남는다

남자들은 오늘도 아내의 시시콜콜한 잔소리와 의혹에 찬 눈초리에 지친다. 아내들은 남편의 무관심이 짜증난다. 여자들은 어찌나 귀신같이 눈치와 직관이 빠른지, 숨기고 싶고 눙치고 싶어하는 남편들의 속내를 잘도 간파해낸다. 남자들은 아내가 아무리 드러내놓고 자랑을 해도 뭐가 바뀌었는지 잘 모른다. 여성들에게는 역사 이래로 소외되고 배제된 삶을 살아온 타자들의 유전자에 아로새겨진, 생존하기 위한 무의식적 전략이 있나 보다. 이 모든 것들이 하루아침에 사라지지 않을 태세라면 아내의 잔소리와 남편의 무관심을 좀 더 창의적으로 해석할 가능성에 대해 생각해보는 것도 괜찮을 것 같다.

그리스 신화 속에는 어렵게 결실을 맺은 사랑의 메타포로 자주 인용되는 이야기가 있다. 가장 지고지순한 동시에 가장 고난과 역경이 많았던 사랑 바로 에로스(로마 신화에서는 큐피드)와 프시케의 사랑이다. 비너스의 아들 에로스가 평생 단 한 번 사랑했던 여자가 프시케다. 그녀는 새벽하늘에서 내려온 이슬이 땅에 닿는 바로 그 순간 태어났다. 그만큼 순수하고, 수려하고, 숭고하고, 천상적인 아름다움을 지녔다. 그런데 그녀는 수많은 남성의 숭배 대상이 되었지만, 청혼하는 남자는 하나도 없었다. 예쁜 두 언니는 이웃 나라 왕자한테 시집가 잘 살고 있는 듯 보였다. 이런 사실은 프시케를 뼛속까지 외롭게 만들었다. 요즘이야말로 순수하다는 것이 재미없는 것으로 치부되는 세상이니 성모마리아 같은 여자는 더 이상 사절이다.

프시케의 아버지는 이런 고매한 딸에게 아무도 청혼을 하지 않자 신탁을 받으러 간다. 우연히 비너스 신전에 들른 아버지는 때마침 프시케 때문에 화가 난 비너스와 대면해야 했다. 비너스는 뭇 남성들이 프시케를 새로운 여신으로 칭송하느라고 자신의 신전에 더 이상 경배하지 않는 것에 질투와 분노를 느끼고 있었던 것. 비너스는 "프시케가 죽음과 결혼해야 한다"는 잔인한 신탁을 내린다. 결국 프시케는 산 정상 바위에 묶여 죽음이 다가와 그녀의 목숨을 앗아간다는 신탁을 받았다.

분석심리학자 카를 구스타프 융Carl Gustav Jung에 따르면 모든 신부는 결혼식 날 죽게 된다고 한다. 결혼이 바로 장례라는 것인데 여성은 본능적으로 결혼과 동시에 자기 내면의 다른 여성이 죽게 되기 때문이란다.

비너스는 자기 아들 에로스에게 프시케를 향해 죽음과 사랑에 빠지도록 화살을 쏘라고 명령한다. 그러나 에로스는 프시케를 보는 순간 너무 아름다운 그녀의 모습을 보고 그만 실수를 저지른다. 자신의 화살에 손가락을 베여 그녀와 사랑에 빠지게 되었던 것! 그 자리에서 프시케를 아내로 맞을 결심을 한 에로스는 친구인 서풍 제피로스로 하여금 그녀를 산꼭대기 낙원에 내려놓게 한다. 최악의 상황을 기다리고 있던 프시케는 천상에 있는 자신을 발견하게 된다.

에로스와 프시케는 매일 밤에만 만나 행복한 시간을 보낸다. 그러나 행복에는 늘 금기가 있는 법. 에로스는 프시케에게 절대로 자신의 얼굴을 보아서도 안 되고 자신이 누구인지 알려고 해서도 안 되며 어딜 가든지 절대 묻지 않겠다는 약속을 받아낸다.

현실의 남성은 아내가 자기에게 어떤 질문도 하지 않고 그저 동의하기를 바라는 부분이 있다. 결혼생활을 바라보는 남성의 태도는 자신을 위해 돌아가야 할 집이 필요하나 그 집이 골칫거리는 아니어야 한다는 식이다. 남성은 일에 몰두할 때 집에 대한 생각은 까맣게 잊어버린다. 남편은 그저 자신이 마련해준 가정이라는 울타리를 부인이 낙원처럼 지켜주기만을 바랄 뿐이다. 그러나 모든 낙원은 의심스러운 장소다. 금세 무료하고 지루해진 프시케는 남편에 대해 함구하는 대신 시집간 언니들을 초대한다.

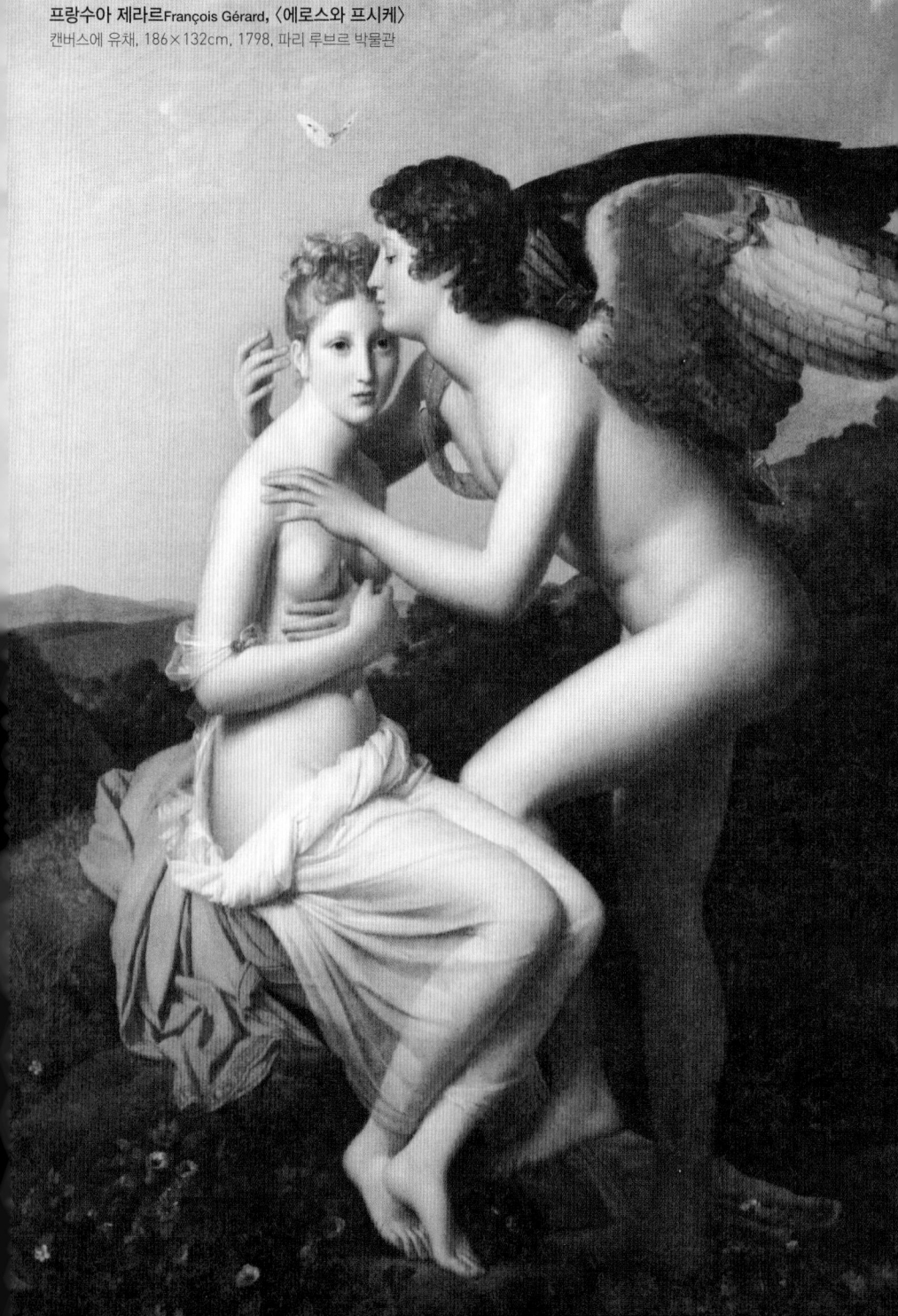

프랑수아 제라르 François Gérard, 〈에로스와 프시케〉
캔버스에 유채, 186×132cm, 1798, 파리 루브르 박물관

죽은 줄만 알았던 프시케의 상황은 언니들의 이성을 잃게 했다. 질투심이 폭발한 것! 언니들은 에로스가 흉측한 괴물이며 아기가 태어나면 프시케와 아기를 잡아먹을 거라고 모함한다. 그러곤 등불과 날카로운 칼을 준비하여 에로스를 죽이라고 조언한다. 프시케는 언니들의 모략에 넘어가 모든 것을 준비한다. 에로스가 잠들자 프시케는 등불을 켜 남편의 얼굴을 본다. 아뿔사, 너무도 아름다운 미소년이 아닌가? 놀랍고 당황하고 죄책감에 빠진 프시케는 칼을 떨어뜨린다. 이때 실수로 에로스의 화살을 건드려 그만 자신이 상처를 입는다.

그 순간 사랑에 빠지게 된 자는 프시케 자신이다. 게다가 급히 등불을 치우다가 그만 기름 한 방울이 에로스의 오른쪽 어깨에 떨어졌다. 통증에 잠을 깬 에로스는 크게 실망해 날아가려 하고, 프시케는 절박하게 매달려보지만 헛수고였다. 에로스는 자신이 예고했던 재앙, 즉 프시케는 아이를 낳을 것이고 자기와는 더 이상 만나지 못할 것이라고 말한다. 이때부터 프시케가 사랑을 되찾기 위한 지난한 여정이 시작된다. 프시케는 사랑을 찾기 위해 지옥까지 다녀오는 등 파란만장 우여곡절 끝에 제우스의 도움으로 에로스와 재회해 결혼하고 결국 불사의 몸을 얻게 되는 것으로 이야기는 끝이 난다.

화가들이 가장 매료되었던 장면은 에로스가 새벽이 오기 전 프시케를 떠나는 장면과 프시케가 칼과 등불을 가지고 잠자는 에로스의 얼굴을 들여다보는 장면이다. 특히 에로스의 얼굴을 보며 경악하는 프시케의 모습은 바로크 풍으로 자주 그려졌다. 아무래도 밤

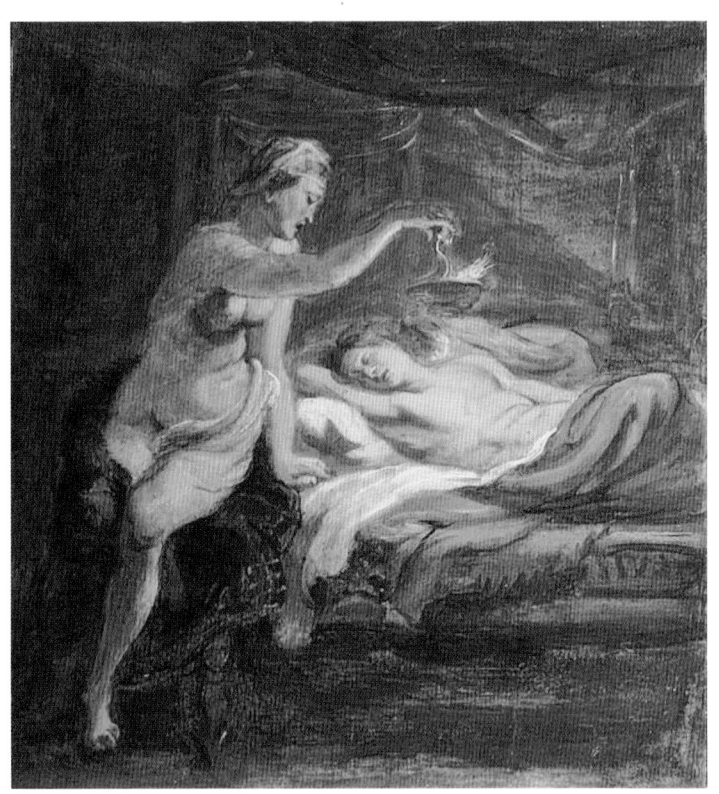

페테르 파울 루벤스, 〈프시케와 에로스〉
캔버스에 유채, 26×25cm, 1636, 프랑스 바이온 보나 미술관

에 일어난 일이니 바로크 미술의 특징인 스포트라이트가 강렬한 명암법 chiaroscuro, 키아로스쿠로을 구사하는 데 아주 적합했을 것이다. 그런 점에서 바로크 미술의 거장 루벤스의 이 그림은 꽤 주목할 만하다. 마치 못볼 것을 보았다는 듯 금기를 깬 인간의 불안과 공포 그리고 회환의 감정을 이처럼 복잡하고 드라마틱하게 표현한 작품은 없다.

융에 따르면 프시케의 언니들은 여성 내면에 있는 불평과 잔소리를 늘어놓는 존재이다. 이런 의혹과 의심의 목소리를 심리학에서는 '그림자'라고 부른다. 심리학에서 말하는 집단무의식의 원형 중 하나로서 그림자는 인격의 부정적인 측면으로 사람들이 감추고 싶어하는 어둡고, 열등하고, 유치한 측면을 말한다. 융은 삶의 진화가 이런 '그림자'를 직시하는 것으로부터 일어난다고 말한다. 프시케처럼 내면의 의혹과 불평불만이라는 그림자로 인해 발생한 사건은 결국 인간의 의식을 진화하게 만든다는 것이다. 그러니 인생에서 일어나는 불합리한 일들은 분명 인간 존재를 이해하는 가장 소중한 스승일 것이다.

융의 시각으로 볼 때 이 신화는 남녀 사이에 지혜로운 소통 방식을 제공한다. 프시케가 두 언니로부터 등불과 칼을 준비하라는 조언을 받았다는 사실을 기억할 것이다. 여기서 빛과 칼은 매우 상징적인 능력에 관한 것이다. 그러니까 여성은 등불은 사용하되 칼은 사용해서는 안 된다. 칼을 사용하려면 명쾌한 식별이나 애매한 것을 잘라낼 때만 사용해야 한다. 여성이 쏟아 붓는 말도 칼에 해당한다. 칼은

냉소적일 뿐만 아니라 단절을 뜻한다. 그런 의미에서 칼은 내적으로만 사용하는 것이 좋다. 등불은 무엇인가! 여성은 자신의 의식의 등불로 남성의 가치를 드러내주는 능력을 가지고 있다. 예컨대 남성의 내면에 살고 있는 신적인 부분을 살려내는 순간 남성의 의식이 확장된다. 이때 남성은 전율한다. 이 신화는 여전히 남성이 자신의 존재 가치를 인식하는 데 여성의 인정만큼 소중한 조건은 없다는 사실을 우리에게 넌지시 알려준다.

질투는
나의 힘

질투와 욕망을 숨기지 않는 사람들

자연에서는 질투할 줄 아는 종족만이 살아남았다
고 한다. 그러니까 우리의 몸속에는 4만 년 동안 지속되어온 강력한
질투의 유전자가 있다고 보아도 무방하다. 질투는 무엇을 말해주는
가? 사람들은 무엇에 질투하는가? 라이벌의 재능에, 나보다 뛰어난
외모에, 더 인정받는 것에, 더 인기 있는 것에, 나보다 더 사랑받는
것에?

질투를 뜻하는 영어 jealousy는 라틴어 zelous에서 유래했는데 이
는 열정과 따뜻함, 강한 욕망이라는 뜻이다. 질투는 짝을 잃을지도
모른다는 두려움 또는 짝이 제3자와 관계를 맺었거나 맺을지 모른
다는 불안감으로 인해 표현되는 불편한 감정이다. 프랑스어로 질투

는 jalousie인데, 이는 창문에 거는 블라인드를 뜻하기도 한다. 몰래 블라인드를 살짝 걷고 연인을 주시하고 있는 질투의 화신이 머릿속에 바로 떠오른다. 특히 남자의 질투는 생각하는 데서 오는 게 아니라 오로지 보는 데서 생겨난다고 한다. 젊은 베르테르의 질투 역시 이미지에서 파생되었다. 알베르트의 팔이 로테의 허리를 껴안는 모습을 보자 베르테르의 질투가 피어올랐기 때문이다.

그리스 신화의 오이디푸스, 《구약성경》 속의 카인과 아벨 등의 삼각관계는 모든 인간의 갈등구조의 근간을 잘 보여주고 있다. 아이가 엄마의 연인인 아버지를 질투하고, 형제들이 부모의 편애에 질투하는 등 인간은 태어나면서부터 경쟁자와의 갈등구도 속에 놓인 실존적 존재다. 진화심리학적으로 볼 때 질투는 생존에서 살아남기 위한 최상의 구조일지도 모른다.

"질투를 느끼지 않으면 사랑하지 않는 것"이라고 말하며 질투가 사랑의 증표라고 강조했던 아우구스투스. 그는 유년 시절, 동생이 태어났을 때 엄마 젖을 물고 있는 동생을 죽일 듯 쏘아보면서 분노하던 자신의 모습을 떠올렸다. 파블로 피카소 역시 유년 시절 여동생 올라가 태어나자 불같은 질투심을 보였다. 어머니, 할머니, 네 명의 이모들, 사촌누이들, 그리고 두 명의 누나 등 많은 여성들에게 떠받들어지며 자란 탓에 성격이 모났던 피카소에게 여동생의 탄생은 '작은 피카소 제국'에 심각한 위협 요소였다. 유년 시절 여동생을 질투하던 피카소는 성인이 되어서는 자신을 중심에 두고 친구들끼리

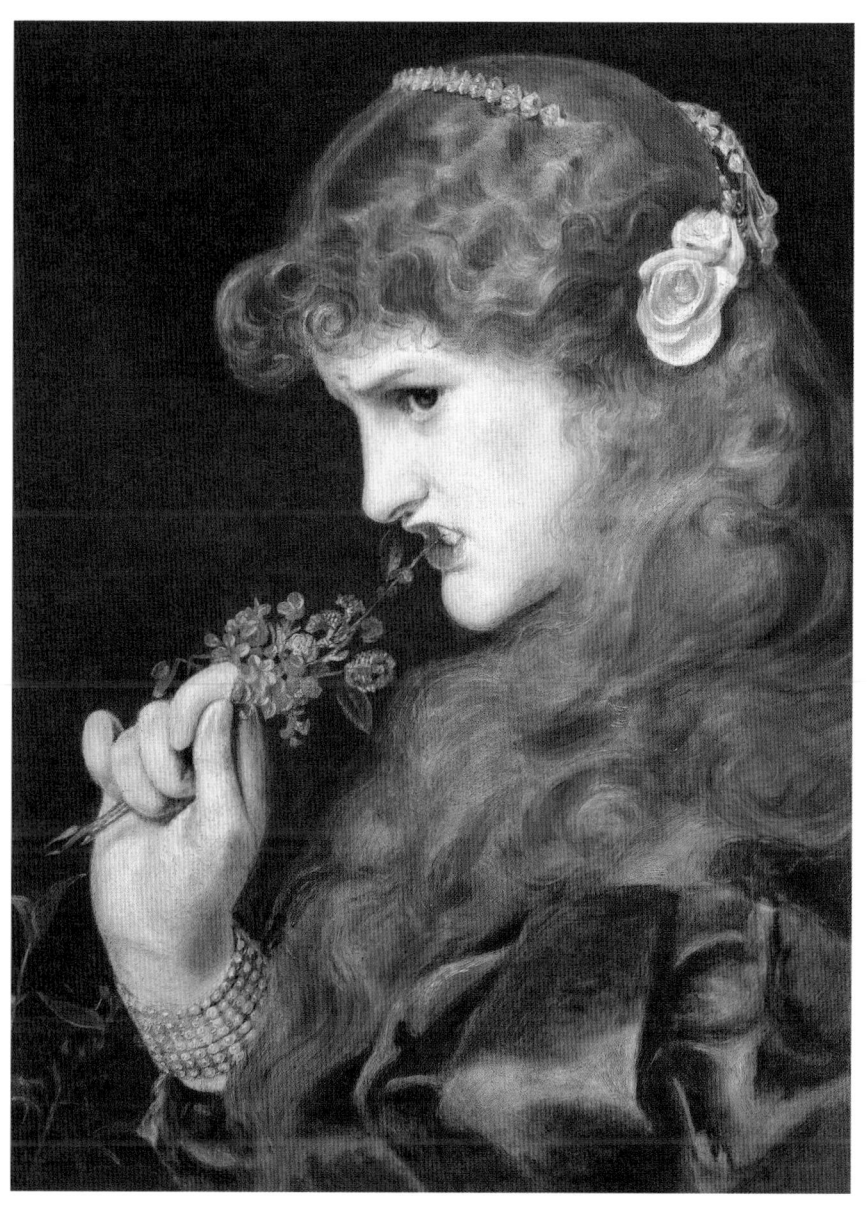

프레더릭 샌디스Frederick Sandys, 〈사랑의 그림자〉
패널에 유채, 40.6×32.5cm, 1867, 개인 소장

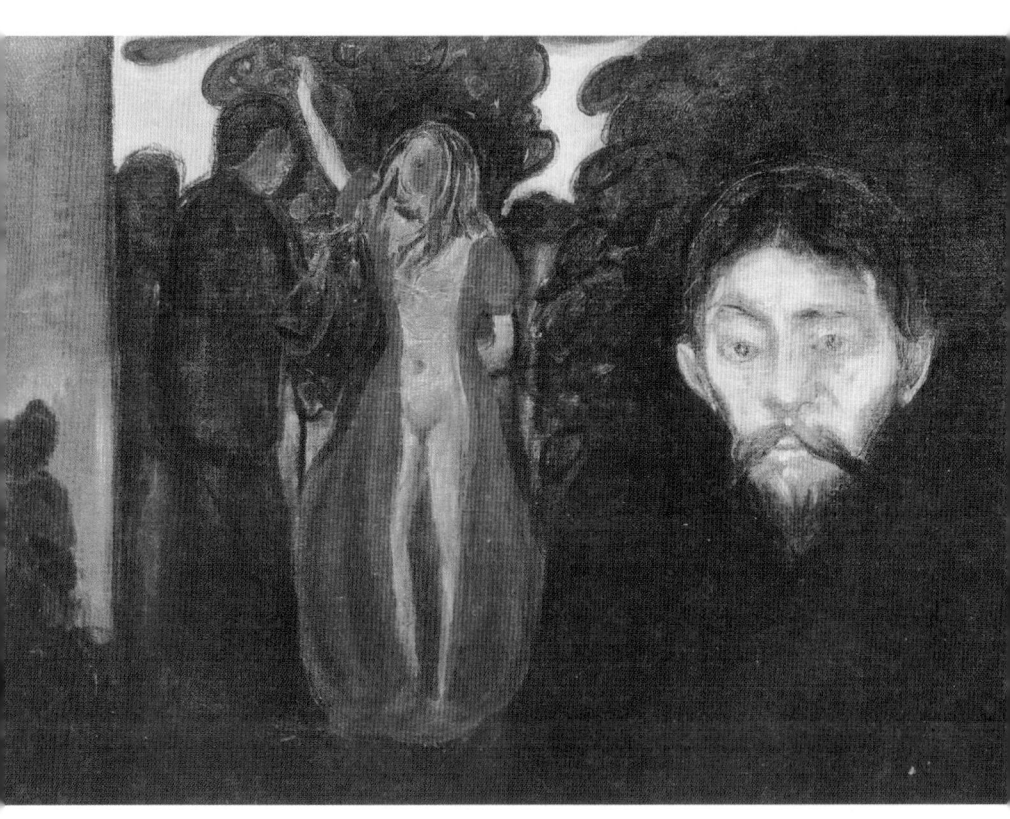

에드바르 뭉크, 〈질투 1〉
캔버스에 유채, 67×100cm, 1895, 노르웨이 베르겐 박물관

서로 경쟁하도록 부추겼다. 마치 여자가 되어 남자들 사이에서 양다리를 걸치듯 피카소는 동성 친구들 사이에서 질투심을 유발하면서 은밀히 자신만의 사랑 놀음을 즐겼다.

에드바르 뭉크Edvard Munch만큼 질투의 감정을 적나라하게 표현한 작가도 없다. 아마 서양미술사에서 〈질투〉라는 제목을 가진 작품도 뭉크의 것이 유일할 정도다. 어찌 보면 그는 지나치리만큼 졸렬하고 쩨쩨하게 자신의 감정을 절제하지 않고 솔직하게 노출시켰다.

뭉크는 베를린에서 '검은 새끼 돼지'라고 불리는 작은 술집에 자주 다니면서 두 작가와 가깝게 지냈다. 바로 스웨덴 출신의 작가 아우구스트 스트린드베리August Strindberg와 폴란드 출신의 상징주의 시인이자 스타추로 불리던 스타니수아프 프지비엡스키Stanisław Przybyszewski였다. 스트린드베리는 여성에 대한 숭배에 가까운 열정과 이혼과 방황을 되풀이한 특이한 존재였고, 스타추는 신경학과 니체의 철학에 심취한 문학인으로 뭉크에 관한 최초의 평전을 쓰기도 한 작가였다.

이들 세 남자는 노르웨이 출신으로 뭉크의 어린 시절 친구인 다그니 유을을 두고 사각관계를 벌였다. 뭉크를 '검은 새끼 돼지'로 데려 온 것도 유을이었다. 스트린드베리와 스타추는 첫눈에 그녀에게 반했고 뭉크를 포함한 세 사람이 경쟁하듯 그녀를 사랑했다. 그러나 이 재기발랄하고 아름다운 여인은 스타추를 남편으로 선택했다. 뭉크는 참을 수 없는 질투심에 평정심을 잃는다.

〈질투〉 연작은 유을을 사이에 두고 벌였던 그 시간, 산지옥처럼 비참했던 경험을 생생하게 표현한 그림이다. 〈질투 1〉은 뭉크와 유을 그리고 스타추 세 사람의 관계를 그린 것이다. 아담과 이브를 모티프로 한 것은 뭉크에게 불륜의 사랑은 마치 신과의 약속을 저버린 것 같은 죄의식을 심어주었기 때문이었다. 마치 아담과 이브가 선악과를 따먹은 후 욕정이 생겼고 질투, 불안, 죽음의 파멸이 시작되었던 것처럼 말이다. 그림 속 여자는 사과를 따려고 손을 뻗는데 원죄를 상징하는 그녀의 빨간 원피스가 흘러내리면서 알몸이 드러난다. 남자와 여자 얼굴은 이미 유혹에 빠진 듯 붉게 물들었다. 그리고 오른쪽 전면에 드러난 얼굴의 주인공은 바로 유을의 남편 스타추이다. 창백하다 못해 보랏빛으로 물들은 그 모습은 질투에 몸서리치는 모습 그 자체다.

사실 스타추는 신비주의자로서 마법을 부리는 연금술사라는 소문도 돌았다. 뭉크는 그가 모든 인간관계를 조정할 수 있는 악마같은 사람이라고 여겼다. 사실 스타추는 열렬한 거짓말쟁이에 환각에 시달리는 알코올중독자이자 재기 넘치는 피아니스트였다. 그는 아주 부드럽고 매혹적인 목소리로 사람들을 능수능란하게 다룰 줄 알았다. 당시 뭉크가 쓴 일기를 보면 스타추를 질투하는 한편 그에게 자신의 마음을 들킬까 봐 전전긍긍하는 모습이 동시에 보인다. 친구의 아내가 된 여인을 사랑할 수밖에 없는 아픔과 친구를 속여야 하는 죄책감이 동시에 들면서 참담하기 이를 데 없는 상황을 토로

그림 같은 여자 그림 보는 남자

한 것이다.

"내내 나는 그녀의 남편이 혹 눈치채지 않을까 하는 생각만 했다. 만약 눈치를 챈다면 그는 처음에는 파랗게 질렸다가 나중에는 활화산처럼 분노를 폭발하겠지."

〈질투 3〉에서도 스타추가 왼쪽 정면에 등장한다. 그는 얼굴이 초록빛으로 물들어 있다. 뭉크는 스타추가 질투로 녹색이 되고, 그러고 나선 머리꼭대기까지 화가 날 게 틀림없다고 말했다. 셰익스피어가 질투를 '초록 눈의 괴물'이라고 말한 것이 떠오를 정도다.

그러나 그림과 달리 질투의 당사자는 스타추가 아니라 뭉크 자신이었다. 그는 왜 이렇게 자신을 그렸을까? 사실, 스타추는 뭉크와 유을의 관계를 전혀 질투하지 않았다. 오히려 스타추는 모든 사람은 자유로운 선택권이 있으며 아무도 한 사람이 다른 사람을 소유할 수 없다고 주장해오던 터였다. 한 번은 그의 아내가 어떤 러시아 왕자와 사귀고 싶다고 하자 스타추는 직접 그녀를 그녀의 새 남자친구에게 데려다 주기까지 했다. 이 소식을 들은 뭉크와 스트린드베리는 오히려 자신들이 질투로 격분했었다. 아마도 뭉크는 질투하지 않는 스타추에게 열등감을 느꼈을지도 모른다. 스타추의 얼굴이 얼마나 담담하고 냉랭한지를 보라! 뭉크는 그런 식으로나마 자신의 질투심을 역설적으로 무마하고 위로하고 싶었던 것은 아닐까?

멕시코 국민화가이자 부부인 프리다 칼로와 디에고 리베라Diego Rivera의 사랑과 배신의 드라마는 여느 멜로드라마의 그것보다 치명

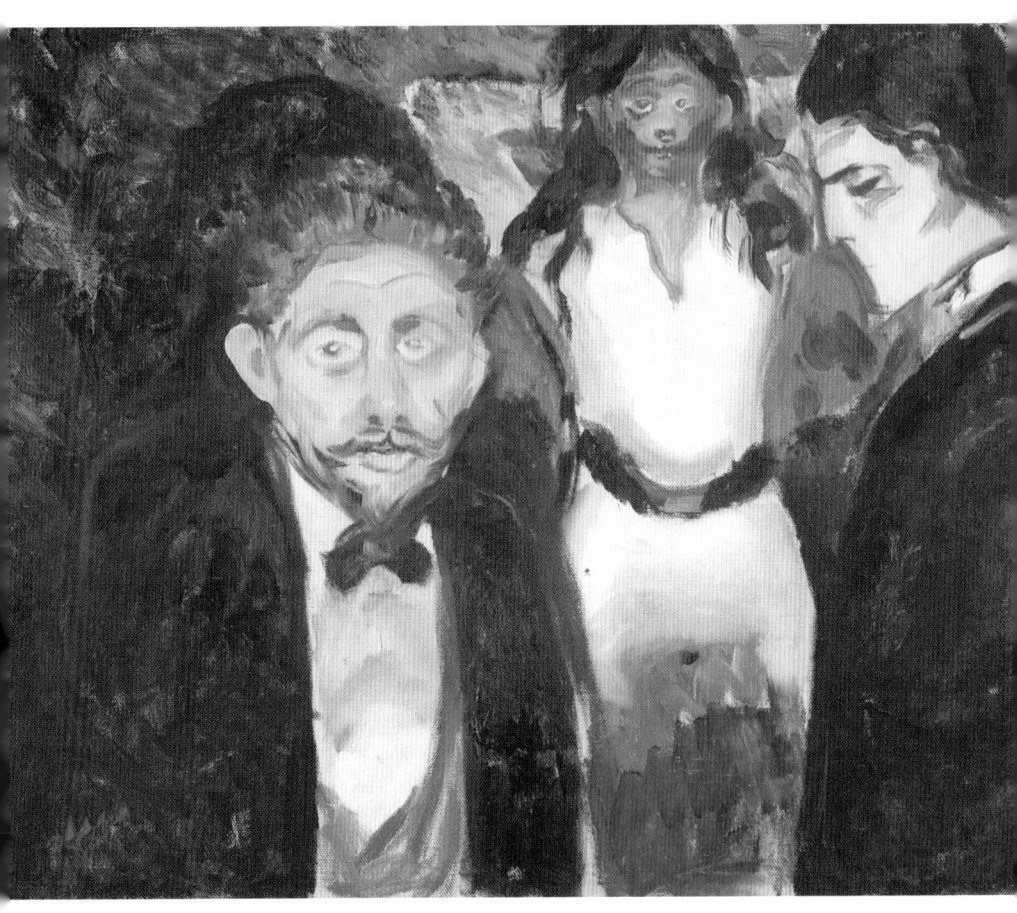

에드바르 뭉크, 〈질투 3〉
캔버스에 유채, 75×98cm, 1907, 오슬로 뭉크 박물관

적이다. 칼로는 자신 몰래 자신의 여동생과 불륜을 벌인 리베라와 이혼하지만 다시 일 년 후 재결합한다. 그리고 칼로는 재결합의 조건으로 세 가지의 협약을 맺는다.

첫 번째, 따로 사는 것. 두 번째, 섹스 없는 결혼 생활. 세 번째는 경제적 독립성 인정.

재결합 이후 칼로와 리베라 사이의 유대감은 더욱 깊어간다. 서로의 자율성을 인정하는 폭도 넓어져갔다. 두 사람 모두 각자의 연인을 인정했다. 다만 리베라는 드러내놓고 불륜을 저질렀지만 칼로는 자신의 연인을 리베라에게는 계속해서 비밀로 했다. 그의 격렬한 질투 때문이었다. 남편의 질투는 칼로가 애정을 확인하는 유일한 심리적 기제였다. 그렇게 그들은 쓰라린 별거와 부드러운 화해로 점철된 인생을 살았다.

질투심에 사로잡혀 있는 낯선 나! 그러나 질투는 잘 쓰면 약이 된다. 오히려 질투는 이미 배우자와의 오랜 결혼생활 또는 연인과의 오랜 연애에서 증발해 버린 예기치 못했던 건강한 긴장을 가져다줄 수도 있다. 지금 무관심하게만 바라봤던 연인의 삶을 잘 들여다볼 기회가 지금 펼쳐진 셈이다.

좋은 일과 나쁜 일,
그 중간쯤에
인생이 존재한다

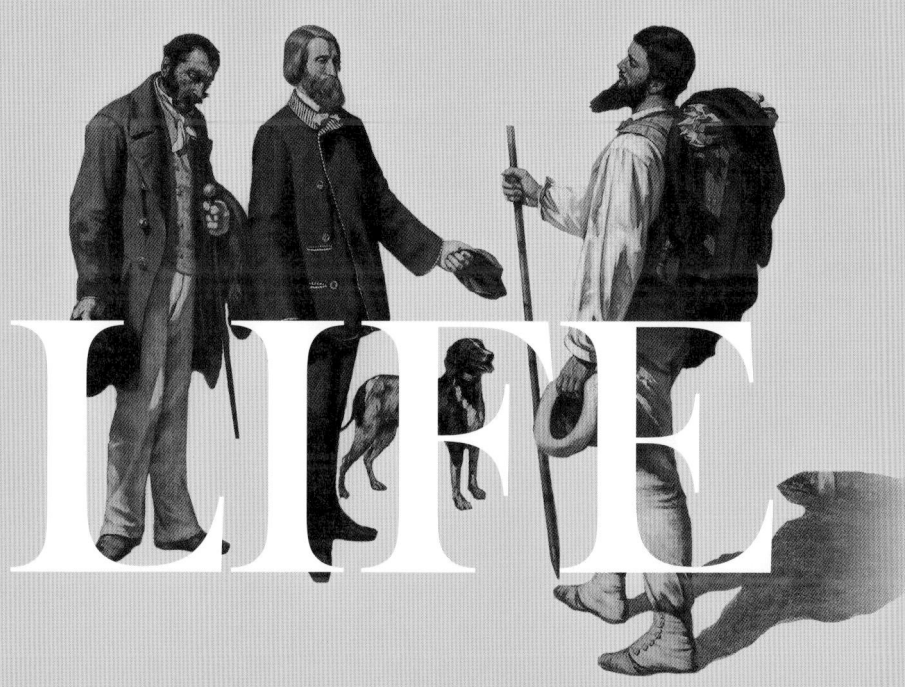

아름다운 시절에
술을 마시다

술 한 잔에 담긴 사랑과 인생

술이 그저 한순간의 긴장을 날려버리는 역할뿐만 아니라 삶에 창의적인 영감을 주는 매개가 된다면? 그렇게 되면 술 마시는 일이 스트레스 해소의 시간도 아니고 술 못 마시는 사람이 억지로 자리를 지켜야 하는 고문의 시간도 아닐 것이다. 한때 술이 창조적 영감의 시대가 되던 시대가 있었다.

1858년 샤를 보들레르Charles Baudelaire는 《인공낙원 Les Paradis artificiels》의 초판을 출간한다. 보들레르는 술과 마약 등의 복용으로 인한 환각이 사람의 생각을 기름지게 만들어 풍성한 사고를 탄생시키는 등 인간 개성을 극대화시키는 것을 두고 인공낙원이라고 불렀다. 특히 노동자들 사이에서 널리 번지던 술로 인한 폐해 현상을 일컫는 '알코올중독'이라는 말이 사전에 실리게 된 때도 같은 해이다.

> 끊임없이 취해야 한다. 그런데 무엇에 취한단 말인가?
> 술이든 덕성이든 시든, 그대 좋을 대로 취할 일이다.
>
> _ 샤를 보들레르

조금 더 세월이 흐른 19세기말, 술로 인한 미학적 차원의 영감과 사회적 폐단이 어깨를 나란히 하던 시대가 바로 벨 에포크La belle epoque이다. '아름다운 시절'이라 부르던 이 시대야말로 술이 가장 강력한 예술창조의 모티프가 되던 시기였다. 이런 양극단의 시대를 아슬아슬하게 살았던 예술가들은 지난했지만 가장 행복했던 시대를 살았다고 할 것이다.

벨 에포크는 파리를 중심으로 유럽의 대도시에서 예술과 음악, 문학이 찬란하게 피어났던 시기로 도시민들의 삶이 갖가지 진기한 오락과 다양한 유희로 소진되었다. 이처럼 극도의 사치와 향락을 누렸던 아름다운 시대는 역설적으로 퇴폐와 쇠락의 불길한 전조가 만연했던 서구문명의 종말을 예고하는 시대이기도 했다. 당시의 많은 지식인과 예술가는 흘러넘치는 물질적 풍요 속에서 오히려 불안과 절망과 피로를 느꼈다.

정신분석학도 이 시기에 태어났다. 전 유럽의 유명인들은 파리의 유명 정신과의사였던 장 마르탱 샤르코Jean Martin Charcot에게 진료를 받고자 먼 길을 마다하지 않았다. 이 시대 많은 예술가들은 시대적 긴장을 견뎌내지 못하고 알코올중독, 정신이상, 우울증에 시달렸다. 일부는 자살을 택했고, 일부는 고통을 안고 살아갔지만 그럼에도 예술은 지속되었다. 이런 벨 에포크는 1914년 제1차 세계대전과 함께 막을 내린다.

앙리 드 툴루즈 로트레크Henri de Toulouse-Lautrec, 빈센트 반 고흐Vincent van Gogh, 폴 고갱 Paul Gauguin, 에드바르 뭉크, 아메데오 모딜리아니 Amedeo Modigliani, 파블로 피카소 모두 벨 에포크 시대를 살았던 화가들이다. 이들은 이 시기에 무척 가난했지만 시대를 몸으로 밀고 나갔다. 예술가들은 가난이 주는 고통과 은총을 동시에 만끽했다. 가난한 그들에게 가장 손쉽게 구할 수 있는 인공낙원이 바로 압생트absente라는 독주였다. 압생트는 당대 화가들의 술이었다. 압생트라는 술은 '부재하다' '없다' '멍하다' '방심하다'라는 뜻을 지닌 absent에서 유래한 명칭이다. 술 이름으로는 이만한 게 없을 정도로 문학적이지 않은가.

반 고흐 역시 알코올중독자였다. 로트레크는 친구인 반 고흐가 압생트에 취해 있는 모습을 그렸다. 반 고흐는 주기적으로 폭음을 일삼았다. 그는 알코올중독 증세를 통제하지 못하는 경우가 많았다. 반 고흐는 자신의 증세를 심각한 문제로 인식하고 있긴 했다. 이 그림을 본 반 고흐가 스스로를 알코올중독으로 인한 섬망증譫妄症, 치매랑 비슷한 증세로 외부에 대한 의식이 엷어지고 망상이나 착각을 많이 하는 증세을 앓고 있

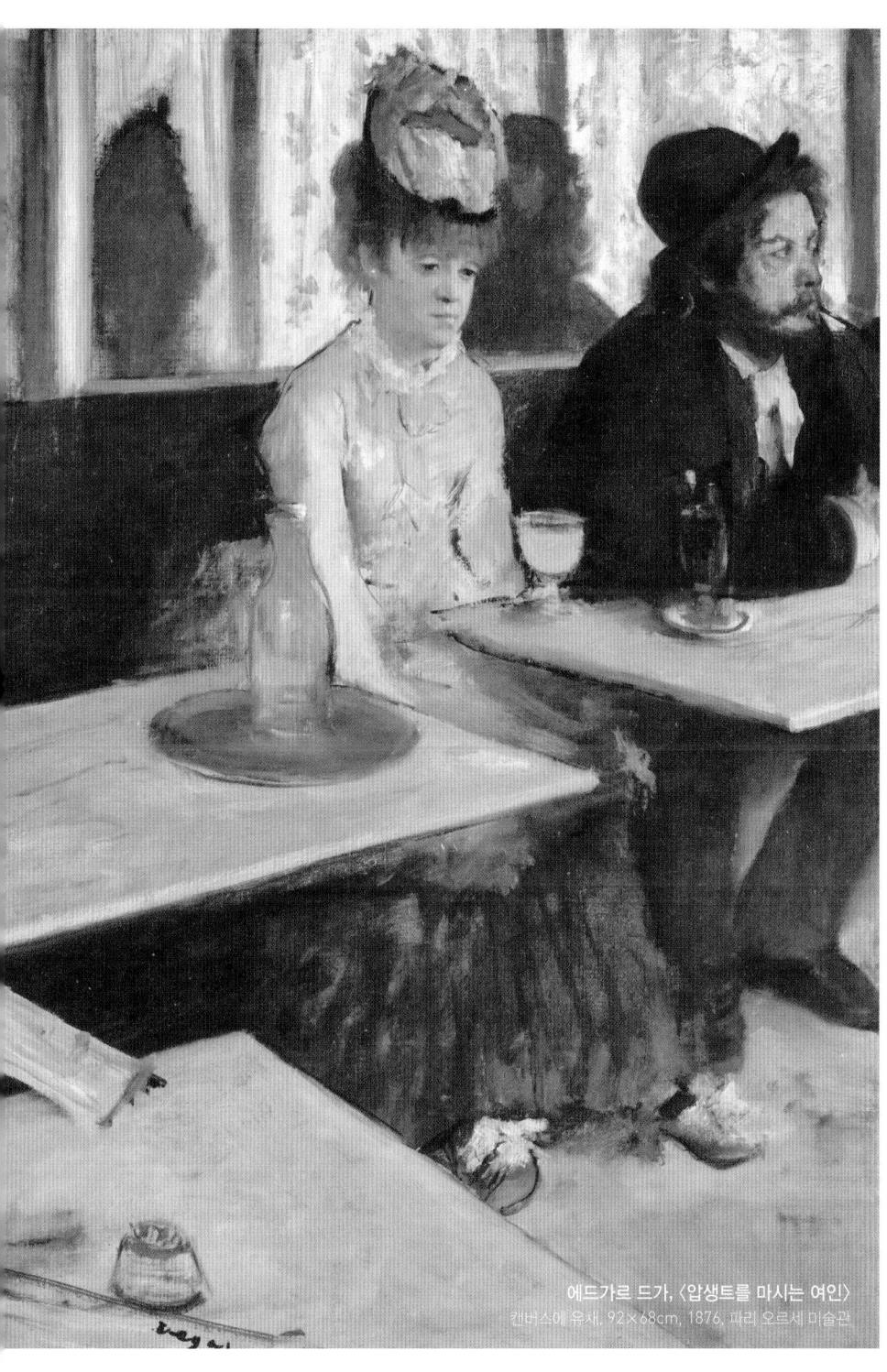

에드가르 드가, 〈압생트를 마시는 여인〉
캔버스에 유채, 92×68cm, 1876, 파리 오르세 미술관

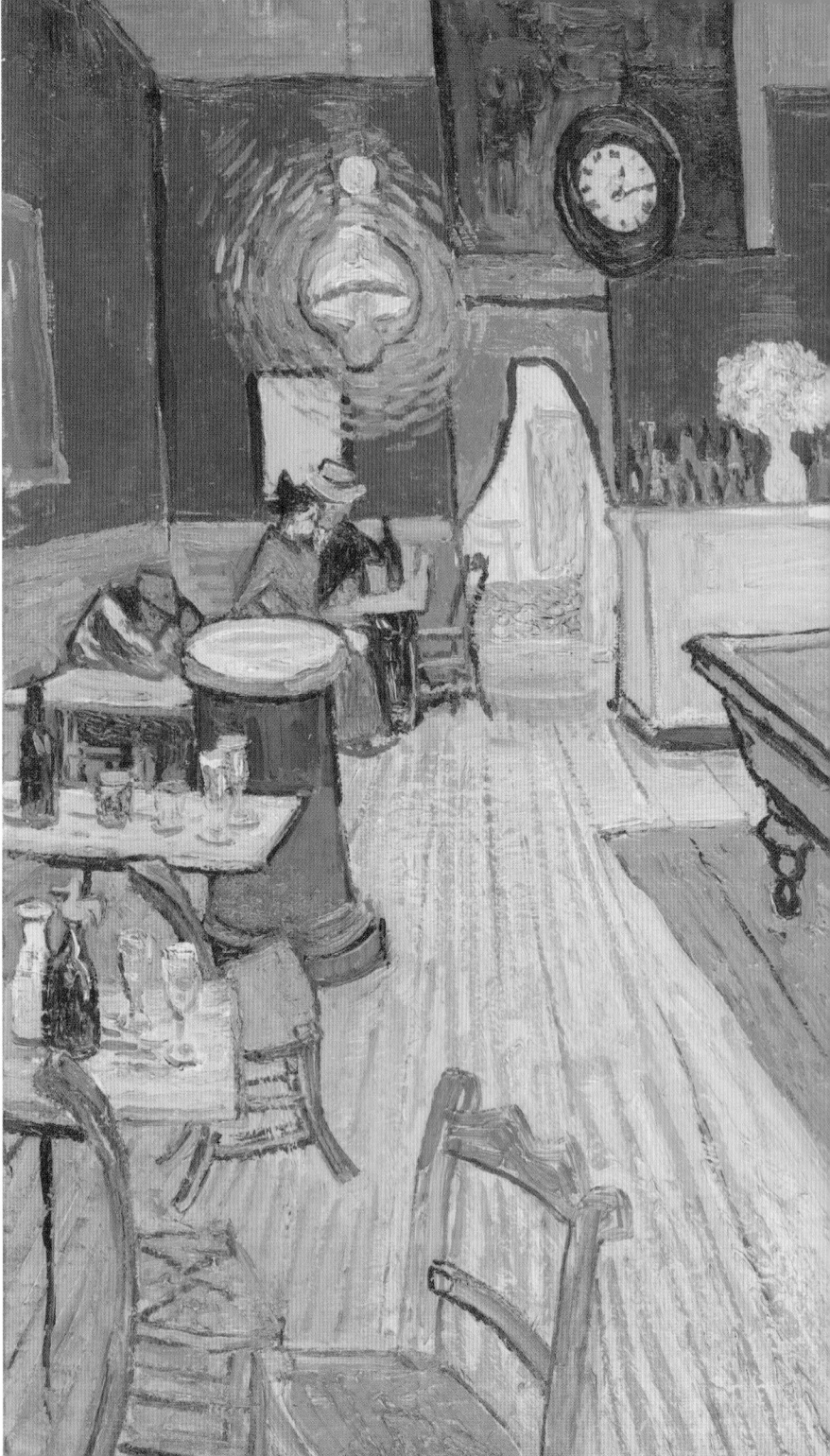

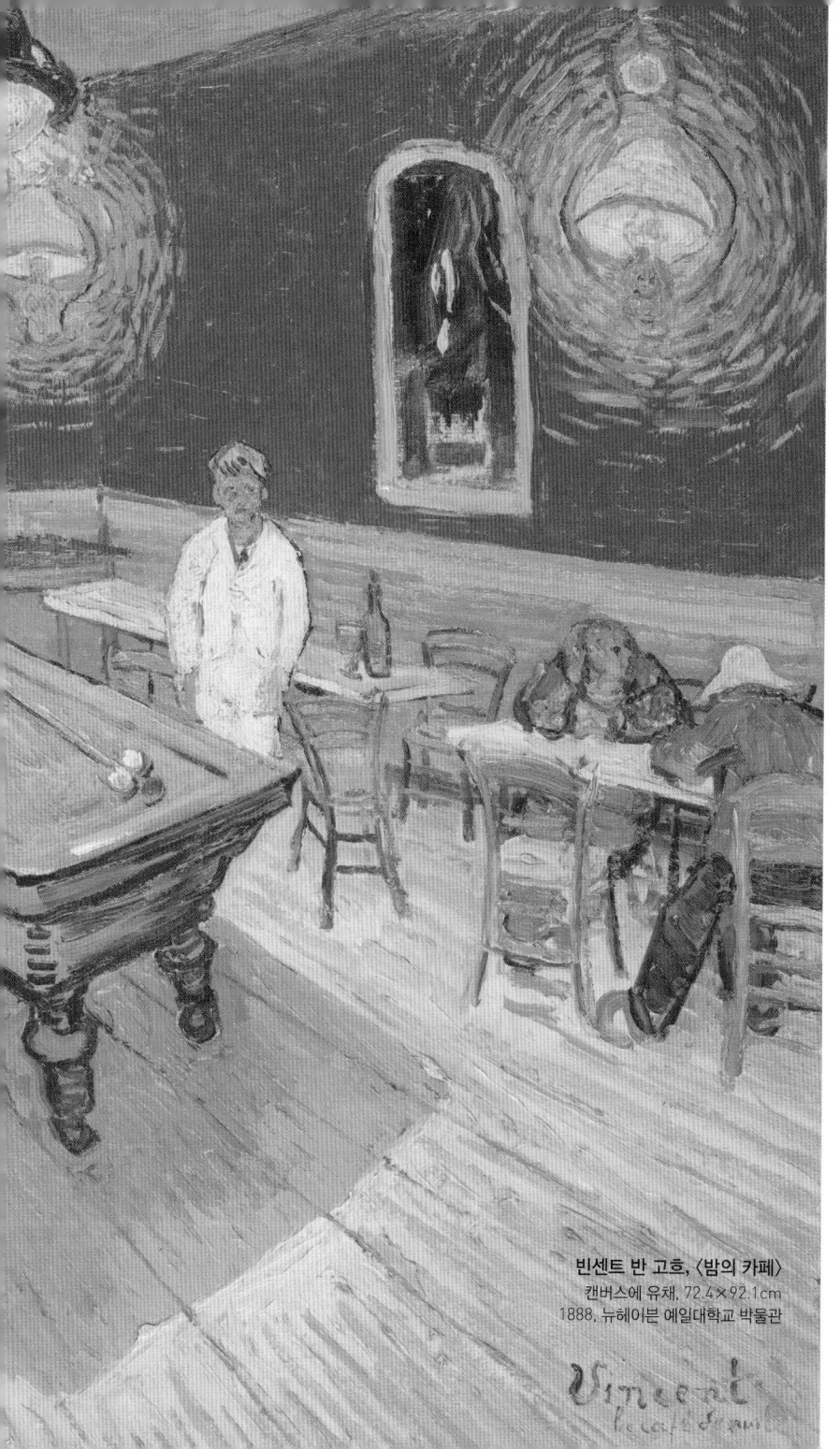

빈센트 반 고흐, 〈밤의 카페〉
캔버스에 유채, 72.4×92.1cm
1888, 뉴헤이븐 예일대학교 박물관

는 사람 같다고 표현했던 것만 보아도 말이다.

　반 고흐가 아를로 내려간 것도 술을 마음대로 마시려던 심산 때문은 아니었을까? 그도 그럴 것이 아를은 압생트 산지이다. 압생트는 향쑥과 살구 등의 원료로 만들어진 독주로 통상 55도 이상이니 고량주보다 더 센 술이다. 반 고흐가 아를에 내려온 이후로 그의 작품엔 노란색이 훨씬 강렬해진다. 미술사가들은 가장 큰 이유로 압생트 중독을 꼽는다. 압생트 과음은 약초의 독으로 인한 산토닌santonin 중독과 물체가 노랗게 보이는 황시증黃視症을 유발하기 때문이다.

　반 고흐는 압생트를 마시고 해바라기를 보면 노란 해바라기가 황금빛으로 이글거린다는 사실을 발견했다. 압생트를 마시지 않고 해바라기를 바라볼 때와는 판이하게 달랐다. 그래서 그는 술 취한 상태에서 본 색채를 술이 깬 다음에 복원해보려고 애썼던 것 같다. 그렇게 반 고흐는 환시상태에서 본 불타는 듯한 찬란한 노랑을 캔버스에 재현하기 위해 압생트를 자주 마셨다. 찬란한 노랑 빛에 매혹된 그는 압생트에 무서운 중독성이 있다는 사실을 미처 모르고 과음을 거듭했고 결국 몸을 망치고야 말았다. 그렇게 탄생한 반 고흐의 작품이 바로 〈해바라기〉 〈노란 집〉 〈밤의 카페〉 〈밤의 카페 테라스〉 등이다.

　로트레크는 칵테일, 즉 폭탄주 제조의 명수였다. 명망 높은 귀족 출신답게 좋은 술을 골라 마셨던 그의 주머니 속에는 와인을 마실 때 함께 먹을 수 있는 있는 땅콩 안주가 늘 들어 있었다. 로트레크는

그림 같은 여자 그림 보는 남자

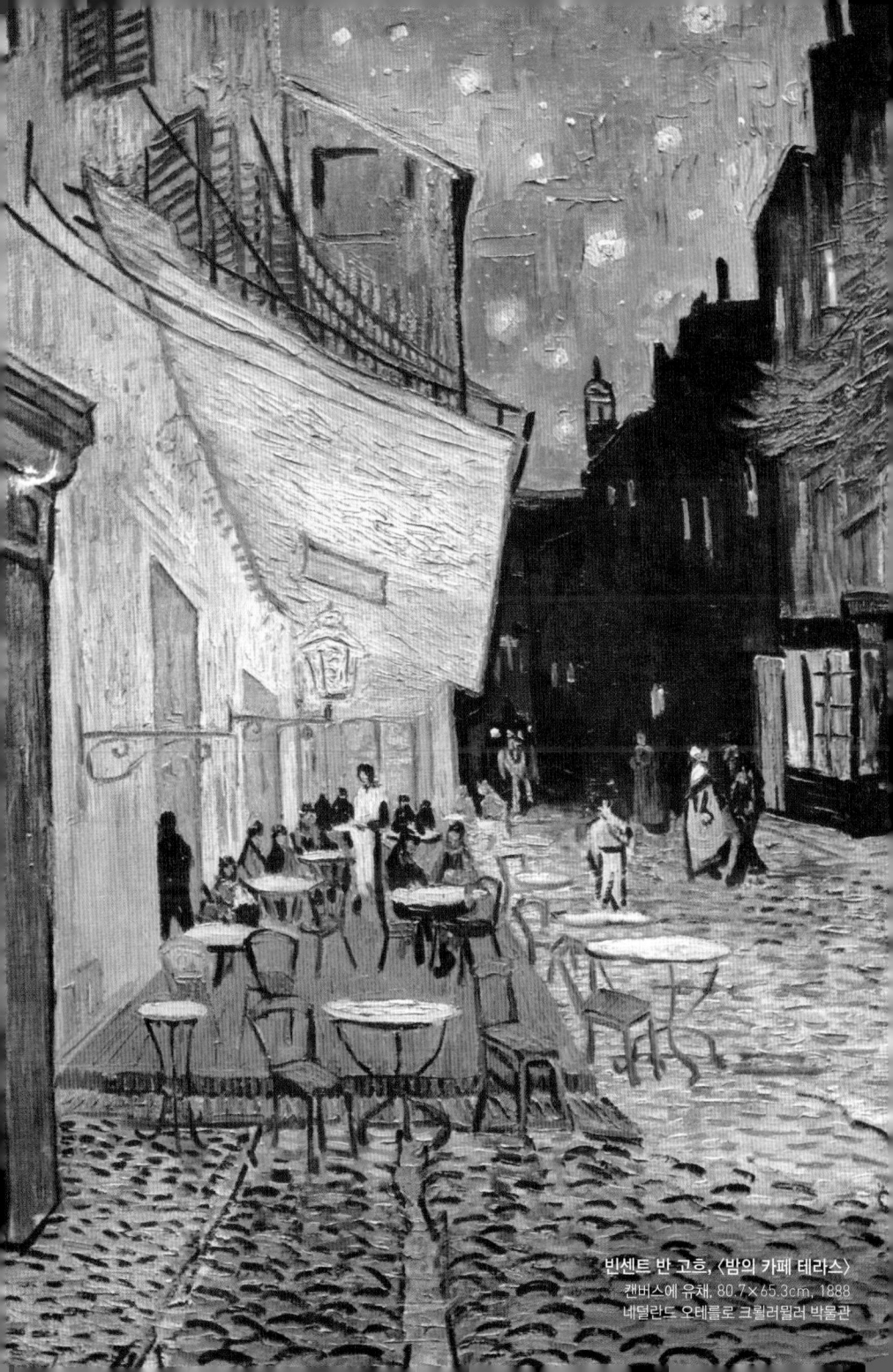

빈센트 반 고흐, 〈밤의 카페 테라스〉
캔버스에 유채, 80.7×65.3cm, 1888
네덜란드 오테를로 크뢸러뮐러 박물관

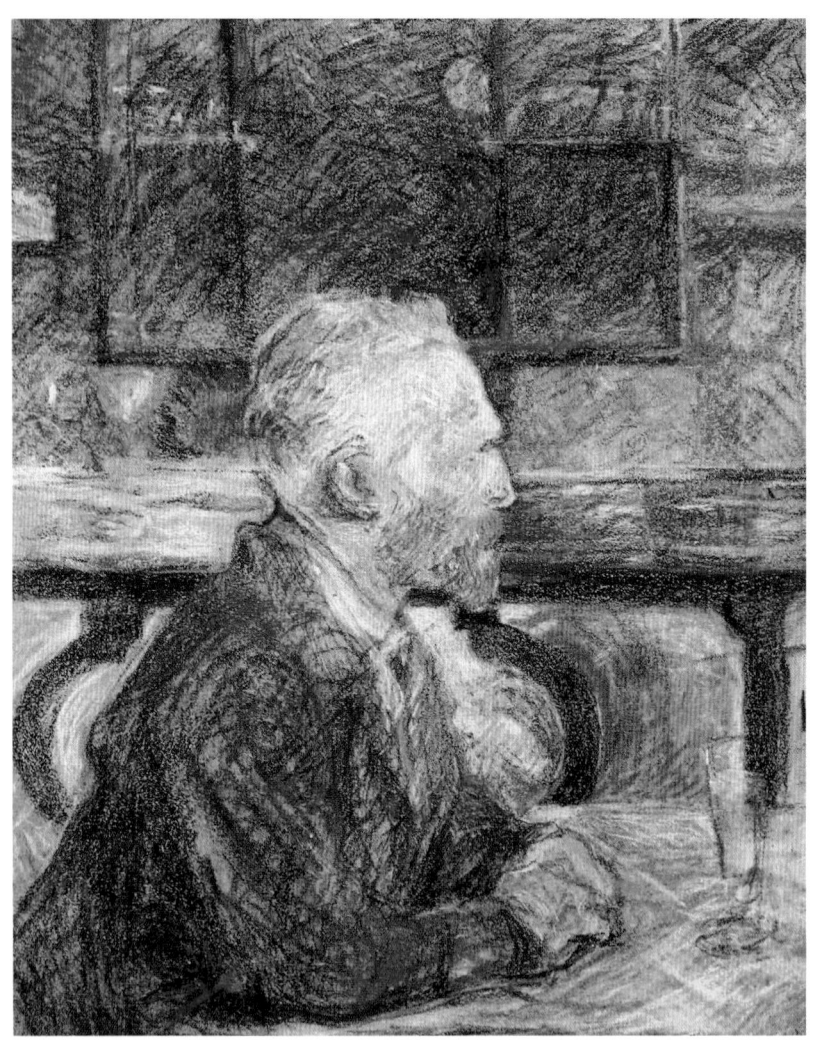

앙리 드 툴루즈 로트레크, 〈빈센트 반 고흐의 초상〉
카드보드에 파스텔, 54×45cm, 1887, 암스테르담 반 고흐 박물관

잠에서 깨자마자 홀짝거리기 시작해 어느 시간이건 가리지 않고 폭음을 즐겼다. 로트레크는 럼, 와인, 베르무트, 아르마냑, 샴페인 등을 즐겨 마셨고 특히 자기 취향에 맞는 여러 가지 술을 섞어 새로운 칵테일을 만들어냈다. 그는 새로운 술을 조합해 누구도 예상하지 못했던 결과물을 만들어내는 것을 좋아했다. 파티에 참석한 사람들은 로트레크가 만들어내는 괴상한 혼합물을 반드시 마셔야만 했다.

또 변장 취미가 있었던 로트레크는 바텐더로 변신하기도 했다. 그는 술잔과 술병, 얼음조각과 레몬, 샌드위치를 담은 접시, 소금을 친 아몬드 등을 직접 나르며 동분서주했다. 로트레크는 넘치는 상상력으로 온갖 괴상한 칵테일을 만들어냈다. 심지어 명사들을 조금이라도 빠른 시간 내에 취할 수 있도록 독한 칵테일을 대접했다. 그것은 그가 문화예술계 유명인사들을 무장해제시키기 위해 고안해낸 방법이었다.

그는 체면치레에 어색해하던 유명인들이 어떻게 동물적인 본능에 빠져드는지를 염탐했다. 그렇게 로트레크는 그들의 존경심을 끌어내리고 위엄을 파괴하여 가면을 벗겨내고자 했다. 로트레크는 잠시도 쉬지 않고 바쁘게 움직이며 하룻저녁에 2천 잔 넘는 폭탄주를 제조했다. 그는 주의 깊게 용량을 재고 자신의 발명품이 발휘하는 효과를 감독했다. 그는 이런 일을 너무도 성공적으로 잘해냈다.

술과 연관된 로트레크의 이야기는 이뿐만이 아니다. 몽마르트르의 물랭루주, 물랭 드 라 갈레트 같은 카바레에서 살다시피 했던 그는 술을 마시기 위해서라기보다는 그림을 그리기 위해 술집으로 향했다. 그곳에서 로트레크는 무희들과 매춘부의 세계를 남다른 시선으로 포착해 생생한 작품들을 수없이 그려낸다. 매춘부들과의 은밀한 유대 관계가 아니고서는 도저히 흉내 낼 수 없는 그림이었다.

로트레크는 종종 매춘부들의 식사자리에 끼어들어 질 좋은 와인과 음식을 특별히 주문해 식탁을 풍요롭게 만들어주었다. 당시 매춘부들은 도시화와 산업화된 파리에 돈을 벌러 온 여자들이 대부분이었고 매춘은 그녀들의 처절한 생존의 한 방법이었다. 그래서 그는 그녀들의 속내 얘기를 들어주며 공모자가 되어갔다. 그녀들의 사소한 비밀에 끼어드는 것이 로트레크로서는 즐거웠다. 그녀들이 등장하는 그림에 손님이 거의 등장하지 않는다. 그것은 아마도 그녀들에 대한 동질감을 가진 로트레크식의 예의가 아니었나 생각된다.

프리드리히 니체Friedrich Nietzsche는《비극의 탄생 Die Geburt der Tragödie》에서 아득한 고대 그리스의 정신을 이해해보려는 야심에서 디오니소스 축제 개념을 고안해냈다. 디오니소스 축제의 영역에서 술은 개개인이 자기 자신으로부터 벗어나도록 돕는다. 그것은 개별화의 원칙을 깨고 영혼을 열어 인간과 자연, 그리고 인간과 인간의 관계를 새롭고 창의적으로 만들어준다. 오늘 우리는 술이 가진 최대한의 예술성을 생각이나 하면서 마시고 있는 것일까? 오늘 술 한 잔으로 서먹한 사이가 조금이라도 친밀해진다면 이미 술은 그냥 술이 아니라 예술이다.

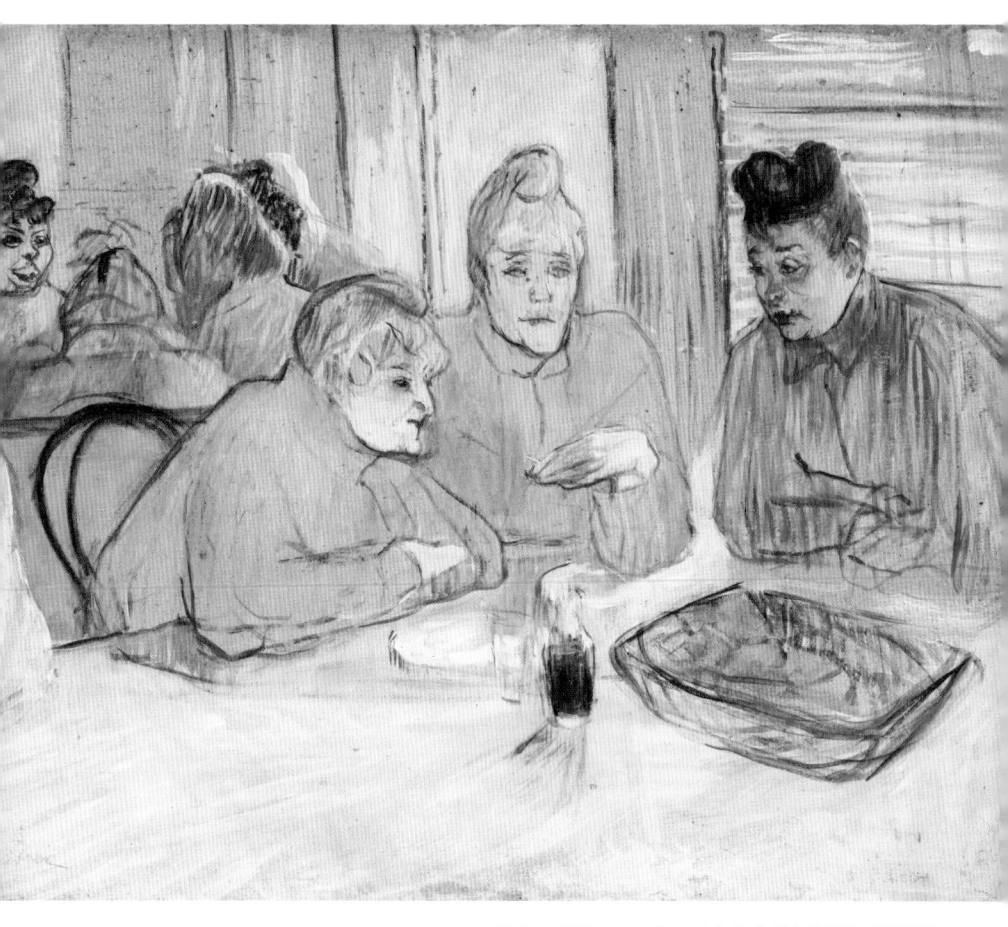

앙리 드 툴루즈 로트레크, 〈디너 테이블에 앉은 매춘부들〉
카드보드에 유채, 60.2×80.7cm, 1893~95, 부다페스트 파인아트 박물관

고단한 당신에게
그림 한 점

당신의 오늘을
토닥입니다

오늘도 어제와 같은 하루를 보내지는 않았는가. 쳇바퀴 도는 반복되는 일상 속에서 황폐해진 삶을 산다고 느끼지는 않았는가. 감정을 거세당한 채 묵묵히 회사형 인간으로 페르소나(심리적 가면)를 쓰고 사는 것일까?

2006년 개봉한 영화 〈타인의 삶〉은 자신의 신념대로 살고 있는 냉혹한 비밀경찰에 대한 얘기다. 독일의 비밀경찰 슈타지에서 활동하는 비즐러는 베를린 장벽이 무너지기 오 년 전인 1984년 동독 사람들을 감시하기 위해 파견된 정보국 요원으로 동독 최고의 극작가 드라이만과 그의 연인이자 인기 여배우 크리스타를 감시하는 임무를 맡았다. 시종일관 무표정하고 감정 없는 이 남자가 유일하게 감정을

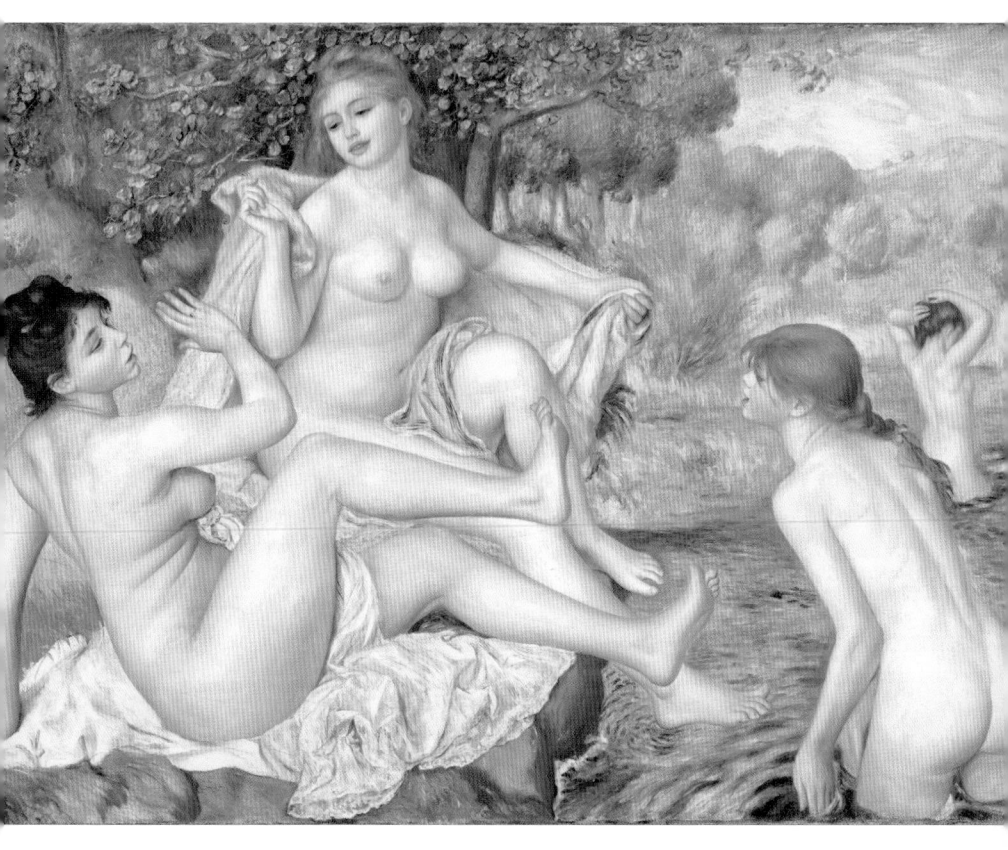

피에르 오귀스트 르누아르, 〈목욕하는 여인들〉
캔버스에 유채, 117.8×170.8cm, 1887, 필라델피아 미술관

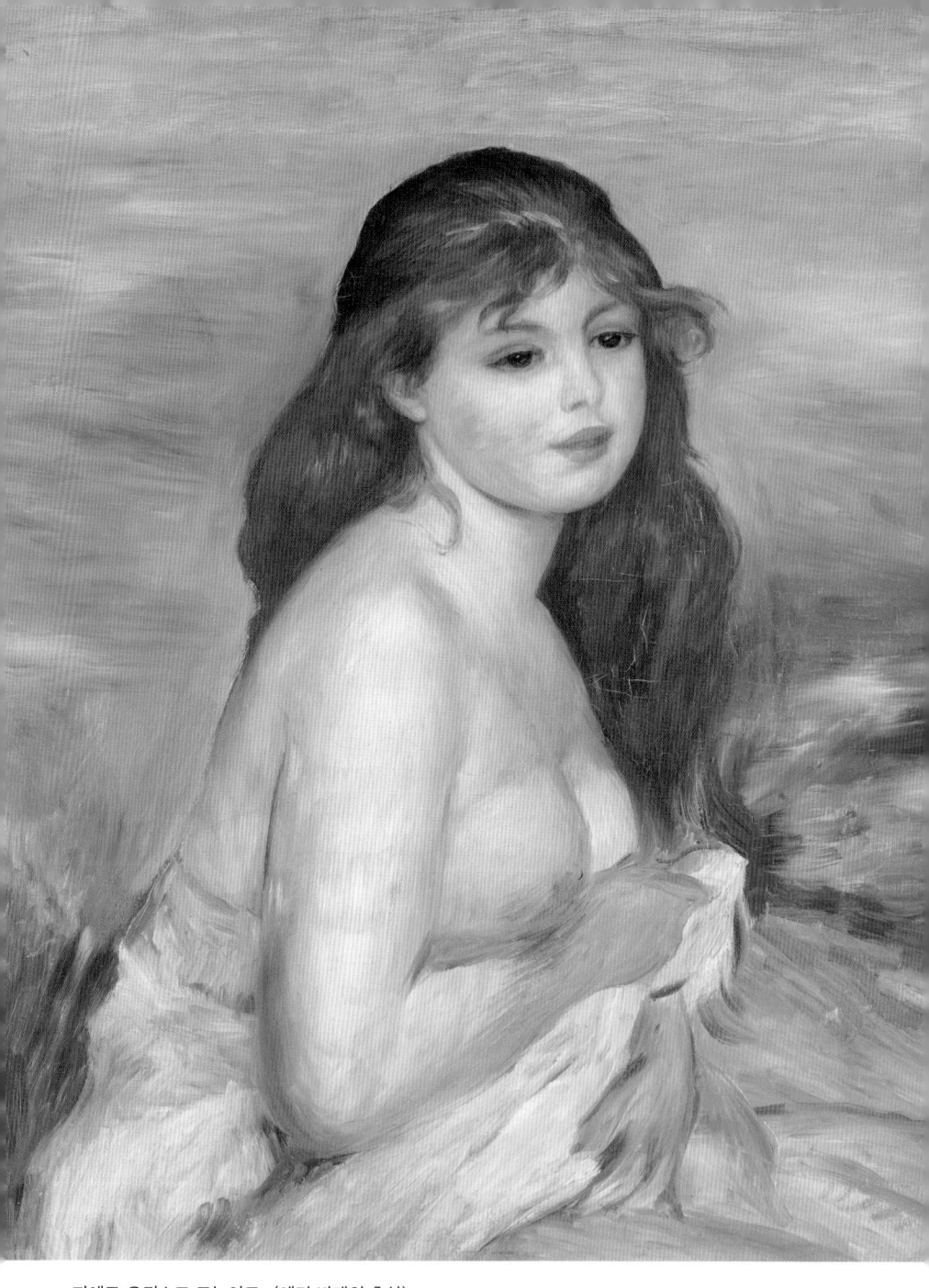

피에르 오귀스트 르누아르, 〈에터 바데의 초상〉
캔버스에 유채, 60×54cm, 1885~87, 노르웨이 국립미술관

드러내 보일 때는 일을 마치고 숙소에서 매춘부와 함께할 때뿐이다. 이 자그마한 남자는 덩치 큰 여성의 품에 늘 아이처럼 파묻혀 있다. 사무적으로 일을 마치고 떠나는 매춘부에게 그는 "조금만 더 함께 있어달라"고 부탁하지만 그녀는 시간이 끝났다며 나간다. 눈치 빠른 관객이라면 이 남자가 썩 인간미가 괜찮은 따스한 남자라는 사실을 알아챌 것이다. 그가 모성을 그리워하고 있고 결코 나쁜 일을 감행할 수 없는 인간이라는 사실을 말이다.

역시나 그는 도청상대인 극작가 커플의 삶에 감동해 결국 그들의 비밀스런 행보를 눈감아준다. 그리고 독일 통일 후 이 남자는 자신이 감시했던 극작가의 책이 출간되었음을, 그리고 자신에게 헌사가 바쳐졌음을 알게 된다. 경이롭고 아름다운 스토리다.

아마 이 비밀경찰처럼 자신이 하는 일에 무감각해지고 세상살이에 지친 사람들은 그저 쉬고 싶을 것이다. 우선 손쉽게 자연으로 돌아가 지친 영혼을 누이고 싶을지도 모른다. 자연회귀와도 같은 이 심경은 대지모 혹은 지모신처럼 거대한 어머니로의 회귀를 꿈꾸는 것에 다름 아니다. 유년 시절 엄마의 품에 안겨 있을 때의 그 충만한 관계로 돌아가고 싶은 것이다. 프로이트 식으로 말한다면 누구에게도 방해받지 않고 둘만의 풍요롭고 충족적 사랑이 가능하던 오이디푸스 전 단계 말이다.

이런 피폐한 삶을 사는 사람들에게 영원한 향수를 불러일으키는 그림들이 있다. 바로 서양미술사에서 등장하는 수많은 풍만한 여성들, 흔히 '누드'라고 부르는 그림들이다. 서양미술사에서 누드는 고대 그리스에서 시작해 르네상스 시대에도 많이 제작되지만 뚱뚱하다 싶을 정도로 듬직한 여성은 17세기 바로크 시대에 본격적으로 등장한다. 특히 이런 그림들은 북유럽의 플랑드르나 네덜란드 지역에서 시작되었다. 바로크 시대 이전의 여체들은 대부분 이상화되어 있어서 만만하고 녹록한 느낌을 자아내지 못한다.

17세기의 화가 페테르 파울 루벤스를 통해 살 냄새 풀풀 나는 우리의 누이이자 엄마 같은 육체가 등장한다. 루벤스는 약간은 토실토실하지만 정상적인 여체를 그리던 이전의 전통에서 벗어나 셀룰라이트가 적나라하게 드러나 있는 살찐 나부를 그린다. 그녀들은 마치 다산의 여왕처럼 관능적이고 육감적인데 한눈에도 에로스와 생명력이 넘친다. 이 여인들은 흰색도 분홍색도 아닌 색채, 매끄러우면서도 다양한 감촉을 드러내는가 하면 빛을 흡수하면서도 반사하고, 섬세하면서도 탄력 넘치는 몸을 드러낸다. 그들은 반짝이는가 하면 퇴색하는 아름다움과 연민이 교차하는 기묘한 육체들로 드러난다. 아마 이런 육체를 그린 이는 티치아노 베첼리노, 페테르 파울 루벤스, 피에르 오귀스트 르누아르Pierre Auguste Renoir 오직 세 사람밖에는 없어 보인다. 누구도 이들 전에는 이들만큼 여체를 이렇게 완전하고 전면적으로 그린 적이 없었다.

사실 루벤스보다 더 실감나고 친근하게 현실 속 대지모의 화신을 그려낸 화가가 바로 르누아르다. 르누아르의 여체는 살과 피부의 표

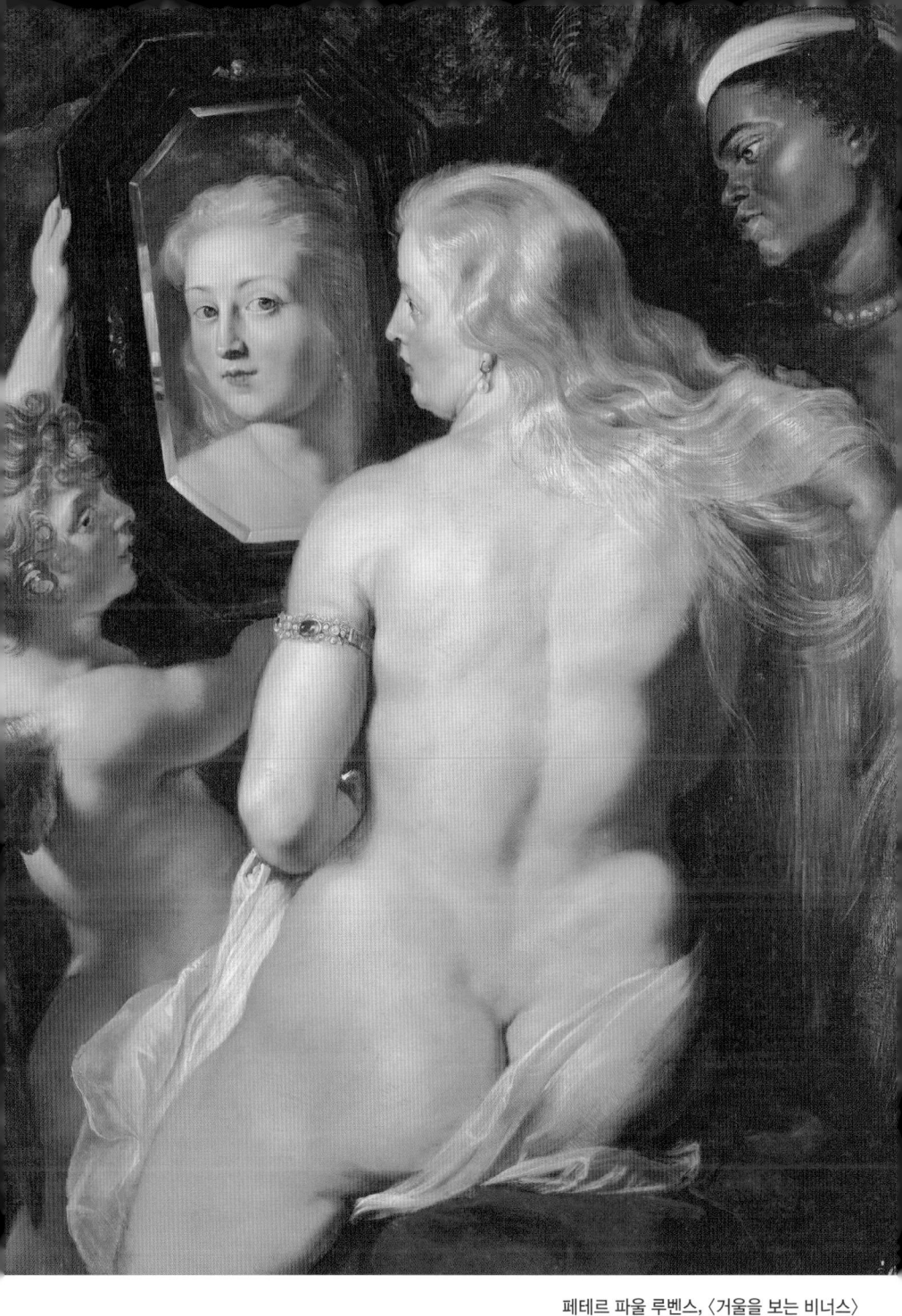

페테르 파울 루벤스, 〈거울을 보는 비너스〉
패널에 유채, 123×98cm, 1615, 리히텐슈타인 박물관

현이 압도적으로 부드럽고 우아하고 촉각적인 동시에 생기를 띠고 광채가 난다. 말년의 르누아르는 자신의 두 아들을 제1차 세계대전에 보내놓고도 주로 여성의 나체와 꽃을 그렸다. 사회 문제나 인간 내면의 고통보다는 풍성한 몸매의 나체 여성들과 화사한 분위기만을 화폭에 담았다.

이를 두고 훗날 영화감독이 된 아들 장 르누아르Jean Renoir는 아버지에게 대들며 비난한다. 도덕이 무너지고 인간성이 황폐해가는 시기에 속물적인 그림을 그린다고. 르누아르는 전쟁에서 두 아들의 팔과 다리를 잃은 것으로 자기의 역할은 다한 것이라고 했다. 그러면서 그는 "인생 자체가 우울한데 그림이라도 밝아야지. 그림은 기쁨에 넘치고 활기차야 돼. 비극은 다른 누군가가 그리겠지!"라고 응답한다.

그런 까닭에 르누아르는 늘 살아 있는 것을 그렸다. 그는 무엇을 그리든 생생한 모델을 원했다. 특히 그는 살아 있는 여성의 보드랍고 빛나고 눈부신 모습에서 삶의 환희와 생명을 보았다. 르누아르는 죽은 아내가 섭외해 놓고 간 모델을 그리면서 "데데의 가슴은 금빛이 감돌아. 매끄럽고 둥글고 탄력이 있어. 그걸 못 느끼면 삶도 인생도 이해 못 해"라고 말한다. 르누아르가 이런 여성의 나체를 제1차 세계대전 기간의 한복판에 그렸다는 사실은 시사하는 바가 크다. 그는 살아 있는 여성을 그려 전쟁으로 인해 황폐해진 인간성에 대한 궁극적이고도 본질적인 회복과 치유를 성취하고 있었다.

그림 같은 여자 그림 보는 남자

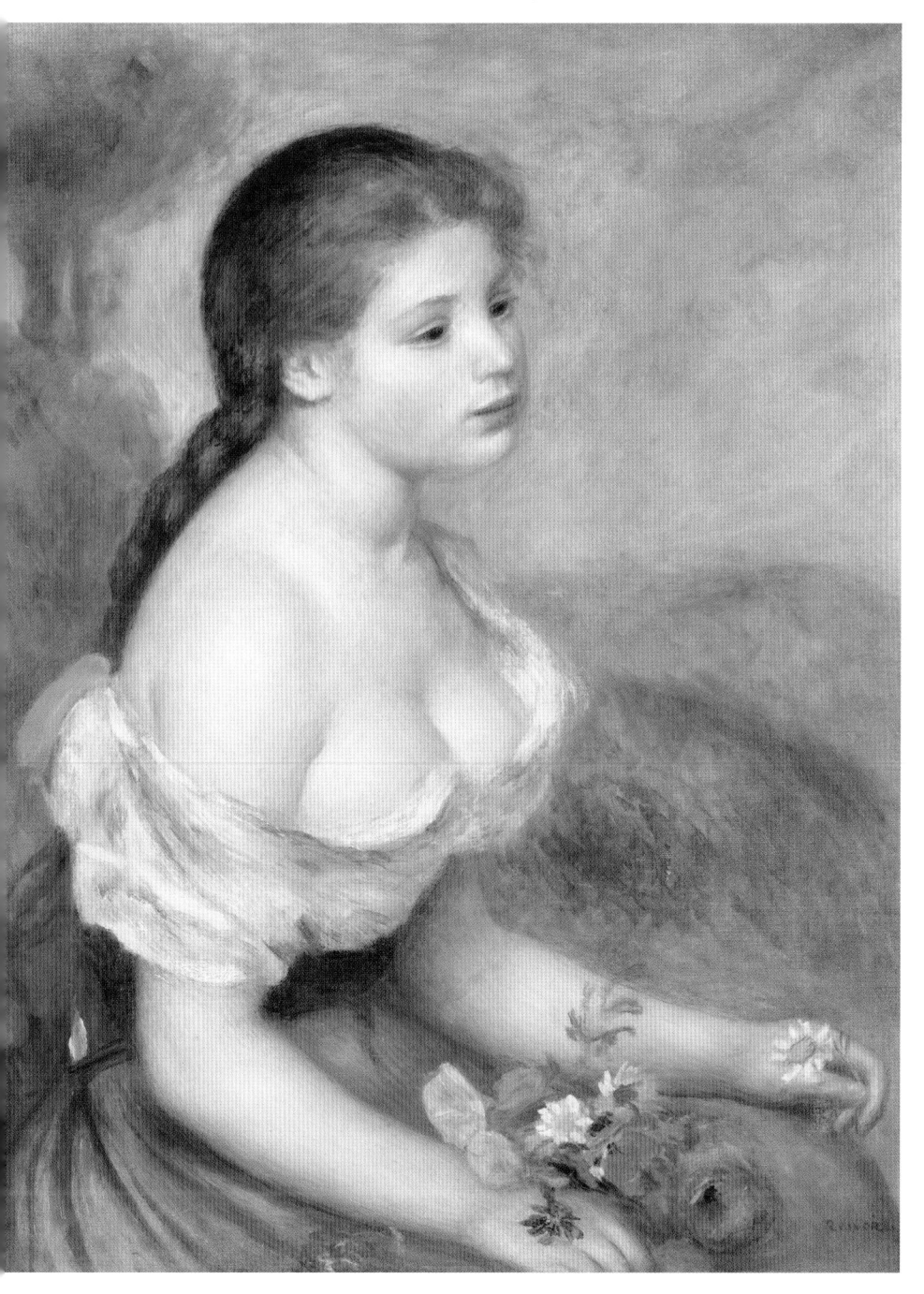

피에르 오귀스트 르누아르, 〈데이지 꽃을 든 여인〉
캔버스에 유채, 65.1×54cm, 1889, 뉴욕 메트로폴리탄 박물관

더군다나 르누아르가 여체에 더욱 천착했던 시기는 전쟁도 전쟁이지만 스스로에게 죽음이 가까운 때였다. 노년의 르누아르는 극심한 류머티즘 관절염으로 온몸은 물론 오리발처럼 굳어가는 손을 매일매일 뜨거운 물로 고통스럽게 녹여내고, 다시 붓을 손에 묶어가면서도 그림 그리기를 멈추지 않았다. 그런 까닭에 노년에 그린 그림들의 붓 터치는 예전보다 훨씬 거칠게 느껴지지만 따뜻하고 보듬어주는 시선만큼은 더욱 풍부해졌다. 그렇게 사랑하는 이를 어루만지듯이 그려낸 풍만한 여성들은 어떤 특정한 여자가 아니다. 그것은 인간이 잊어버린 풍요로운 원초적 땅이자 자궁이다. 피로도 싫증도 유발하지 않는 저 유연한 빛깔과 형상이야말로 어찌 사람들에게 행복과 평온을 선사하지 않겠는가!

겉멋이 한창 들었던 젊은 시절에는 르누아르 그림을 가볍게 취급했다. 르누아르를 두고 여자의 몸이나 바라보고 있는 한가한 사람이라고 생각했다. 그러나 살다 보면 생각이 달라진다. 보다 근원적인 아름다움에 대해 생각하게 된다. 바로 르누아르의 촉각적인 누드 같은 그림에 매료된다. 이런 그림들은 고단하고 피폐해진 삶 속에 근원적인 생명력을 부여한다. 그림이 우리로 하여금 생생한 활기와 생명력을 갖게 하는 것!

살찐 여성들이 싫다고 생각할 수도 있다. 그러나 다정해 보이는 이 충만한 여자들을 어떻게 마다할 수 있겠는가. 모피처럼 물결치는 그녀들의 살결은 상처받은 동물처럼 분노로 으르렁거리는 이를 안아

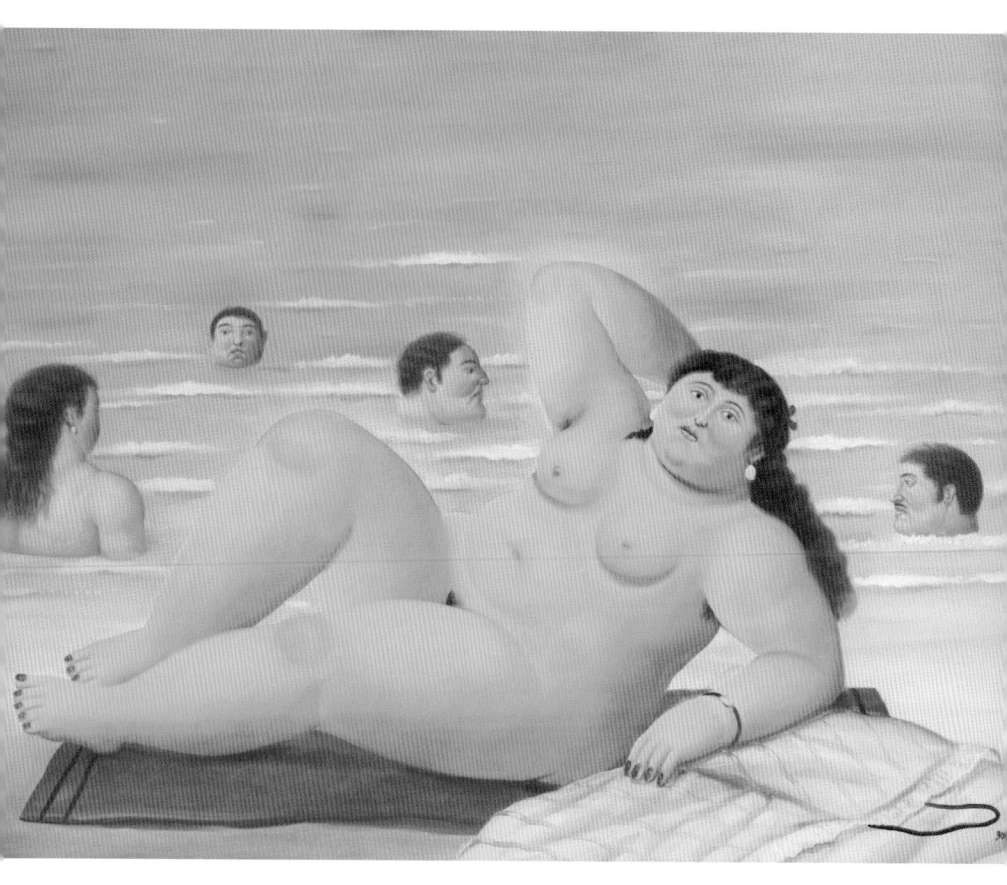

페르난도 보테로, 〈해변의 여인〉
캔버스에 유채, 113.3×165.1cm, 2000, 개인 소장

주고 불안과 공포로 떨고 있는 사람들을 위로한다. 이 풍만한 여성들은 더 이상 비본질적이고 창백한 인생을 살도록 내버려두지 않는다. 이 원초적인 여자들은 당신을 현재의 삶에서 구원해줄 것이다.

영화 〈바그다드 카페〉에 어느 날 갑자기 찾아온 야스민이라는 착하고 뚱뚱하고 아름다운 대지모가 생각난다. 그녀는 도대체 사람 냄새라고는 전혀 나지 않는 건조하고 지루하고 황량한 사막을 감칠맛나는 오아시스로 만들었던 여성이었다. 그리고 이 여자는 다시 페르난도 보테로Fernando Botero의 그림 속 여자로 환생했다. 그곳에서 우리는 유년의 잃어버린 꿈을 되찾고, 자신감과 활기를 회복해 다시 태어난 존재처럼 살아갈 힘을 얻는다. 어느 날 갑자기 신의 선물, 야스민이 바그다드 카페에 쳐들어온 것처럼. 말년의 르누아르에게 데데가 찾아온 것처럼.

부족한 삶 속에서
채우며 살다

가난해도 행복할 수 있다

현대인의 가장 큰 딜레마 중 하나는 얼마를 가지고 있든 항상 돈이 부족하다고 느낀다는 점이다. 늘 상대적으로 빈곤함을 느끼기 때문이다. 수많은 천재 예술가들 역시 지금 우리들과 똑같이 돈 걱정을 하며 살았다. 그렇지만 지금과는 좀 다른 점이 있다. 물론 시대정신이 다르기도 했지만 예술가들이야말로 상대적인 박탈감을 훨씬 덜 느꼈다는 점이다. 그들은 가난으로 고통받았지만 절대 지존으로서 자존감과 자긍심 그리고 자기애를 지녔던 인물들이 많았다. 레오나르도 다빈치Leonardo da Vinci, 미켈란젤로 부오나로티, 클로드 모네Claude Monet, 빈센트 반 고흐 등이 평생 돈 걱정 속에서 인생을 보낸 드라마의 주인공들이었다.

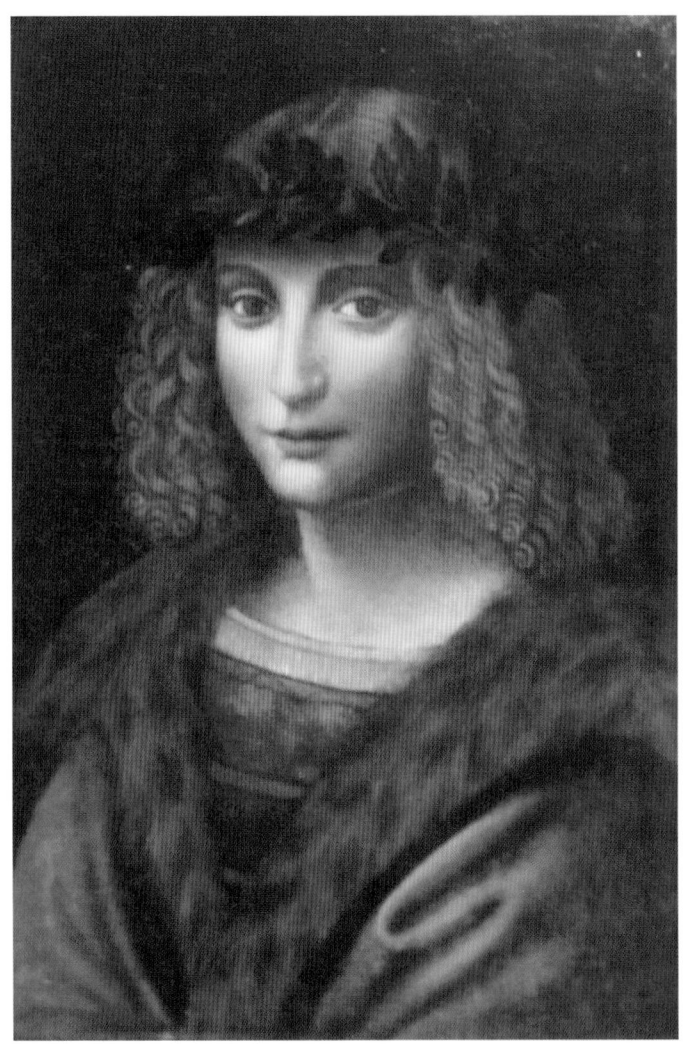

레오나드로 다빈치, 〈살라이의 초상〉

패널에 유채, 37×29cm, 1502~03, 리히텐슈타인 알로이스 재단

레오나르도 다빈치는 말년의 프랑스 망명시절을 빼곤 늘 돈 때문에 좌절의 나날들을 보냈다. 그는 자주 돈이 떨어졌고 풍족한 적은 거의 없었던 것 같다. 다방면에 재능이 탁월했던 다빈치는 오히려 그 재능 때문에 돈을 벌 수 없었다. 천재들이 자주 그렇듯이 뒷심이 부족했던 사람이었기 때문이다.

그는 일을 맡으면 끝까지 해내는 적이 드물었다. 현재까지 남아 있는 열다섯 점의 회화 작품 중 미완성 작품이 3분의 1 가까이 된다. 그렇게 다빈치의 재능이 자신에게 걸림돌이 될 것을 알았던 사람은 예리한 판단력의 소유자였던 피렌체 공국의 지도자 로렌초 데메디치 Lorenzo de Medici 였다. 다빈치에게 작업을 의뢰한 적이 있었던 로렌초는 몇 차례의 시행착오 끝에 그를 고용하지 않고, 멀리 밀라노 공국의 스포르차 가문으로 내쫓아버렸다.

어쨌거나 다빈치는 늘 멋진 망토에 분홍색 매니큐어를 칠하고 다녔을 만큼 요상한 멋쟁이였다. 메모장에 가장 많이 적혀 있던 내용도 옷 타령이었다. 늘 옷을 살 돈이 부족하다고 적었다. 그는 또한 아들처럼 생각했던 10대 소년 살라이를 비롯한 어린 소년들에게 자주 무언가를 베풀었다. 다빈치는 특히 "도둑이며, 거짓말쟁이이며, 고집 세고, 탐욕스럽다"고 살라이를 묘사했지만 동시에 그의 생동감과 자유분방함, 유머에 매료당했다. 그런 까닭에 그는 특별히 살라이가 진 빚을 갚아주었을 뿐만 아니라 그를 성장盛裝시켜 데리고 다니기를 좋아했다. 뿐만 아니라 다빈치는 가난할 때도 돈이 생기면 시장에서 판매하던 새장 속의 새를 사서 그 자리에서 풀어주는 기행을 보이기도 했다. 다빈치는 이처럼 한 편의 드라마틱한 행위예술의 연출자가 되는 일이 종종 있었다.

미켈란젤로 부오나로티 역시 평생 돈 걱정을 하며 살았다. 그는 영락한 귀족 가문의 다섯 형제 중 하나로 태어났으며 어머니가 여섯 살 때 세상을 떠나 양모 슬하에서 자랐다. 가족들 중 누구도 별 볼 일 없었던지라 오로지 그만이 가족 걱정을 달고 살았다. 사실 아버지는 작은 마을의 시장을 역임하기는 했지만 불평불만이 많았고 늘 다른 사람에게 빌붙어 사는 무능력자에 불과했다.

미켈란젤로는 엄청난 효자였다. 아버지에 대한 효심은 자식으로서의 보은을 훨씬 뛰어넘는 수준이었다. 그는 편지에 다음과 같이 쓴다. "제가 하는 일 모두가 저 자신을 위한 것과 똑같은 비중으로 아버지를 위한 것임을 아버지께서 아셨으면 좋겠습니다." 이렇게 아버지를 사랑했던 아들은 아버지에게 자문을 구하는 편지를 보내곤 했지만, 아버지는 조각가의 꿈을 포기하라는 냉정하고 메마른 답장을 보내기 일쑤였다. 때로는 아버지가 아들 몰래 고객을 찾아가 돈을 미리 챙겨가기도 했다. 미켈란젤로는 교황이 돈을 지불하지 않아 빈털터리가 된 순간에도 "아버지 살아계셔 주셔요. 세상에 있는 모든 금을 동원해서라도 아버지가 돌아가시게 하지는 않을 겁니다"라는 편지를 보냈다.

그는 부성애뿐만 아니라 형제애도 보통 수준을 넘었다. 평생 독신

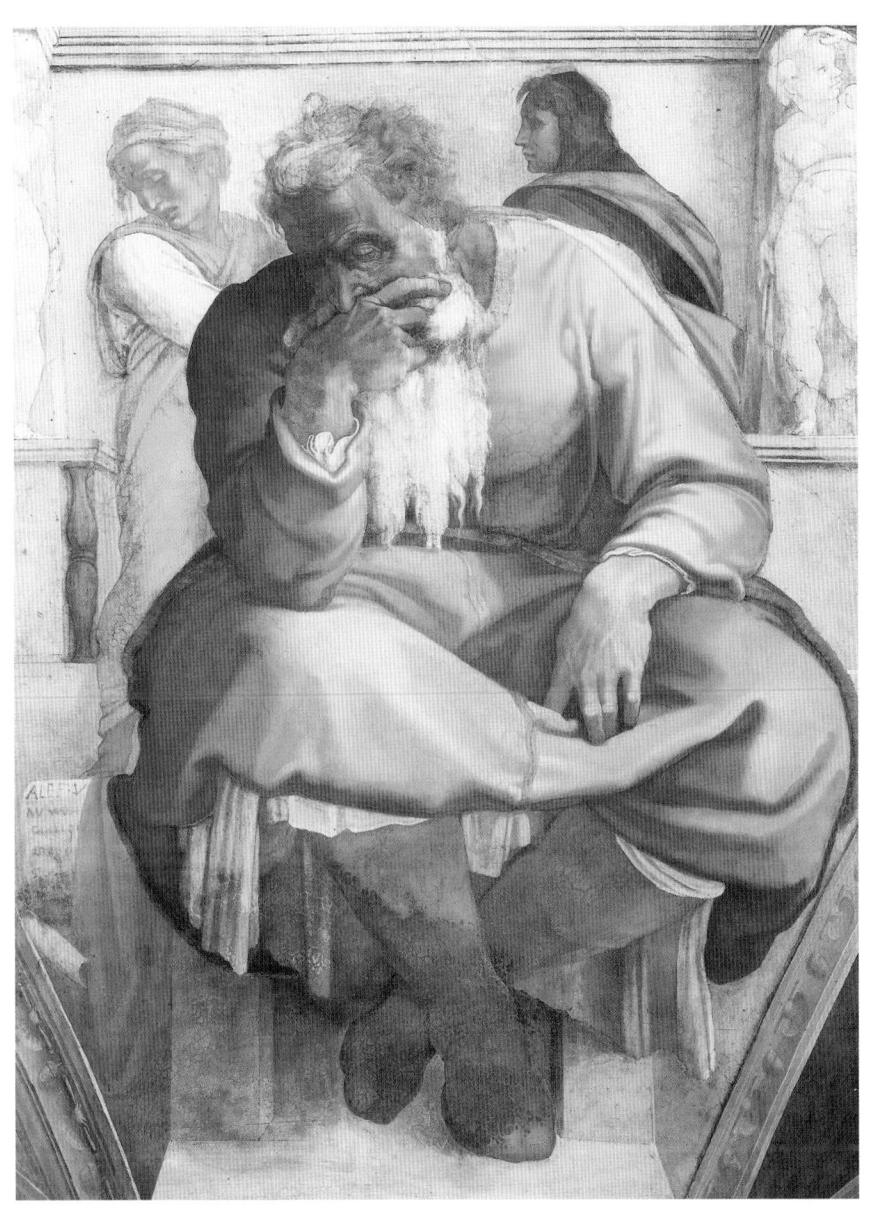

미켈란젤로 부오나로티, 〈천지창조 중 선지자 예레미아의 모습(부분)〉
프레스코 벽화, 1475, 바티칸 박물관 시스티나 예배당

으로 살면서 아버지와 형제들의 빚을 갚아주는 데 온 힘을 다했다. 그러다 보니 미켈란젤로는 자신을 위해서는 한 푼도 쓰려 하지 않았다. 옷차림은 검소하고 수수했고 심지어 궁에 드나들 때 예의를 갖추어 입어야 할 궁중복조차 사 입지 않았다. 뿐만 아니라 작업실은 당대 유명 예술가의 것이라고 할 수 없을 만큼 누추하기 이를 데 없었다. 미켈란젤로는 시스티나 예배당의 천장화와 묘지 작업을 둘러싸고 율리우스 2세와 끈질긴 돈 싸움을 벌였는데 계약서에 서명한 때로부터 팔 년 동안 얼마간의 돈을 그야말로 쥐어짜듯 타내야 했다고 전해진다.

아흔 살까지 살아서 당대 명성을 누린 작가이지만 이렇게 돈 걱정을 평생 짊어지고 살았다는 것은 무엇을 의미할까? 아무리 귀족 출신이라고 해도 당시 예술가의 위상이 그리 높지 않았다는 것을 반증할 뿐이다. 또한 전율을 일으킬 만큼 감동적인 미켈란젤로의 명작들이 철딱서니 없는 가족들을 뒷바라지하기 위해 돈을 벌기 위한 수단으로 만들어진 것이라고 생각하니 좀 서글픈 느낌이 들기도 한다.

수련睡蓮의 화가 클로드 모네의 가난만큼 전설적인 것은 없다. 식료품점을 하던 부모 밑에서 자라던 모네는 세상이 다 알 만큼 아주 오랫동안 무일푼으로 지내야 했다. 지베르니에 정착해 수련으로 유명해지기 전까지인 쉰 무렵까지 가난으로 인한 그의 고통은 심각한 수준이었다. 모네는 여러 지인들에게 돈 빌리는 편지를 수도 없이 썼다. 돈을 빌리기 위해 친구들에게 보낸 간절하고 구구절절한 편지

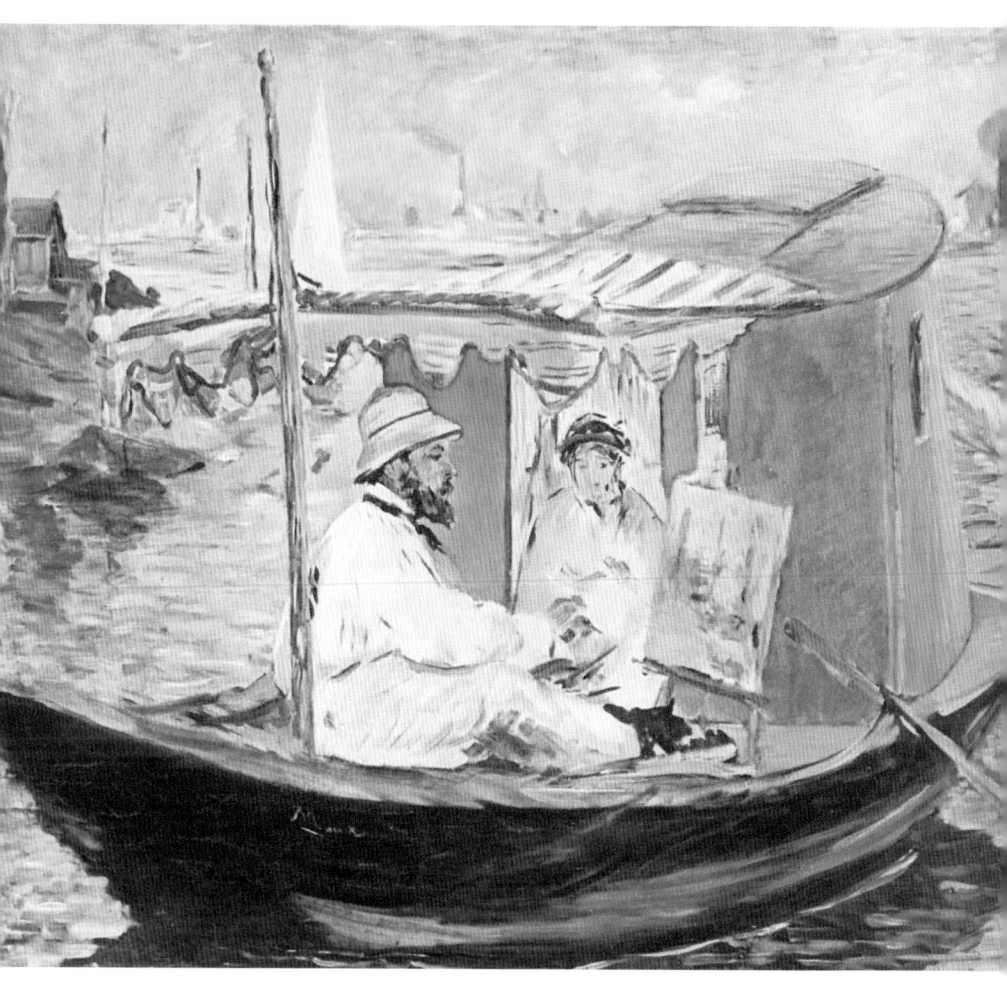

에두아르 마네, 〈배 위의 모네〉
캔버스에 유채, 80×98cm, 1874, 뮌헨 노이에 피나코텍

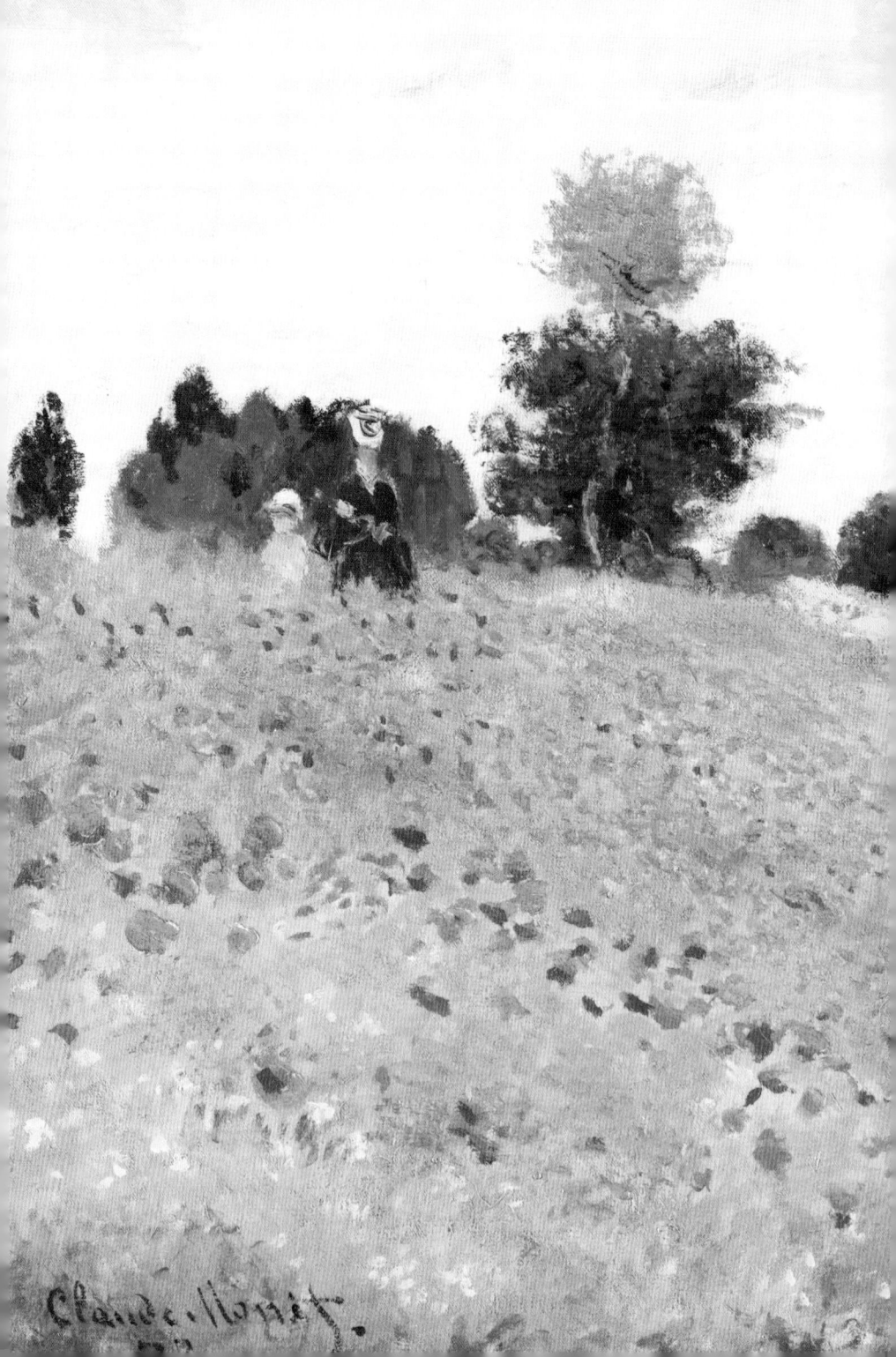

Claude Monet.

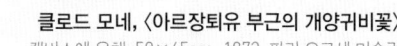

클로드 모네, 〈아르장퇴유 부근의 개양귀비꽃〉
캔버스에 유채, 50×65cm, 1873, 파리 오르세 미술관

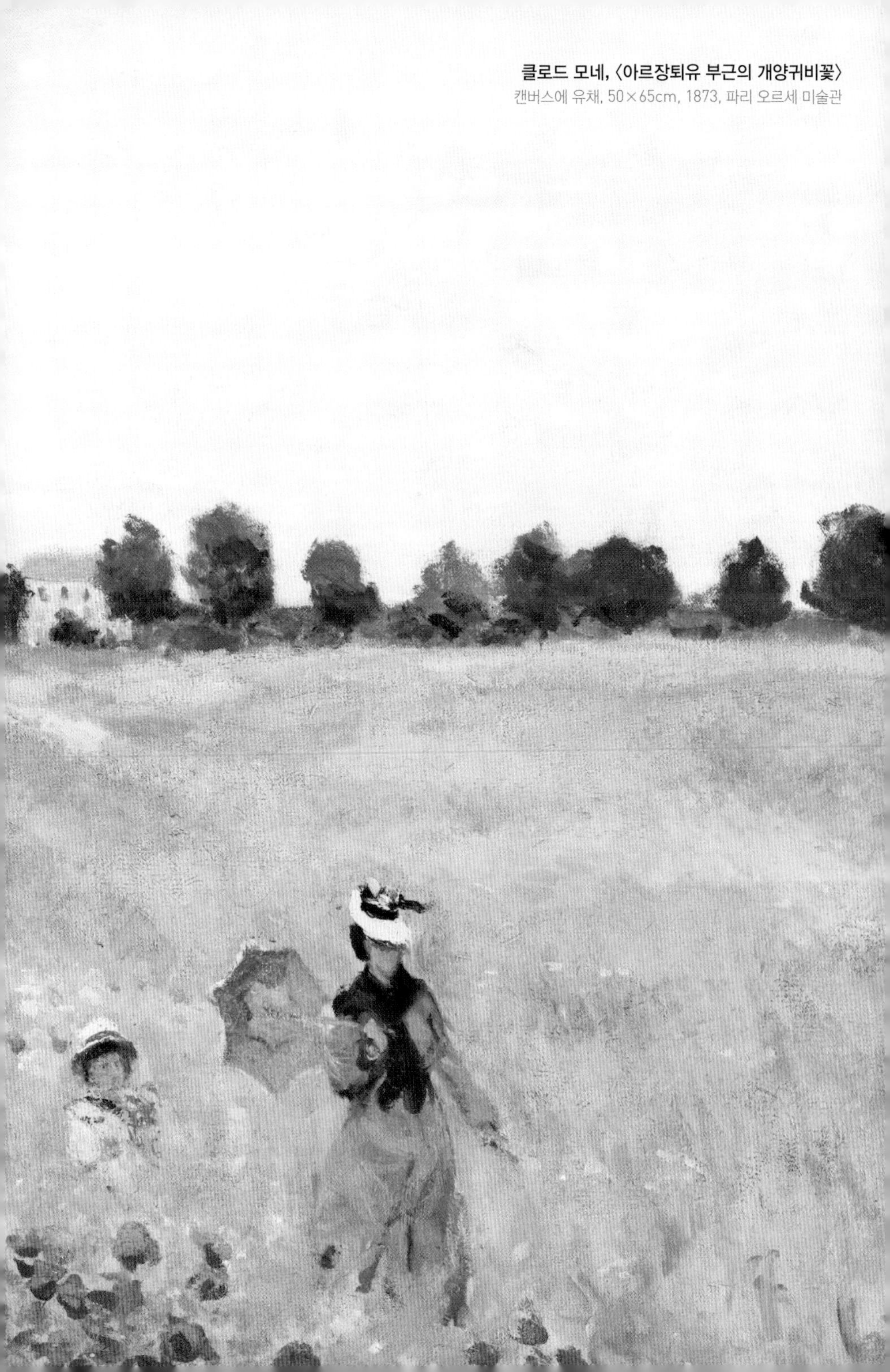

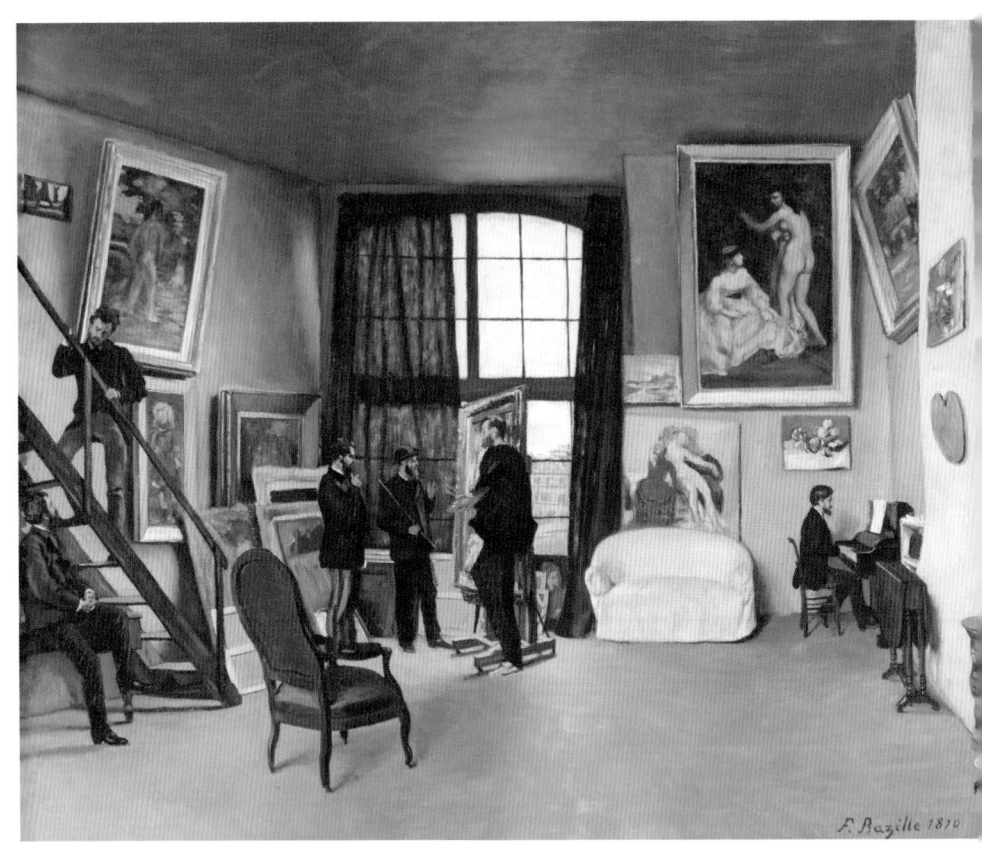

장 프레데리크 바지유, 〈바지유의 아틀리에, 파리 콩다민 거리 9번가〉
캔버스에 유채, 98×128.5cm, 1870, 파리 오르세 미술관

왼쪽부터 피에르 오귀스트 르누아르, 에밀 졸라(걸터앉아 있는 사람),
에두아르 마네, 클로드 모네(모자 쓴 사람), 장 프레데리크 바지유(이젤을 가리고 선 사람),
에드몽 메트로(피아노 앞에 앉은 사람)

들을 보면 그의 가난이 얼마나 절박했는지 알 수 있다. 특히 모네는 에두아르 마네Edouard Manet에게 돈을 빌려달라는 부탁을 여러 차례 한 것으로 유명하다. 미술시장의 경기가 나빴던 시절도 아닌데 그림으로 돈을 벌지 못한 까닭은 당대 그의 그림에 대한 낯설음과 반감 때문이다. 인상파의 본격적인 출발점에 해당되는 모네의 작품은 어떤 아름다운 대상을 그린 것이 아니라 그저 물감을 캔버스에 뿌린 것 같은 느낌이었기 때문이다. 살롱Salon, 당시 현존하는 예술가의 작품을 모아 전시하던 전시회에서 그의 그림은 무시당했고 대중은 그의 그림에 거부반응을 보였다.

다행히 당대 화가들은 다른 화가들을 돕는 데 인색하지 않았다. 당시 인상파 화가들의 아지트였던 카페 게르부아에 자주 모이던 예술가 중 한 명인 장 프레데리크 바지유Jean Frédéric Bazille는 자신의 많지 않은 수입에서 50프랑 정도를 떼어 모네에게 보내주었고 이것이 모네 가족의 유일한 수입원이었다. 당시 그 돈으로 세 식구가 먹고살기는 힘들었다. 모네는 바지유에게 급전을 치기도 했다.

자네에게 가능한 한 빨리 도와달라는 급한 청을 하느라 몇 줄 적고 있네. 내가 불행을 운명으로 안고 태어났다는 건 부정할 수 없네. 나는 알거지 신세로 여인숙에서 길거리로 내동댕이쳐졌어. 아내 카미유와 불쌍한 어린 것은 시골로 보냈다네. 나도 얼마라도 보태줄 후원자를 찾아보려고 오늘 저녁에 떠난다네. 내 가족은 아무것도 해줄 수 없다는 태도

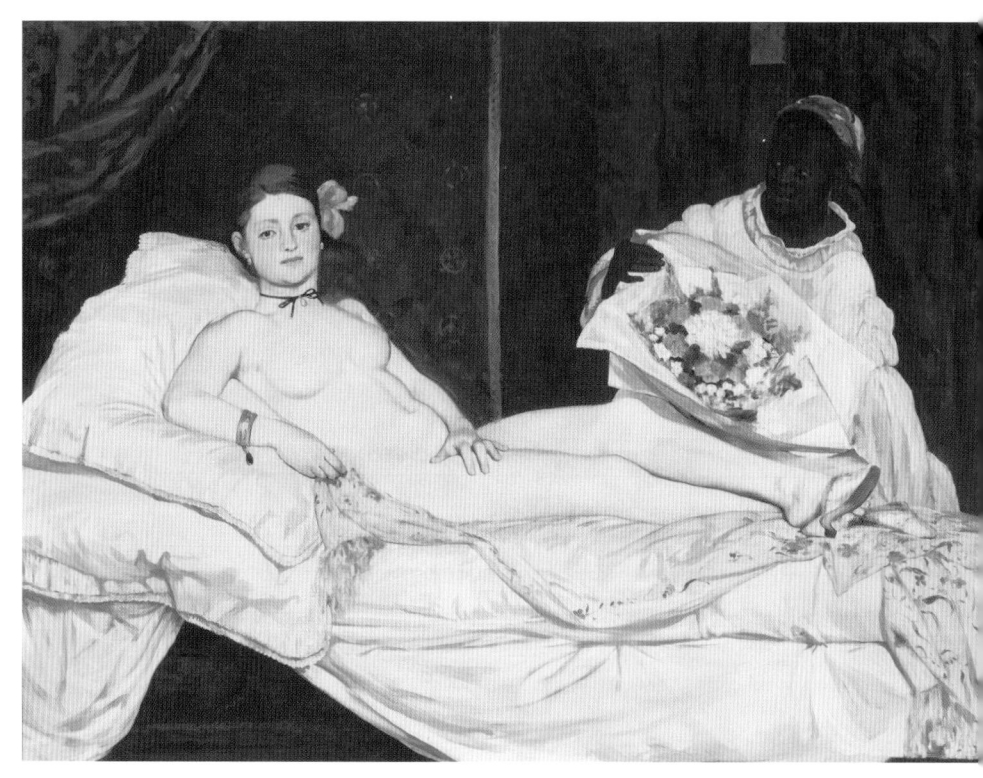

에두아르 마네, 〈올랭피아〉
캔버스에 유채, 130×190cm, 1863, 파리 오르세 미술관

라 내일은 어디서 잠을 청해야 할지 나도 모르겠네.

_ 고통 속에서. 친구 모네가

추신: 어제는 너무 절망스러운 기분에 바보같이 강물에 몸을 던지려
했다네. 다행히 다친 데는 없네.

모네에게 가장 큰 도움을 주었던 화가는 동료인 마네였다. 마네는
판사 집안의 아들로 유산을 넉넉히 물려받아 여유 있는 삶을 살았고
주변의 예술가들뿐만 아니라 모네를 물심양면으로 도왔다. 모네는
마네에게 편지를 썼다. "어느 때보다 점점 어려워지고 있어. 그저께
부터는 땡전 한 푼 없는데 푸줏간이나 은행에서도 전혀 외상을 주지
않네. 자네 혹시 20프랑쯤 보내줄 수 없겠나? 당분간은 그 정도로도
도움이 될 것 같네."

마네는 친구들에게 모네의 작품을 모네 몰래 사주어야 한다고 청
했다. 또 재능 있는 화가는 도움을 받아야 한다고 동료들에게 기꺼
이 편지를 쓰기까지 했다. 그리고 모네는 그런 마네의 은공을 결코
잊지 않았다. 마네가 쉰한 살의 나이에 매독으로 사망하자 모네는
앞장서서 마네를 위한 일을 해냈다.

1890년, 모네는 동료들과 모금을 했고, 2만 프랑을 모아 마네의
〈올랭피아〉를 마네 부인에게 산 다음 이를 국가에 기증했다. 파리
오르세 미술관에서 그 그림을 볼 수 있는 이유다.

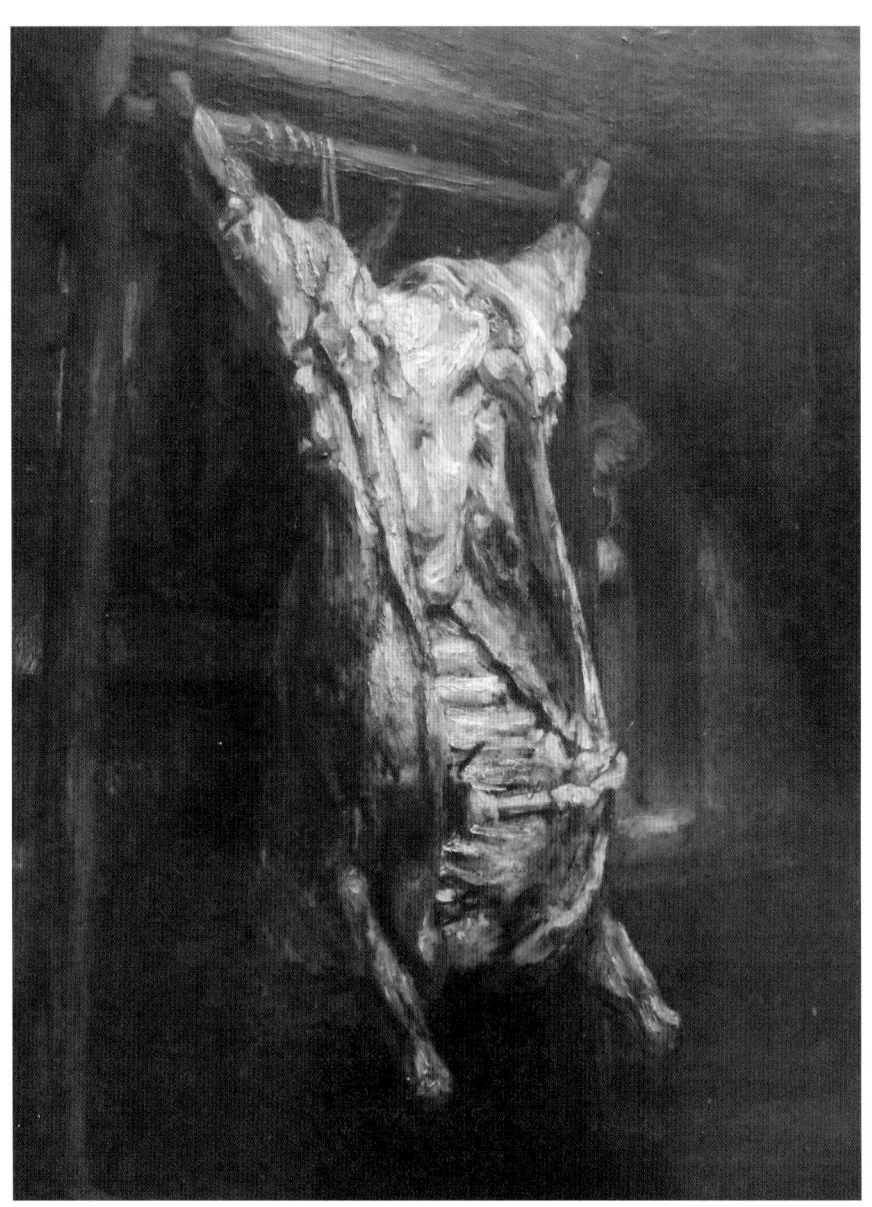

렘브란트 판 레인, 〈가죽을 벗겨낸 황소〉
캔버스에 유채, 94×69cm, 1655, 파리 루브르 박물관

파산에 대처하는
당신의 자세

실패를 딛고 일어서는 법

램브란트 판 레인Rembrandt Harmenszoon van Rijn은 젊었을 때 시쳇말로 아주 잘나가던 화가였다. 제분업을 하던 다정한 부모님 밑에서 유복하게 자랐고 라틴어를 배웠으며 대학도 다녔다. 아주 어린 나이에 독자적으로 공방을 운영하기도 했다. 그는 이미 20대 중반에 도시에서 명성이 자자한 화가로 자리매김했다.

스물여덟 되던 해에는 스물두 살의 사스키아와 결혼도 했다. 집안도 좋은 데다 아름답기까지 한 여자가 어마어마한 지참금을 가지고 램브란트에게 시집을 왔다. 요즘으로 치면 방앗간 집 아들이 시장의 딸과 결혼하면서 신분상승을 하게 된 셈이었다. 젊은 나이에 성공가도를 달린 램브란트는 겸손과는 거리가 멀었다. 게다가 램브란트는 살아생전 암스테르담은 물론 유럽 최고의 작가로 군림했으니 얼마나 기고만장하고 오만방자했을지 짐작이 가고도 남는다.

하지만 세속적인 부와 성공을 거머쥔 렘브란트는 그 명성의 크기만큼 절망과 고독으로 점철된 인생을 살았다. 아마 화가 중 그만큼 순탄치 않은 인생, 즉 가족의 죽음, 소송과 파산 등 파란만장한 삶을 산 사람은 단연코 없을 것이다. 렘브란트는 결혼 후 얻은 첫 아들이 곧 사망하는 큰 비극을 겪었다. 둘째 아이 역시 세례 받은 지 삼 주 만에 사망했다. 셋째 딸은 태어난 지 이 주 후에 사망했다. 곧이어 그의 어머니가 사망했다. 여러 차례 죽음을 경험하던 시절 그는 〈가죽을 벗겨낸 황소〉라는 작품을 완성했다. 도살된 소가 예수처럼 십자가에 매달린 그림이다. 마치 살아 있다는 건 도살된 소처럼 비참한 것이라는 인상을 주는 작품이다.

네 번째 아이인 티투스는 다행히 죽지 않았다. 그러나 그때 서른 살의 아내 사스키아가 병들어 약 4만 길더의 유산을 렘브란트와 티투스에게 반반씩 남기고 사망했다. 사스키아의 유언장에는 렘브란트가 티투스의 영혼을 지켜주기를 바라며 티투스를 고아원에 맡기지 말아 달라고 당부했다. 그가 재혼하면 유산이 무효가 된다는 조건도 붙어 있었다.

녹록치 않은 그의 인생에는 세 여자가 있었지만 누구도 첫 부인 사스키아를 대신할 수는 없었다. 그는 티투스의 유모였던 게르티와 동거했지만 소송을 걸어 그녀를 정신이상자로 모는 등 치사하고 잔인

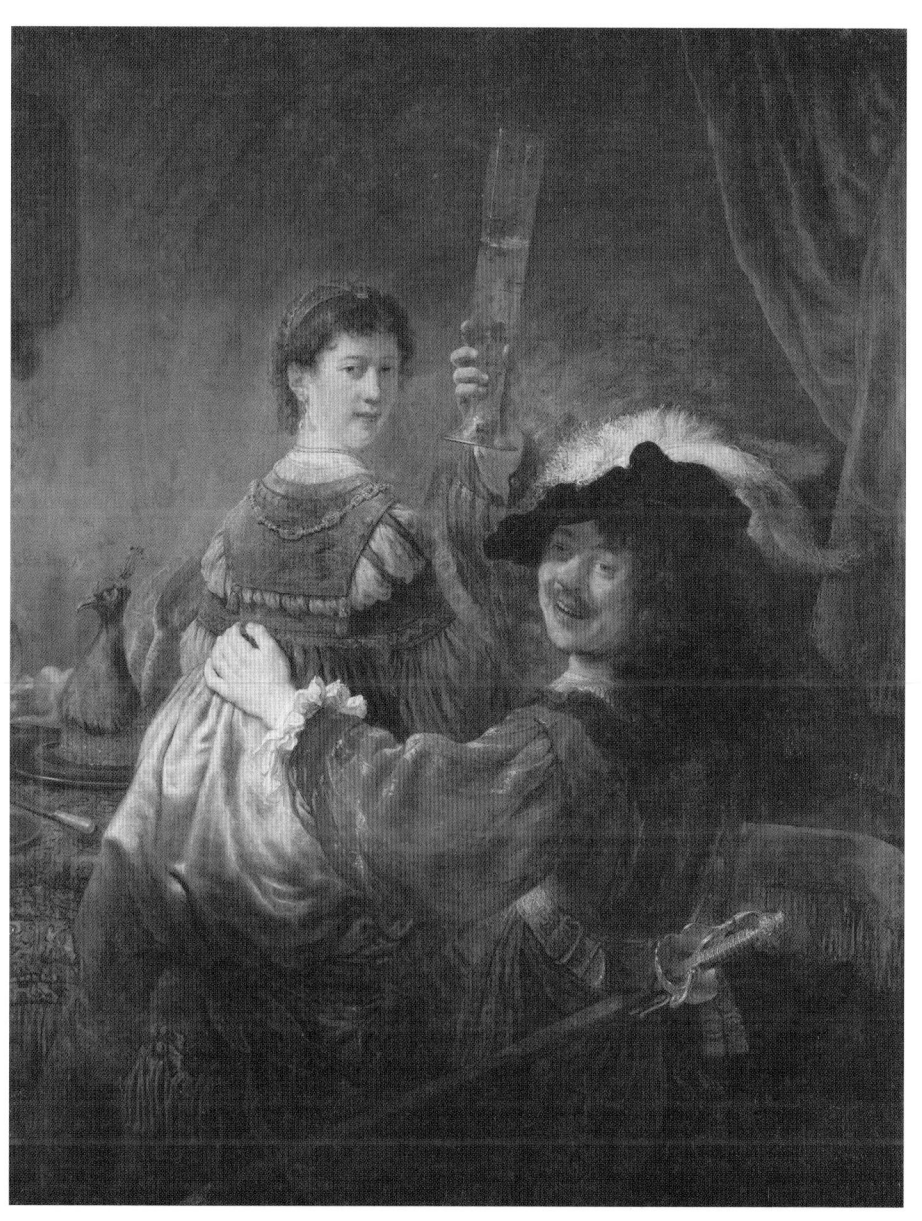

렘브란트 판 레인, 〈돌아온 탕자의 옷을 입고서 사스키아와 함께 있는 자화상〉
캔버스에 유채, 161.1×131cm, 1635, 드레스덴 알테마이스터 회화관

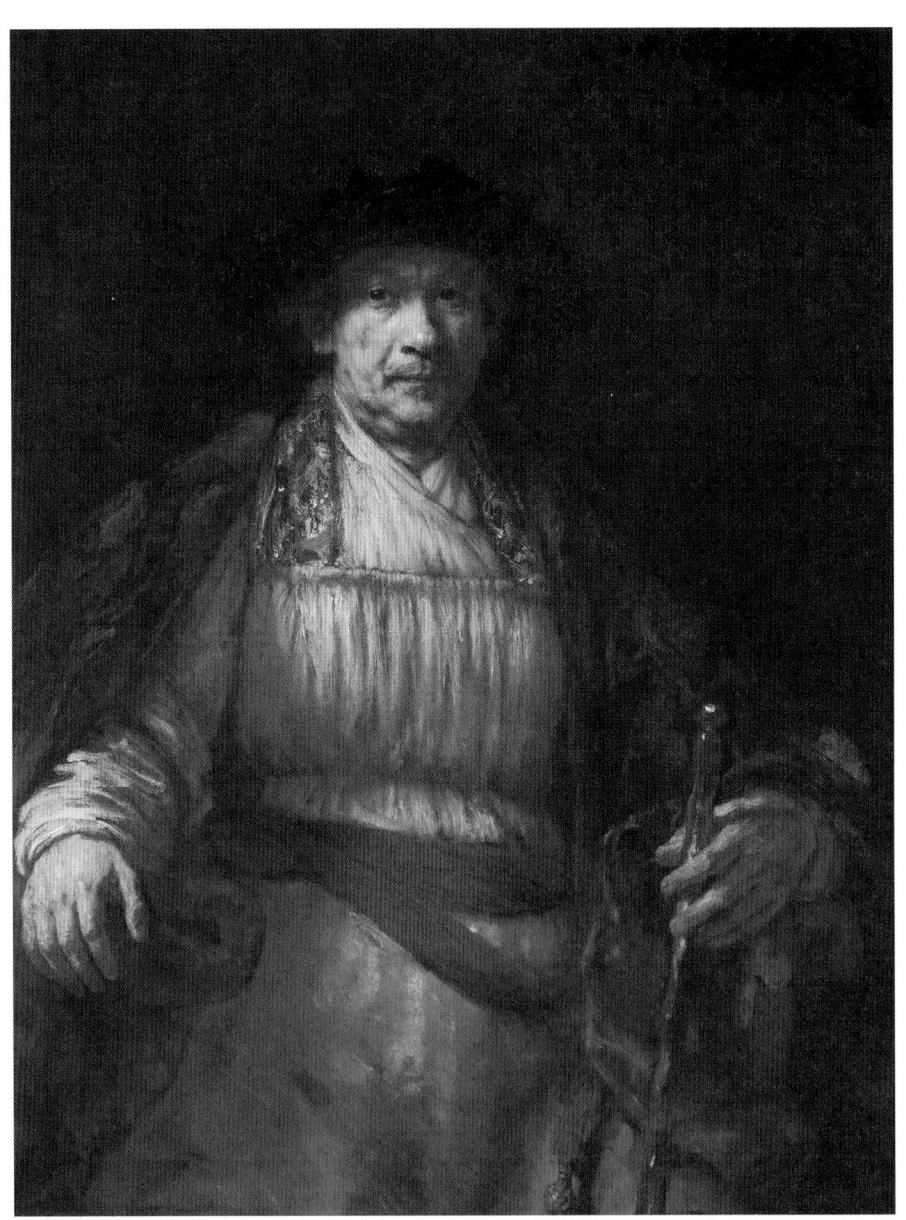

렘브란트 판 레인, 〈자화상〉
캔버스에 유채, 133.7 × 103.8cm, 1658, 뉴욕 프릭 컬렉션

한 방법으로 결별했다. 헌신적인 하녀였던 헨드리케와도 동거했지만 결혼하지는 않았다. 재혼하면 유산을 받을 수 없었기 때문이다. 그렇지만 헨드리케에 대한 애정은 지극하여 그녀를 모델로 많은 그림을 그렸다. 그러나 그녀 역시 서른여덟의 나이로 세상을 떠났다.

이런 슬픈 가족사를 등에 진 렘브란트는 여러 차례 파산한 것으로도 유명하다. 사실 그는 결코 가난과 싸워야 했던 화가는 아니었다. 젊은 시절부터 명성을 얻은 그에게 주문이 끊이지 않았기 때문이다. 다만 돈 관리에 실패하고 씀씀이가 커서 어려움을 겪었을 뿐이다. 결국 렘브란트는 파산해 집에서 쫓겨나고 빚을 갚기 위해 부인의 묫자리까지 팔아야 하는 처지가 되었다.

사실 파산의 중요한 이유로는 그의 무지막지한 취미생활 때문이었다. 정확히 말하자면 좋은 그림을 그리기 위한 재투자에 가까웠다. 렘브란트는 엄청난 수집광이었는데 특히 골동품과 그림을 많이 사 모았다. 그는 좋은 그림이 나오면 앞뒤 가리지 않고 무조건 구입했다. 게다가 그림뿐 아니라 마음에 드는 오만가지 물건을 뭐든지 사서 집에 끌어들였다. 이런 수집벽 때문에 렘브란트는 가산을 어마어마하게 탕진했고 급기야 몇 차례 파산을 겪어야 했다.

파산 선고로 인해 집과 소장품이 경매에 붙여지던 해인 1658년 렘브란트는 한 점의 자화상을 제작했다. 그는 곧 경매에 붙여질 화려한 의상 하나를 차려입고 마지막으로 포즈를 취했다. 이마에는 깊은 주름살이 패여 있고 입가에는 잔잔한 미소가 서려 있다. 왼손에 지

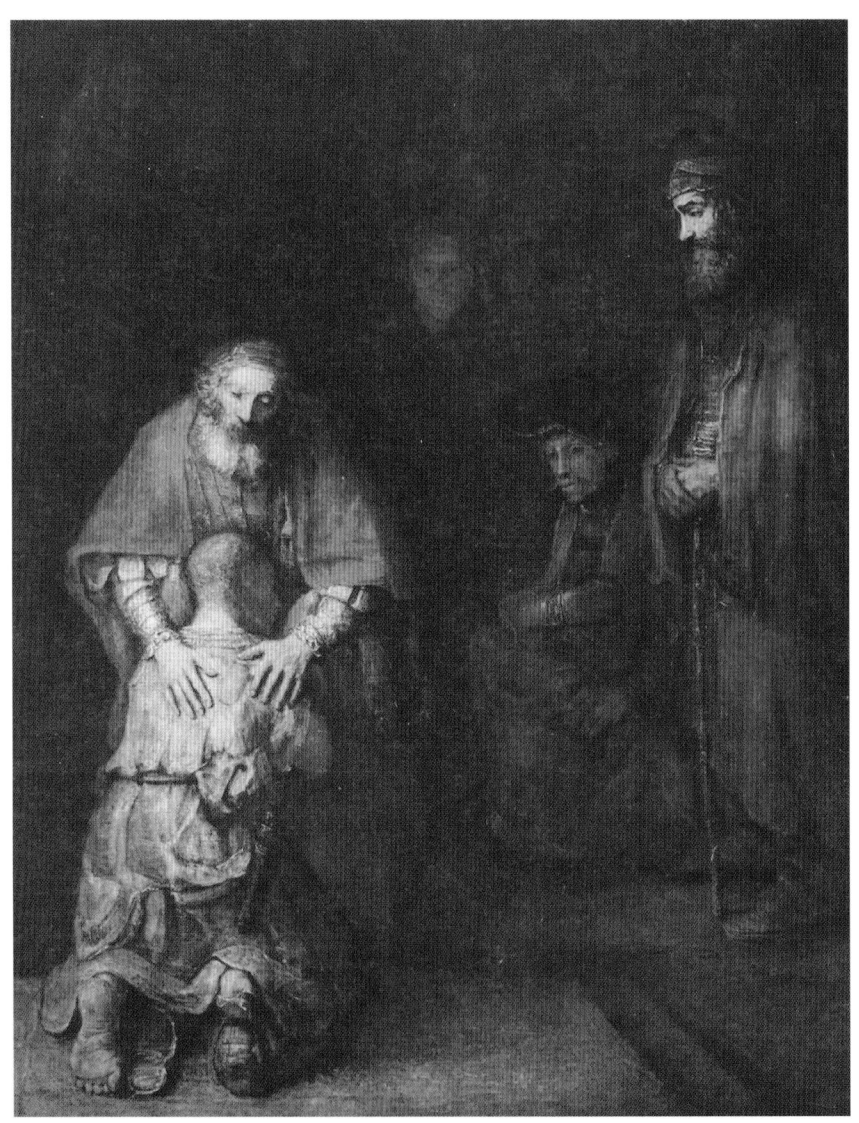

렘브란트 판 레인, 〈돌아온 탕자〉
캔버스에 유채, 264.2×205.1cm, 1659~69, 상트페테르부르크 에르미타슈 박물관

팡이를 쥐고 신중하고 차분하게 앉아 있는 모습은 고독과 파멸 속에서도 여전히 자기 확신과 자긍심을 드러내고 있는 것처럼 보인다. 도대체 얼굴에 드러난 표정과는 사뭇 대조되는 수수께끼 같은 의상은 어떻게 해석해야 할까? 경제적으로는 파산 상태였지만 자신의 내적 힘은 파괴되지 않는다는 것을 선언한 건가? 그러니까 자신에겐 물질적으로 아무것도 남아 있지 않지만 화가로서의 자기 자신은 결코 죽지 않았음을 보여주고 있지 않은가!

자신의 얼굴을 직접 그리지는 않았으나 렘브란트의 인생을 축약한 그림이 〈돌아온 탕자〉다. 1659년인 쉰셋부터 죽기까지 그렸으나 미완성으로 남아 있는 작품이다. 《누가복음》 15장에 근거한 이 그림은 재산을 다 탕진하고 쇠잔해져 돌아온 아들을 노쇠한 아버지가 받아들이는 장면이다.

옛날 어느 사람에게 아들이 두 명 있었는데 재산을 나누어받은 둘째 아들이 먼 나라로 가서 방탕의 세월을 보낸 후 결국 비참한 돼지치기로 전락했고 결국 외지에서 살아가는 것이 불가능하다고 느끼고 아버지에게 돌아와서 용서를 구한다는 내용이다.

그림 속 아들의 발과 신발은 아들이 얼마나 곤궁하고 비참한 인생을 살았는지 적나라하게 보여준다. 아버지는 아들을 기다리느라 거북이 등가죽처럼 말라갔고 눈은 거의 실명한 상태다. 렘브란트는 아들을 태아처럼 민머리로 만들어 아버지의 배에 기대고 있는 모습으로 그렸다. 아들의 등을 만지는 아비의 손은 마치 신의 손길처럼 무중력상태다. 더군다나 아버지의 모습은 어머니의 모습과 중첩되어 있다. 가만 보니 오른손은 남성의 손이고 왼손은 여성의 손이다. 신은 아버지의 관대함과 너그러움, 어머니의 자애로움과 따스함으로 돌아온 탕자를 환대한다.

〈돌아온 탕자〉는 표면적으로는 하느님 세계에 대한 은유(알레고리)지만 실제로는 렘브란트 자신의 삶에 대한 회고이자 고백이다. 렘브란트는 그림을 통해 화려했던 삶, 그리고 사랑하는 아내와 아들을 모두 먼저 저세상으로 보내고 재산까지 모두 탕진한 후 비참한 생활로 홀로 고독한 삶을 마감할 수밖에 없었던 자신의 깊은 회환을 그렸다. 렘브란트가 대단해 보이는 지점은 한 인간으로서의 자신의 패배를 아주 솔직하게 인정했다는 점 때문이다. 어쩌면 인간으로서 그의 삶은 실패한 것인지도 모른다. 그러나 예술가로서의 그의 자긍심은 한 번도 패배한 적이 없었다.

사실 렘브란트는 그다지 좋은 성격이 아니었고 타협을 할 줄 몰라 자주 마찰을 일으켰다. 하지만 그런 성격은 예술에는 도움이 되었다. 렘브란트는 다른 사람이 자기를 어떻게 생각하는지, 자신이 선한지 악한지, 혹은 심술궂은지 인내심이 많은지, 욕심이 많은지 관대한지 절대 신경 쓰지 않았다. 그것은 인간으로서는 부족하지만 예술가로서는 위대한 자질일지도 모른다. 그림에 관한한 최고의 전문가가 되는 것! 그가 진정 원했던 것은 그저 그림을 위한 하나의 눈과 하나의 손이 되는 길이었다. 말년의 렘브란트는 죽은 듯이 침대에서 이젤로, 이젤에서 세면실로, 세면실에서 침대로 옮겨가며 온전히 그림만을 위한 극단적인 삶을 영위했다. 그런 방식으로 그는 이전까지 자신의 삶을 지배했던 모든 과시와 허영에서 자유로워질 수 있었다.

개인사적으로는 실패했을지는 모르나 예술가로서는 성공한 삶을 살았던 렘브란트의 인생을 보면서 어떤 비전을 얻을 수 있는가? 실패를 두려워하지 않는 삶? 자긍심을 고취하는 삶, 그럼에도 지속되는 삶? 우리는 가정사든, 직업이든 어떤 방면에서든 실패를 두려워한다. 실패를 하면 본인뿐만 아니라 주변의 여러 사람들에게 피해를 준다고 배웠다. 사실은 실패 그 자체보다는 타인의 책망이 더 두려웠던 것이다.

실패를 겪고도 살아남는 법은 무엇일까? 렘브란트처럼 파산 신고를 해야 하는 것은 아닐까. 내가 실패했음을 인정하는 것, 즉 당당하게 선언을 해야 비로소 실패가 끝난다. 실패를 딛고 일어서야 불운의 문이 닫히고 새로운 문이 열린다. 이것이 바로 프리드리히 니체가 말한 아모르 파티Amor Fati, 즉 자신의 운명을 사랑하는 것 아닐까? 운명의 필연성을 긍정하고 이를 감수할 뿐만 아니라 오히려 운명을 사랑하는 것, 이것이야말로 인간의 위대함을 보여줄 수 있다. 렘브란트야말로 이 운명론이 창조적인 것과 합치된다는 사실을 깨달았던 위대한 화가가 아닐까!

살면서 가져야 할
단 하나의 자존심

성공 이전에 신념이 먼저다

연일 매스컴에서 출세와 성공을 외치는 프로그램이 넘쳐난다. 인문학 바람이 불고 있다지만 서점에서는 여전히 처세술과 성공담에 관한 책들이 서가를 가득 메운다. 요즘은 예술가들도 타협을 잘하는 사람들이 성공한다. 아예 대중과 시장을 좌지우지하며 마케팅을 잘하는 작가들이 누리는 명성은 엄청나다.

제프 쿤스 Jeff Koons나 데이미언 허스트 Damien Hirst 같은 작가들은 스스로 마케터이자 큐레이터이자 기획자 등 겸업을 선언한 지 오래되었다. 협상의 대가들인 그들은 너무 영악해서 어떨 땐 얄밉고 속물이라고 느껴질 정도다. 이런 시대일수록 낭만적 예술가의 전형을 보여주던 19세기 화가들이 그리운 건 어쩔 수 없다. 영예로운 상도 거

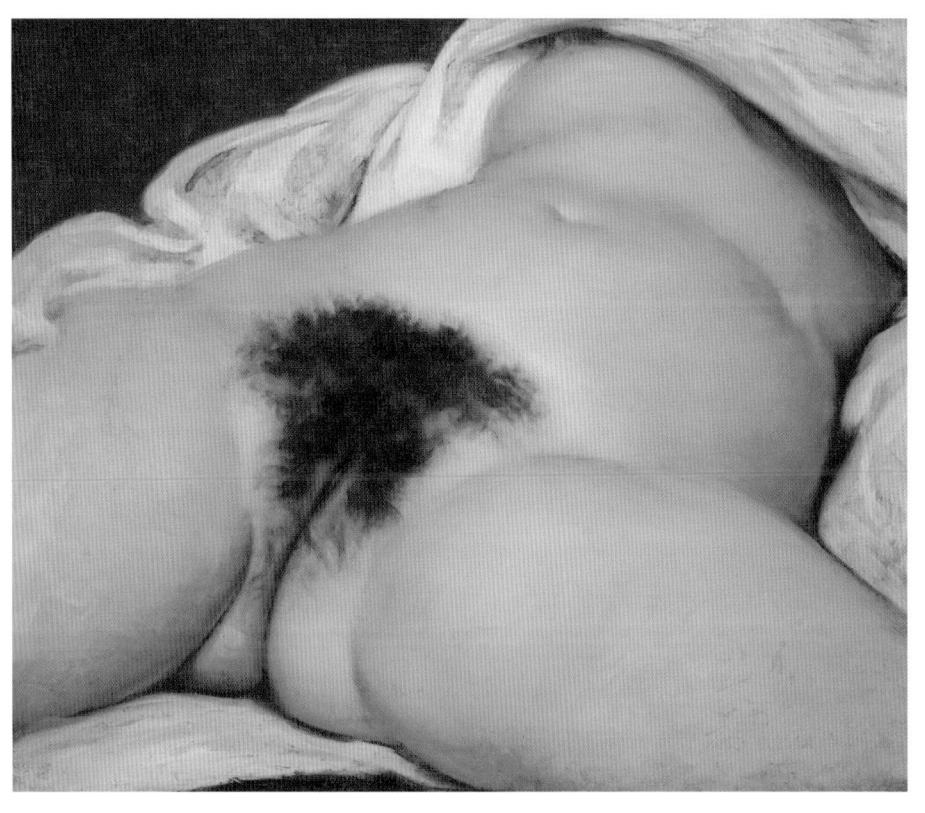

귀스타브 쿠르베, 〈세상의 근원〉
캔버스에 유채, 46×55cm, 1866, 파리 오르세 미술관

절하고(근자에 터너나 노벨상을 거절했다는 작가를 들어본 적 있는가), 큰돈
이 생길 일이라도 자신의 신념과 대치되면 타협도 안 하고 화상畵商
이나 비평가와 후견인의 눈치를 보지 않았던 화가들의 자긍심과 자
존감이 그립다.

귀스타프 쿠르베Gustave Courbet는 당대의 이단아였다. 법관이 되길
원했던 부유한 농부의 아들로 태어났지만 사회를 고발하는 작품을
계속 발표하는 등 급진적 사상과 행동 때문에 비난을 받았다. 여성
성기를 초상화처럼 크게 확대해 그린 〈세상의 근원〉이라는 그림만
보아도 그가 얼마나 세상과 반목하는 일탈적이며 혁명적인 화가인
지 알 수 있다. 불의에도 굽힐 줄 모르는 신념의 소유자였던 쿠르베
는 심각한 재정문제에 허덕일 때도 절대 비굴한 적이 없었으며, 비
굴해지지 않기 위해서 그림을 통해 의지와 신념을 곧추세웠다.

사실 쿠르베는 심각한 재정적 문제에 시달릴 때 운 좋게도 부유한
후원자 알프레드 브뤼야스Alfred Bruyas를 만나 큰 도움을 받았다. 브뤼
야스 부부는 그의 대표작 〈화가의 아틀리에—내 예술 인생 7년을 종
합하는 실제 우화〉 오른편에도 등장할 만큼 쿠르베 미술 인생에 중
요한 존재였다. 쿠르베는 〈안녕하십니까, 쿠르베 씨〉라는 그림을 통
해 후원자에게 굴하지 않는 자존감과 자긍심을 표현했다.

1854년 5월, 쿠르베는 브뤼야스가 살고 있던 프로방스의 몽펠리에
로 여행을 가서 머무르는 동안 이 그림을 그린다. 빛이 밝고 맑은 날
밋밋하고 지루한 시골 풍경을 배경으로 불쑥 모습을 드러낸 인물들

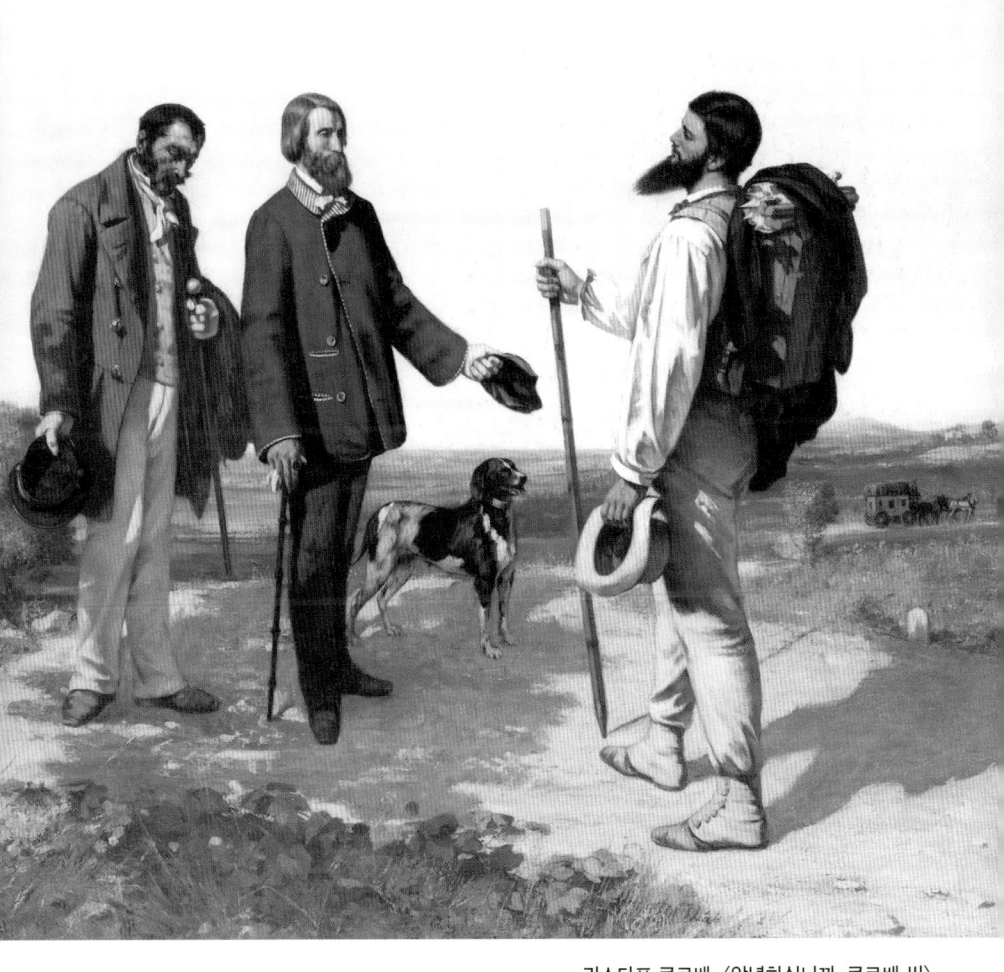

귀스타프 쿠르베, 〈안녕하십니까, 쿠르베 씨〉
캔버스에 유채, 129×149cm, 1854, 몽펠리에 파브르 미술관

중 오른편이 화가이고 왼편이 브뤼야스와 그의 하인이다. 붉은 머리 카락의 브뤼야스는 모자를 벗고 인사를 하고 있고 뒤의 하인은 공손하게 머리를 굽혀 쿠르베에게 인사를 하고 있다. 실제로 이 작품이 1855년 파리만국박람회에 처음 발표되었을 때 사람들은 엄청나게 큰 충격을 받았다. 당시만 하더라도 미술계의 아카데미즘은 역사화, 종교화, 초상화, 풍경화, 풍속화 등의 규범화된 틀을 벗어나지 못하고 있었다. 쿠르베가 내놓은 이 그림은 너무 평범한 일상적인 모습이어서 오히려 낯설었다.

자세히 들여다보면 이 안에는 화가 나름의 치밀한 계산이 숨어 있다. 등장인물들 간의 관계를 잘 보라. 쿠르베는 화구가 가득한 배낭을 짊어지고 힘겹게 언덕을 올라 자신의 작품을 사주는 후원자를 만난다. 제목에서도 볼 수 있듯 화가가 먼저 인사를 하는 게 아니라, 후원자가 "안녕하십니까, 쿠르베 씨"라고 하지 않던가! 쿠르베는 자신의 작품을 사주는 후원자를 만났는데도 조금도 주눅 든 기색이 없다. 그는 하늘을 향해 치켜 올라간 턱수염을 오만방자할 정도로 강력하게 묘사해 화가가 존경받을 권리가 있는 존재임을 당당하게 표현했다. 모자를 벗으며 점잖게 인사를 건네는 측은 오히려 후원자다. 그는 자신을 지켜주는 시종과 개를 대동해야만 완성되는 존재, 즉 부자이긴 하지만 생기와 활력이라고는 별로 찾아볼 수 없는 권태로운 인간의 전형처럼 보인다.

쿠르베가 자신을 뚜렷한 그림자를 만드는 강렬한 햇빛 아래 두고

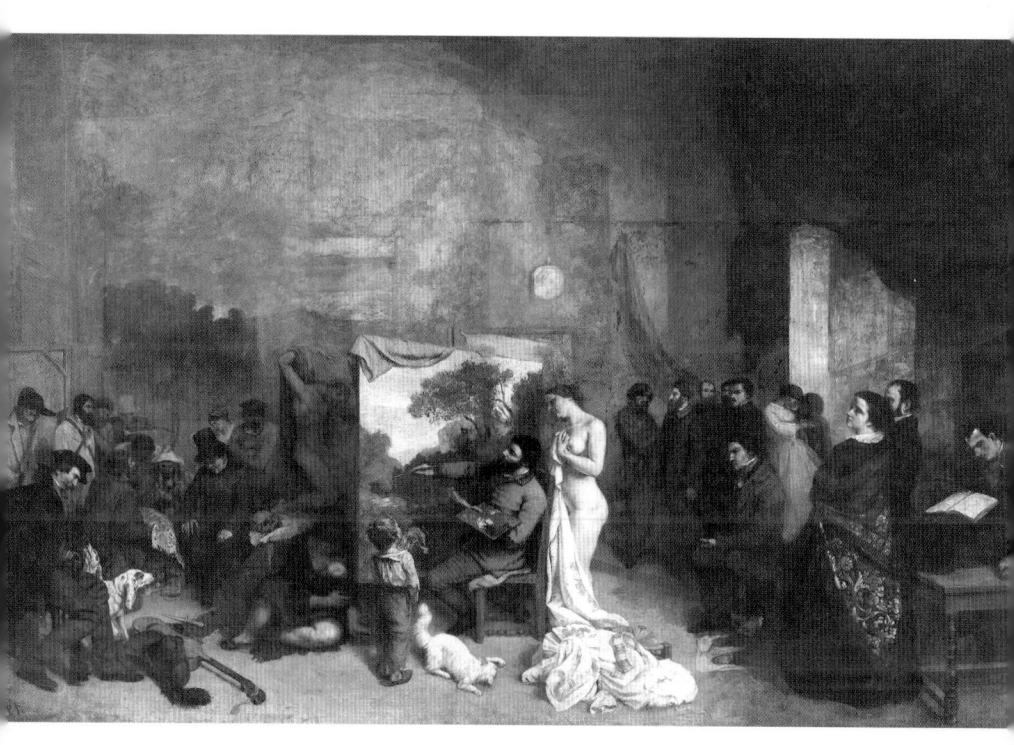

귀스타프 쿠르베, 〈화가의 아틀리에 – 내 예술 인생 7년을 종합하는 실제 우화〉
캔버스에 유채, 361×598cm, 1854~55, 파리 오르세 미술관

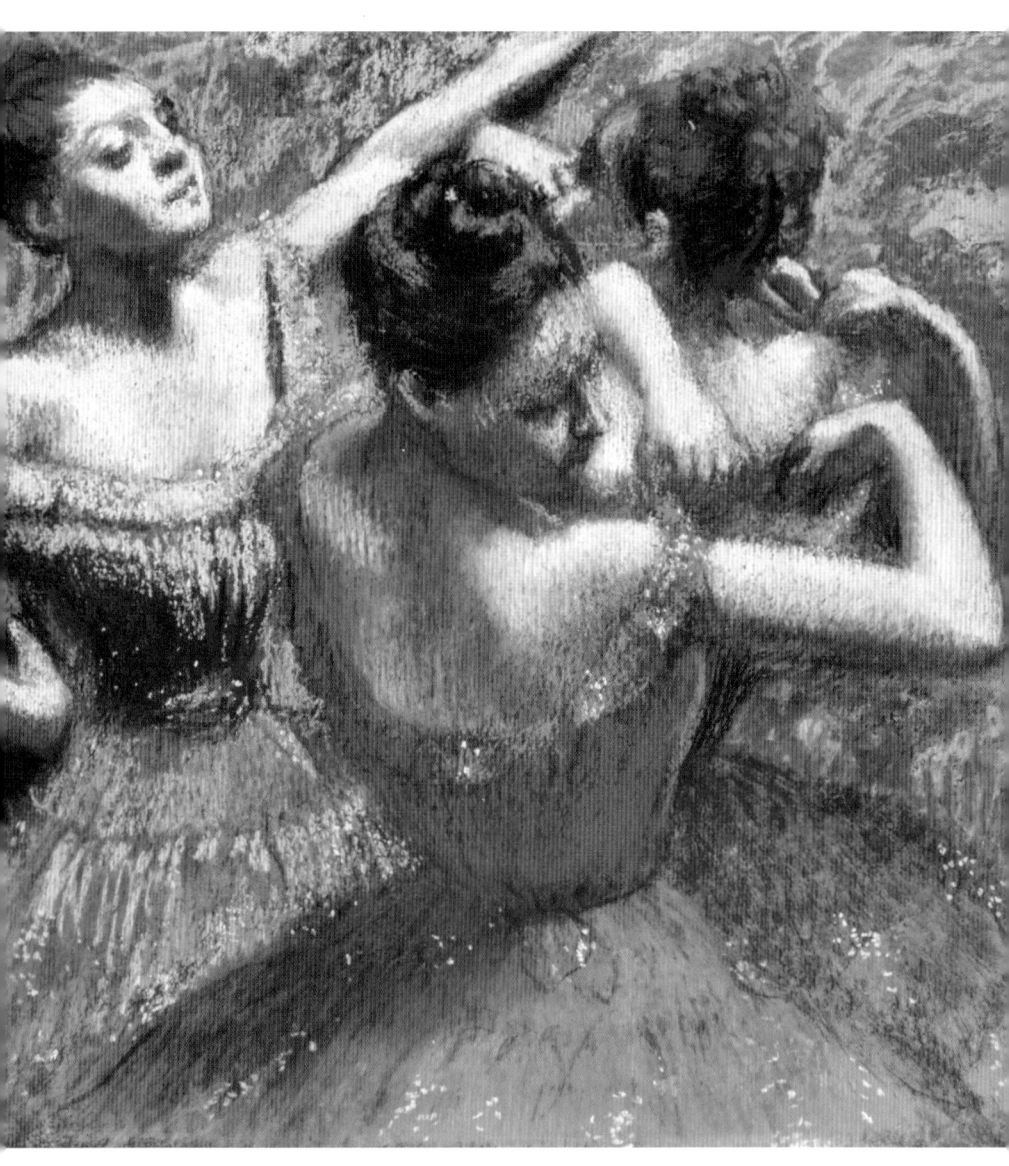

에드가르 드가, 〈댄서들〉
종이에 파스텔, 62.2×64.8cm, 1899, 스페인 톨레도 박물관

브뤼야스와 하인은 그림자 속에 묻혀버리게 배치했던 것만 보아도 알 수 있다. 실제로 쿠르베는 이 그림에 '천재에게 경의를 표하는 부富'라는 부제를 붙였다. 예술가는 돈은 없지만 천재적인 존재이고, 그러니 돈 많은 부자들이 예술가를 후원하는 것은 영광스러운 일이라고 떳떳하게 주장했다. 물론 브뤼야스는 속물적인 후원자는 아니었다. 그는 쿠르베가 살롱에 출품했다가 악평을 받은 작품들을 기꺼이 사주는 동시에 그가 파리만국박람회에서 거절당한 작품들을 가지고 개인전을 열었을 때도 돈을 대준 진정한 후견인이었다. 브뤼야스는 쿠르베의 생각을 존중했고 천재와 자본이 서로 보완될 때 사회에 기여할 수 있는 훌륭한 예술작품이 나온다는 생각을 가진 사람이었다.

에드가르 드가Edgar De Gas 역시 비타협과 비순응의 대표적인 화가다. 그는 명성을 비웃었으며 무식한 평론가들의 칭찬을 경멸했다. "사람들에게 알려지는 일, 특히 나를 이해하지도 못하는 사람들에게 알려지는 일은 일종의 수치다. 따라서 커다란 명성도 일종의 수치다"라고 말하곤 했다. 특히 부르주아들의 가식과 허영을 꼬집기를 즐겼는데 자신이 생각하는 예술의 본질적인 가치들이 공격받을 때면 맹렬히 반격했다. 예컨대 어떤 화상이 "미술은 일종의 사치"라고 말하자, 그는 "당신에게 예술은 사치일지 모르지만 우리에겐 예술이 최우선 생필품입니다"라고 말했다.

드가는 이처럼 적대적인 세상에서 자신의 길을 찾으려면 예술가도 독해져야 한다고 믿었다. 그는 화가를 약삭빠르고 무자비하며,

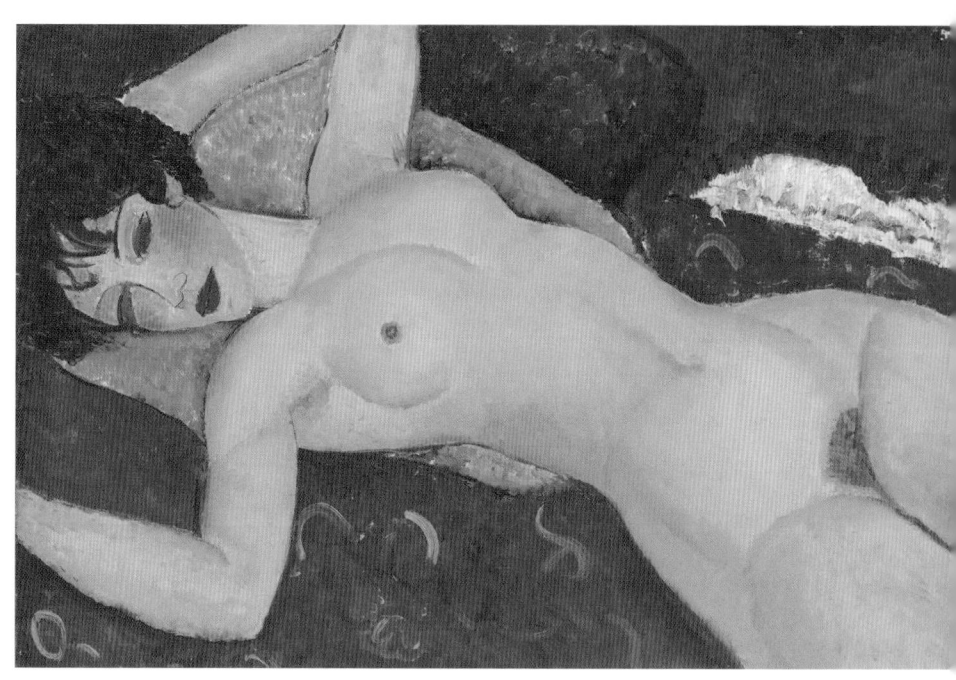

아메데오 모딜리아니, 〈누워 있는 여성〉
캔버스에 유채, 60×92cm, 1917~18, 개인 소장

철두철미한 범죄자에 비유하는 것으로 이 문제에 대한 자신의 생각을 정리했다. "회화란 마치 범죄를 계획할 때처럼 속임수와 나쁜 마음, 그리고 사악함이 필요한 일"이라고 역설적으로 말했다.

모딜리아니 역시 단 한 번도 출세를 위해서 자신의 의지를 굽힌 적이 없었다. 그는 오로지 위대한 예술가가 되는 것 이외에는 어떠한 야심도 품지 않았다. 모딜리아니의 작업실은 몽마르트르나 몽파르나스의 카페일 때가 많았다. 그는 돈이 생기면 카페에 앉아 있는 돈이 없는 친구에게 달려가 친구 발밑에서 돈을 주운 양 "이봐, 10프랑이야, 자네 의자 밑에 있었어"라고 말하며 상대를 늘 도우려 했다. 상대편은 그 돈을 나누어 가지려고 했지만 모딜리아니는 "괜찮아. 난 방금 재산이 생겼거든"이라고 응수했다.

어느 날 모딜리아니는 카페에서 술을 마시는 미국 여성의 모습을 스케치했다. 그림을 완성한 후 그녀에게 내밀자 여자의 얼굴이 의혹에서 기쁨과 감사로 바뀌었다. 모딜리아니는 그 대가로 "흑맥주 세잔"을 외쳤다. 여자는 즉시 술을 사며 돈을 줄 테니 그림에 서명을 부탁했다. 모딜리아니는 "왜 서명이 필요하죠?"라고 묻자 그녀는 "언젠가 당신이 유명해질 것 같아요"라고 답했다. 모딜리아니는 데생한 종이 가득 사인을 해버리곤 그림을 그녀의 얼굴에 뿌렸다.

또 한 번은 화상인 폴 기욤Paul Guillaume이 모딜리아니와 정식 계약을 맺기 전에 한 묶음의 데생을 아주 헐값에 흥정했다. 아주아주 싸게 말이다. 모딜리아니는 자존감이 내려갈 때까지 내려갔다고 생각했다. 그는 데생 뭉치에 구멍을 뚫고 그 구멍에 끈을 끼웠다. 그리고 화장실로 가 자신의 작품들을 변기 손잡이에 걸었다. 화상 앞으로 돌아온 그는 이렇게 말했다. "그냥 드리지요. 화장지로나 쓰쇼."

모딜리아니는 동료 화가의 제안으로 르누아르를 만나러 갔다. 늙은 르누아르는 류머티즘 관절염에 걸려 휠체어에 의존하는 신세였다. 노 화가는 두 사람에게 아틀리에에 가서 자신의 최근 누드화를 보고 오라고 일렀다. 모딜리아니는 르누아르가 묻는 말에 어떤 대답도 하지 않았다.

"피부 색깔은 어떤가?" 침묵!

"가슴의 굴곡은?" 침묵!

"그리고 엉덩이는?" 침묵!

"엉덩이를 그릴 때면 나는 마치 그것을 어루만지는 듯한 느낌이 든다오!"

이 말을 들은 모딜리아니는 갑자기 일어서더니 늙은 화가를 주시하며 심드렁하게 대답했다. "저는 엉덩이 따위는 좋아하지 않습니다." 그러곤 당황한 두 사람을 뒤로 하고 빠져 나왔다.

모딜리아니의 이런 비타협적인 처세는 그를 고독하게 만들었을 것이다. 화가로서 생존하는 데 걸림돌이 되기도 했을 것이다. 이런 태도를 가진 화가들을 요즘은 좀체 만나기 힘들다. 이런 예술가들은 이제 진짜 네안데르탈인처럼 멸종된 존재일까? 자존심과 저항의식으로 똘똘 뭉친 너무나 인간적인 예술가를 만나고 싶다.

bar그림 같은 여자 그림 보는 남자

당신의 지원군
또는 당신의 적군

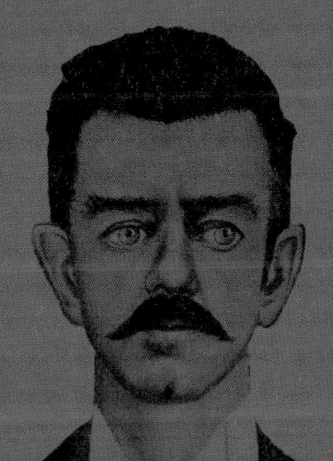

FAMILY

언제나 당신을 응원하던
가장 큰 존재

아버지와 딸,
그 어렵고도 오묘한 관계

요즘 아버지들은 딸을 원한다. 예전처럼 아들을 낳아 대를 잇는다는 것을 시대착오적인 발상이라고 생각하는 아버지들도 많다. 물론 딸 바보 아버지라고 매스컴에서 떠들어댈 때마다 곱지 않은 시선을 보내는 아버지들도 있다. 아들이 있어야 한다고 우기는 아버지들이 있다는 걸 안다.

그보다 더 심각한 건 딸 바보 아버지에 합류하고 싶은데 그게 잘 안 되는 부류다. 호들갑스럽게 애정표현을 해본 적이 없다 보니 감정표현이 어색하고 서툴다. 상냥한 대화법을 배운 적이 없다 보니 거친 말투와 태도로 서로의 심사를 망쳐버리기 일쑤다. 아버지로선 애정을 표현한 것인데 딸에겐 퉁명스럽기 그지없는 시비로 들리니

참 난감한 상황 아닌가. 역사 속의 딸 바보 아버지들은 무슨 말을 해 줄 수 있을까.

역사상 가장 최초의 딸 바보는 그리스 신화 속 제우스다. 외도를 일삼았던 제우스에게는 수많은 딸들이 있었지만 그가 가장 의지 하고 사랑했던 딸은 전쟁과 지혜의 여신인 아테나다. 사실 아테나 는 제우스가 홀로 낳은 딸이다. 고대 그리스의 서사시인 헤시오도 스Hēsiodos에 따르면 제우스의 첫 배우자는 헤라가 아니라 메티스였 다. 티탄 족 출신의 메티스는 대양을 지키는 여신으로 그 지혜가 널 리 알려져 있었다. 제우스가 메티스와 결혼하자 제우스의 할머니 가 이아는 제우스가 그의 아버지 크로노스와 할아버지인 우라노스와 마찬가지로 자신의 아들에 의해 왕위에서 쫓겨날 것이라고 예언한 다. 그러자 제우스는 임신한 메티스를 작게 만들어 삼켜 버렸다.

해산이 가까워졌는지 제우스는 머리가 터질 것 같은 극심한 진통 에 시달린다. 이때 아이로니컬하게도 헤라가 혼자 낳은 아들인 대장 장이 신 헤파이스토스가 달려온다. 헤파이스토스가 도끼로 단박에 제우스의 머리를 쪼개니 금빛 갑옷을 입고 날카로운 창을 들고 괴 성을 지르며 아테나가 태어났다. 흥미로운 것은 제우스가 혼자 낳은 딸과 헤라가 혼자 낳은 아들을 비교해보는 일 아닐까. 아테나 대 헤 파이스토스라니! 아무래도 남자가 혼자 낳은 딸이 압도적으로 능력 이 넘친다. 때론 신화적 상상력조차 가부장적이다.

제우스는 본의 아니게 혼자서 딸을 낳았지만, 아이가 너무 사랑스러웠다. 자기를 쏙 빼닮았기 때문이다. 순식간에 딸 바보가 된 제우스는 자신을 상징하는 천둥과 방패를 아테나에게 맡길 정도로 신뢰했다. 아버지의 사랑을 듬뿍 받은 아테나는 인간 영웅들의 친구이자 보호자를 자청한다. 아테나는 페르세우스와 이아손과 아킬레우스와 오디세우스와 같은 영웅들에게 충고를 해주고 돌봐주고 지켜주고 전쟁에서 이기게 해준다. 요즘 말로 치면 주로 멋지고 잘생긴, 게다가 자기 말을 잘 듣는 인간 오빠들과 친한 셈이다. 더욱 중요한 사실은 이 딸 바보 아버지들의 딸들은 대부분 결혼하지 않은 채 처녀로 살았다. 모든 아버지들의 무의식에는 딸을 수녀로 만들고 싶은 심정이 숨어 있다. 어찌 수컷의 본능을 가진 놈들에게 귀하디귀한 내 딸을 맡긴단 말인가?

이처럼 아테나가 제우스의 딸임을 보여주는 두 가지 사건이 있다. 하나는 서양문학사에서 제일 처음 등장하는 재판인 〈오레스테스 사건〉이다. 오레스테스는 아버지 아가멤논을 살해한 어머니 클리타임네스트라에게 복수하기 위해 어머니를 죽인다. 아폴론이 오레스테스를 변론하여 주장하기를 어머니란 단지 아버지가 뿌린 씨앗을 키우는 역할에 불과하며 남성은 여성보다 뛰어나다고 말한다. 그리고 그 증거로 여성의 몸을 빌리지 않고 제우스의 머리에서 나온 아테나의 탄생을 들었다. 아테나 역시 이복동생인 아폴론 편을 들어 오레스테스를 자유의 몸이 되게 도와 어머니와의 연대감보다는 가부장제의 원리를 지키는 것이 훨씬 중요하다는 판결을 이끌었다.

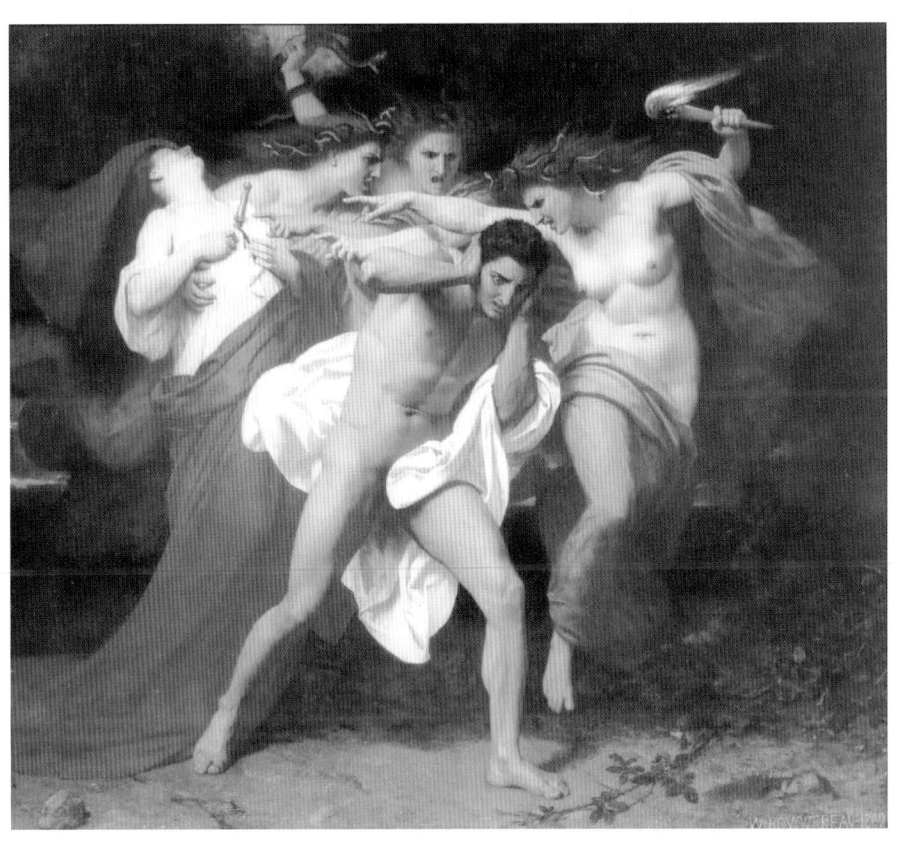

윌리엄 아돌프 부그로William-Adolphe Bouguereau, 〈오레스테스의 자책〉
캔버스에 유채, 227×278cm, 1862, 버지니아 노퍽 크라이슬러 컬렉션

여성들의 사회활동이 보편화된 시대의 딸들에게는 아버지가 추구하는 세계가 중요하다. 사실 딸들에게는 아버지와의 관계가 모든 남성관계의 출발점이다. 아버지로 대변되는 세계는 삶을 구획 짓고 정돈해주는 질서 체계, 문자와 기호의 세계, 합리적 언어소통의 세계다. 아버지의 세계는 권위와 위엄, 법과 질서, 정신과 지성의 세계다. 이런 아버지를 동경하고 존경하게 되면 사회생활에 자신감이 넘치고 두려움이 없다. 아버지를 통해 배운 소통방식이 여전히 가부장적인 남성중심 사회인 이 세상에 잘 적응하게 하는 것이다. 통상 의지와 이성을 중요하게 여기는 아버지의 영향을 받은 딸들은 법과 질서를 잘 지키며 신뢰할 만한 인물로 자랄 가능성이 높다. 따라서 긍정적이고 성공적인 아버지를 보고 자란 딸들은 여장부다운 면모로 사회에서 성공할 가능성이 농후하다.

근대 이전 여성이 아버지의 영향을 받으며 사회에서 인정받는 인물이 된다는 것은 드물었다. 현대 이전 서양미술사에서 여성이 화가가 된다는 것은 아버지가 화가일 경우가 대부분이다. 그녀들은 아버지 밑에서 강도 높은 훈련을 받으며 실력을 키웠다. 아버지들 입장에서도 가업을 물려줄 아들이 없거나 딸이 아들보다 훨씬 더 재능을 보일 때 딸을 화가로 키우곤 했다. 이런 딸들은 때론 아버지와 대적했고 때론 아버지를 넘어서는 경우도 있었다.

17세기 밀라노 공국의 아르테미시아 젠틸레스키Artemisia Gentileschi는 카라바조Cara vaggio의 친구인 오라치오 젠틸레스키Orazio Gentileschi라

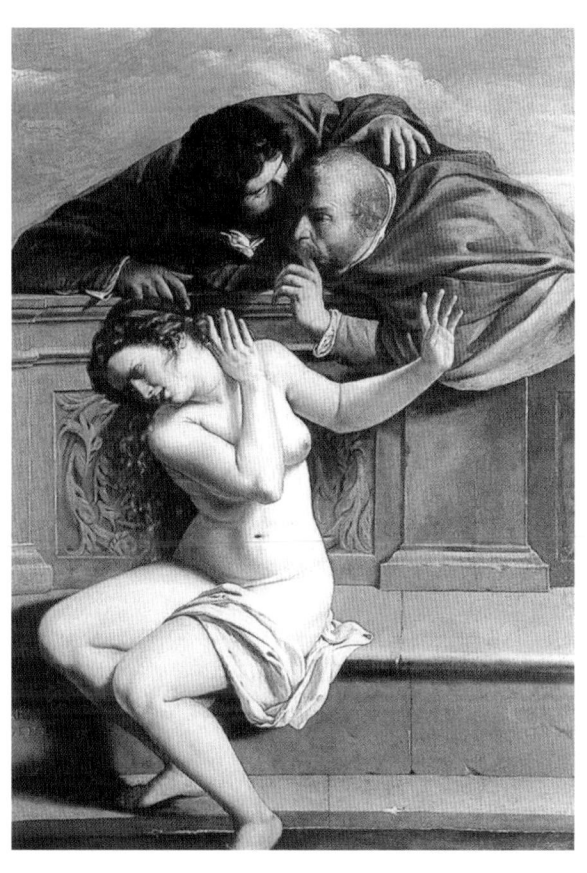

아르테미시아 젠틸레스키, 〈수산나와 두 노인〉
캔버스에 유채, 170×121cm, 1593, 폼메르스펠덴 쇤보른 컬렉션

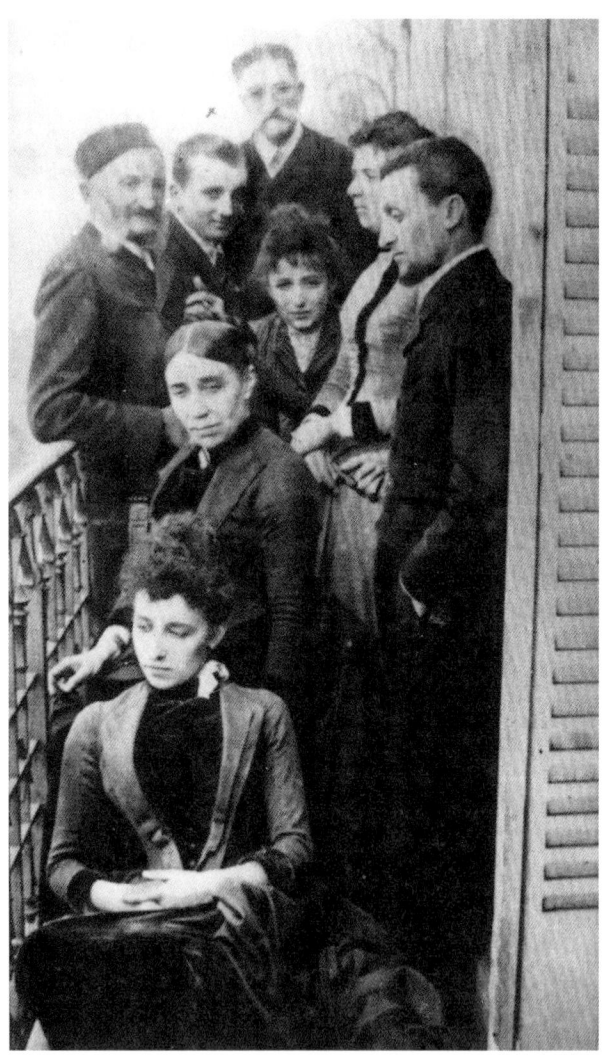

카미유 클로델의 가족사진. 왼쪽에 모자를 쓴 사람이 클로델의 아버지고,
뒤편 남성들 사이에 서 있는 여성이 클로델이다.

는 당대 유명 화가의 딸이었다. 그녀는 아버지의 모델을 서는 동시에 작업을 함께 협업하는 화가로도 활동하며 아버지와 갈등했지만 미술사에 빛나는 걸작을 내놓았다. 그런 아르테미시아는 아버지의 친구이자 화가였던 타시에게 강간을 당해 쫓기듯 피렌체로 이주할 수밖에 없었다. 하지만 그녀는 능력을 인정받아 메디치 가문의 도움으로 여성 화가에게 개방되지 않았던 피렌체의 길드 대학에 최초로 가입해 활동할 수 있었고 코시모 메디치Cosimo di Giovanni de' Medici로부터 아버지를 넘어섰다는 평가를 받았다.

20세기에 들어와 미술계를 다채롭게 만든 여성 화가들은 대부분 아버지와 사이가 좋았다. 카미유 클로델Camille Claudel은 아버지의 사랑을 듬뿍 받은 조각가였다. 첫 아들을 잃고 늦게 얻은 딸에게 아버지는 언제나 넉넉한 지원군이었다. 아버지가 돌아가시자 클로델과 사이가 나빴던 어머니는 그녀를 정신병원으로 보낸다. 결국 그녀는 삼십 년 동안의 수용소 생활에서 한 점의 작품도 만들지 못하고 유명을 달리했다.

거미 조각으로 유명한 루이즈 부르주아Louise Bourgeois 역시 아버지의 영향을 많이 받은 작가다. 부르주아는 아버지에 대한 혐오가 작품의 근간이 되었다고 말했지만 유년 시절 그녀는 아버지의 사랑과 관심을 듬뿍 받았던 아이였다. 그런 아버지가 가정교사를 비롯한 여러 여자와 불륜을 저지르는 일은 사랑을 독차지하고 싶은 그녀의 마음에 생채기를 냈다.

멕시코의 여걸 프리다 칼로 역시 아마추어 사진작가였던 아버지와 무척 친했다. 냉담하고 정이 없었던 아내와 살던, 칼로의 아버지는 자신의 사랑을 딸에게 쏟아붓는다. 칼로는 시와 예술을 사랑했던 아버지와 연관된 물건들, 즉 시집을 비롯한 수많은 책, 카메라, 렌즈, 인화 작업실 등으로 이루어진 아버지의 세계를 동경했다. 그녀가 멕시코의 유명 화가 디에고 리베라라는 나이 많은 남자의 세 번째 부인이 된 것은 아버지와 사이가 좋은 여성들이 곧잘 저지르는 사랑의 형태다. 즉 아버지랑 친하다 보면 나이 든 남자를 사랑하는 데 주저함이 없는 경우가 많다.

이처럼 아버지에 대한 무한 신뢰는 세상을 견딜 만하고 정의로운 곳이라는 생각을 갖게 한다. 많은 여성 화가들의 유년 시절을 보면 아버지와의 아름다운 추억으로 점철된 경우가 많다. 어쩌면 아버지는 딸들에게 이상적 세계라는 학교에 입문하는 지름길을 알려주는 메신저이자 멘토가 아닐까.

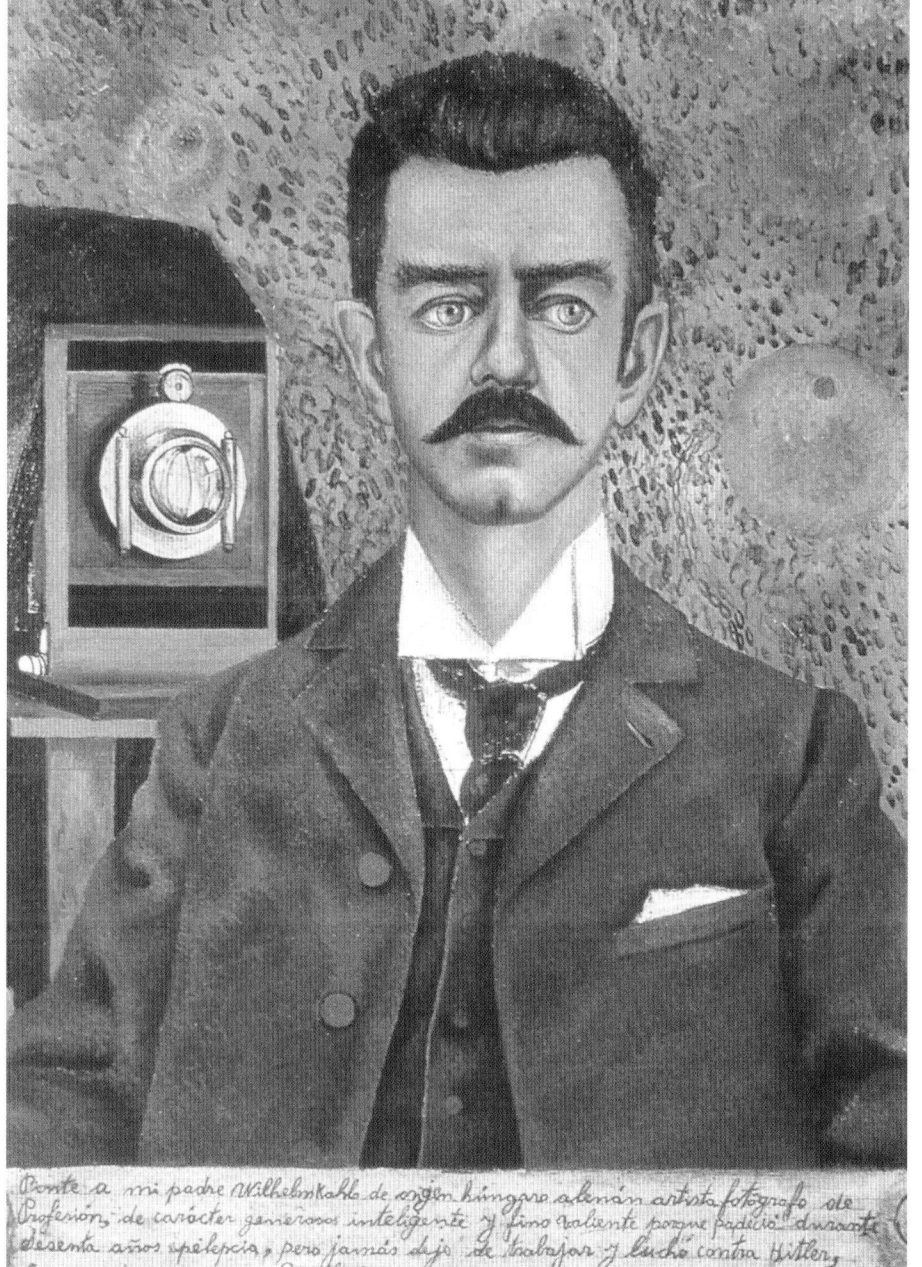

프리다 칼로, 〈나의 아버지〉
목판에 유채, 60.5×46.5cm, 1951, 멕시코시티 프리다 칼로 박물관

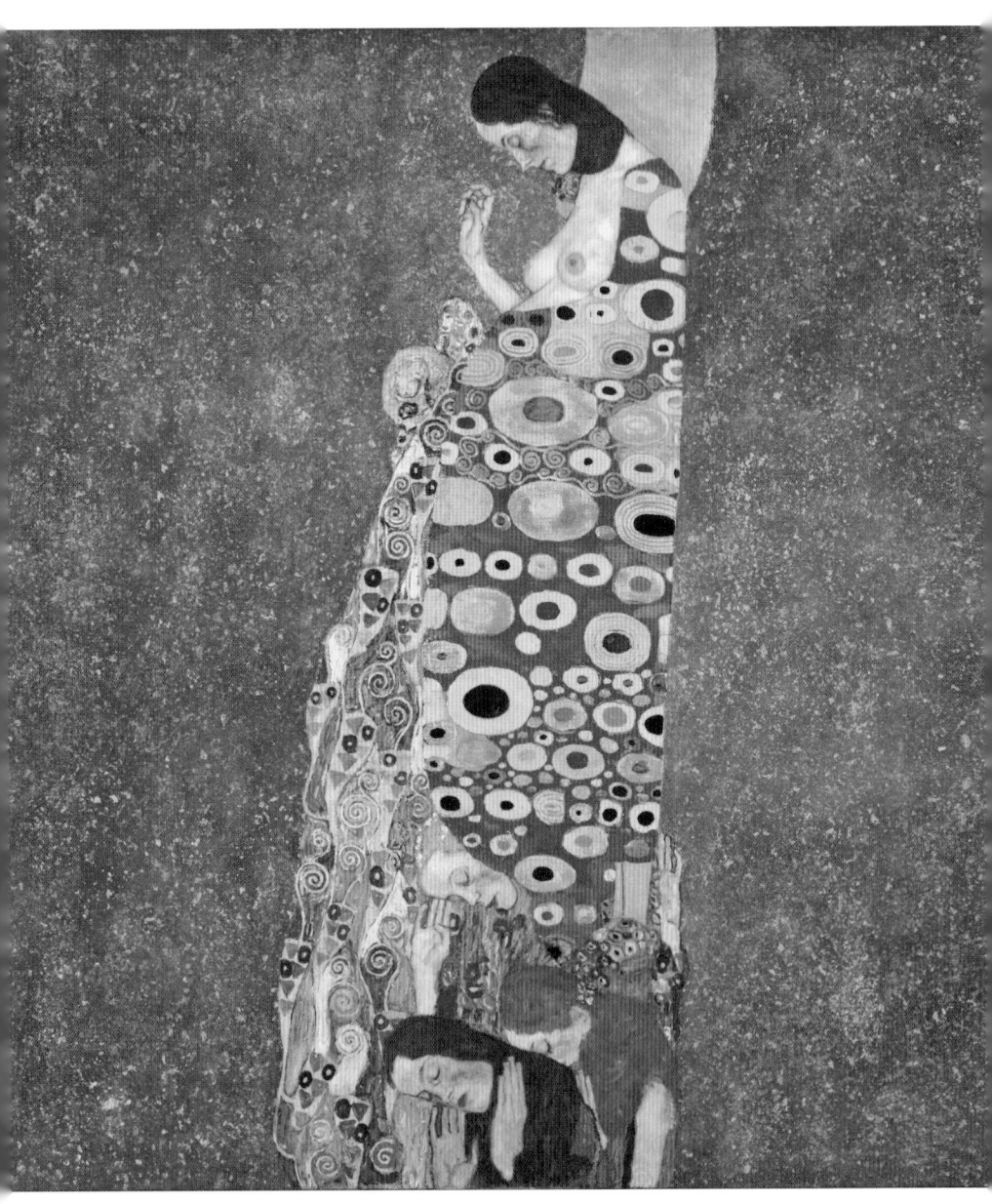

구스타프 클림트, 〈희망 2〉
캔버스에 유채, 110×110cm, 1907~08, 뉴욕 메트로폴리탄 박물관

큰 나무 아래서
다른 나무는 자라지 못한다

나는 내 아이가 힘들다

많은 예술가들은 아버지와 싸웠다. 카를 구스타프 융의 개념으로 치면 자기보다 '큰 아버지great father'를 둔 덕에 예술의 기본 모토에 해당하는 저항과 거부를 실현할 수 있는 예술가로서의 기회를 얻기도 했다. 그렇다면 반대로 자기 자식들과는 어땠을까? 대부분 예술가의 자식 농사는 형편없었다. 오귀스트 로댕Auguste Rodin, 파블로 피카소의 자식들은 무능력자인 금치산자禁治産者나 다름없었으며 미켈란젤로 부오나로티, 보티첼리, 레오나르도 다빈치, 카라바조, 에드바르 뭉크, 프랜시스 베이컨 등 수많은 예술가들은 독신으로 살거나 동성애자였기에 아이를 낳지 않았다. 렘브란트는 모든 자식의 죽음을 경험해야 했고, 라파엘로나 반 고흐, 에곤 실레

FAMILY

163

_{Egon Schiele} 등은 요절했다. 예술가의 자녀들 중에서 아버지를 압도할

만한 인물은 나오지 않았다. 대_大 피터르 브뤼헐_{Pieter Brueghel}과 소_小 피

터르 브뤼헐처럼 자식에게 직업을 물려주는 경우가 대표적인 성공

사례라고 할 수 있다. 도제 시스템이 없어진 후에는 피에르 오귀스

트 르누아르가 그나마 아들을 잘 키운 모범적인 가장에 속한다. 르

누아르가 피카소나 마르셀 뒤샹_{Marcel Duchamp} 같은 성격이 아니었기

에 가능했던 일일까? 미술사 거장들의 자식 농사의 내막을 살펴보자.

오귀스트 로댕은 숱한 여자를 만났고 사랑했지만 정작 자식은 아

들 하나밖에 없었다. 로댕은 젊은 시절 재봉사인 로즈 뵈레를 만났

다. 둘은 화가와 모델로 만났는데 로댕의 〈젊은 여인의 초상〉이라는

작품이 끝난 후 둘은 연인으로 발전했다. 그러나 결혼을 원하는 뵈

레와 달리 로댕은 "예술가에게 결혼은 독이다"라는 핑계로 결혼을

하지 않았다.

심지어 뵈레가 아들을 낳았을 때도 가족들에게나 겨우 알릴 뿐, 결

혼은 꿈도 꾸지 않았다. 초등학교에 입학한 아들은 공부에 소질이

없었다. 그렇다고 그림에 소질이 있는 것은 더욱 아니었다. 로댕은

술주정뱅이에다 무능하기 짝이 없는 아들을 못마땅해하면서 혀를

끌끌 찼고 아들에게 자신의 성을 주지 않았다. 그 아들은 평생 뵈레

의 성으로 살아야만 했다. 그만큼 로댕은 자신의 아들을 아들로 인

정하지 않았다. 조강지처를 넘어 투명인간처럼 자신에게 헌신을 다

한 뵈레가 독감으로 세상을 떠나기 2주 전에 간신히 결혼식을 올렸

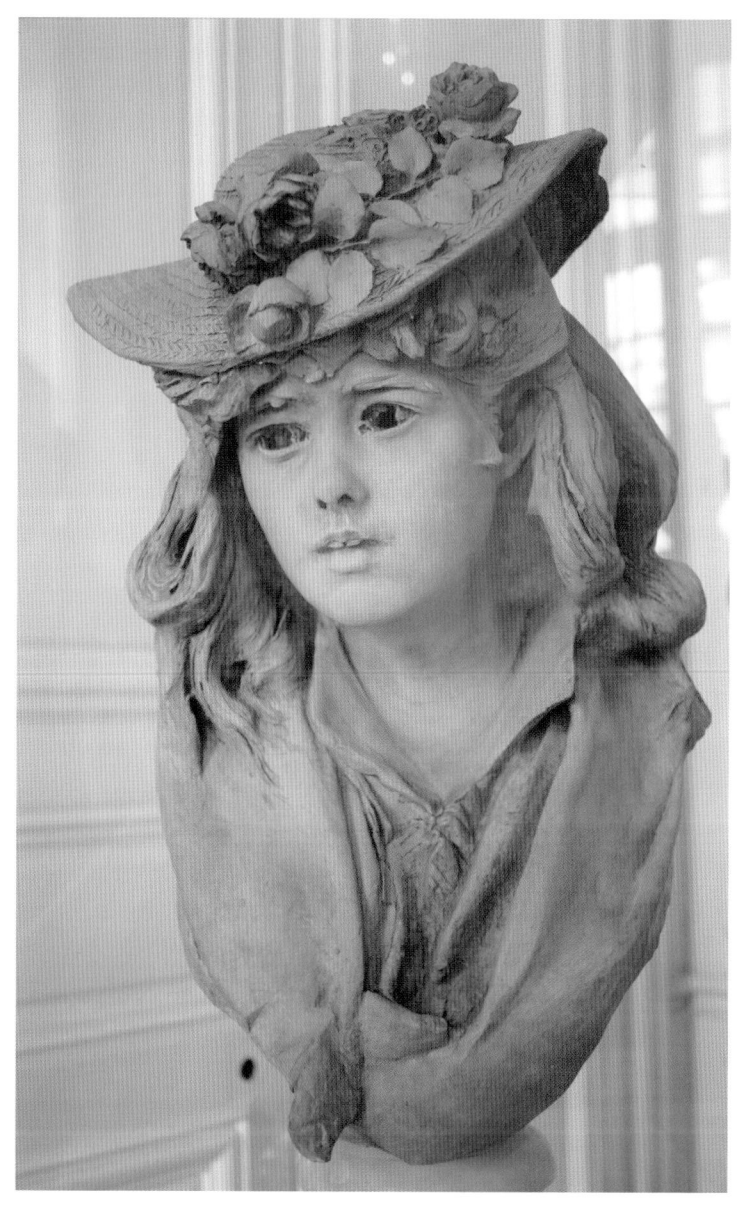

오귀스트 로댕, 〈젊은 여인의 초상〉
테라코타, 1865, 파리 로댕 박물관

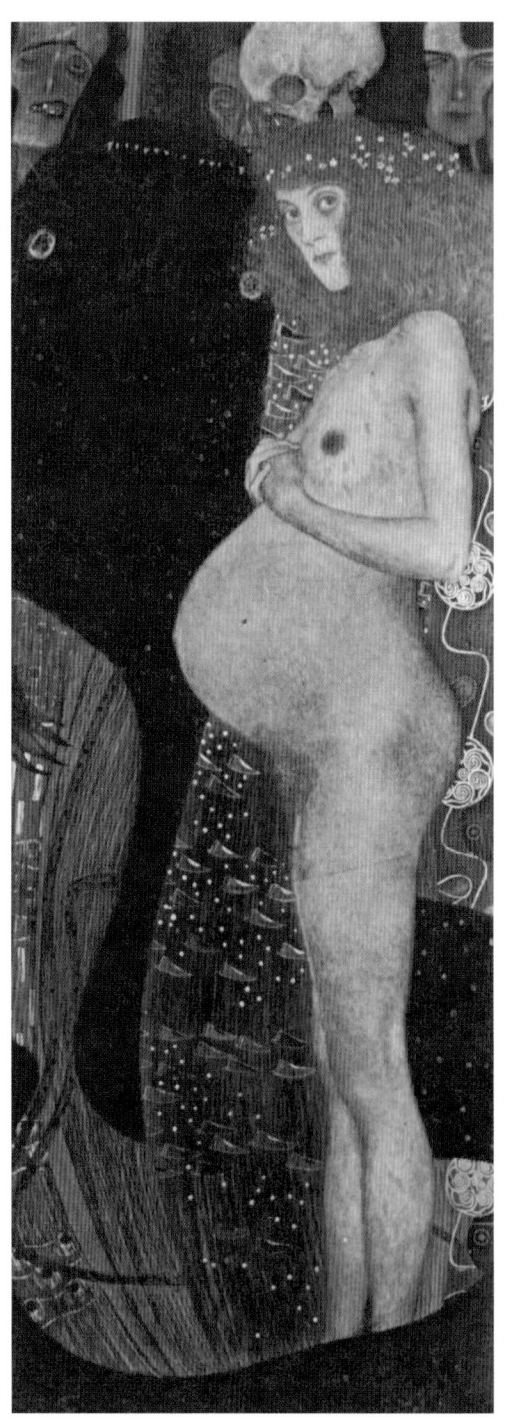

구스타프 클림트, 〈희망 1〉
캔버스에 유채, 189×67cm, 1903, 오타와 국립미술관

다. 동거 오십이 년만의 일이었다. 로댕 역시 아홉 달 후 사망했다.

평생 독신으로 어머니와 누이동생과 함께 살았던 구스타프 클림트Gustav Klimt는 여러 모델과 정을 통하며 아이를 여럿 낳은 것으로 유명하다. 당시 클림트의 여성 편력, 특히 모델들과 정을 통한다는 사실은 공공연한 비밀이 되었다. 사실 그림 속 모델들의 표정과 포즈 그리고 분위기는 엄격하고 딱딱한 아틀리에에서 쉽게 나올 수 있는 종류의 것들은 아니다. 여기에는 클림트만의 자유로움과 퇴폐미, 에로티시즘과 향락의 분위기가 존재했음을 추측케 하는 무엇인가가 있다. 이런 진한 관능의 분위기는 클림트의 모델로만 활동하지 않았고 그 이상이었다는 사실을 말해준다.

실제로 모델과 가장 친밀해지는 방법으로 당시 화가와 모델의 육체적 접촉은 자연스러운 것이었다. 모델들은 클림트와 정을 통하고 아이를 낳으면서 단순한 포즈를 넘어선 기묘한 동작을 자연스럽게 취해주었다. 이런 모델들에게 클림트는 금전적으로 인색한 적이 없었으며 늘 어떤 식으로든 돕고 싶어했다. 그러한 사실은 그의 인간미를 칭송하는 대목이기도 하다. 경제적 곤경을 모면해주는 대가로 모델들은 아마 그에게 최선을 다해 '관능'을 자아내는 모델 노릇을 해주었을 것이다.

1918년 클림트가 세상을 뜬 후, 사생아를 낳았던 여성들이 제기한 생계부양비지급 청구소송이 스무 건이나 되고 이 가운데 네 건이 받아들여졌다. 특히 모델 중 가구 제작자의 딸인 열아홉의 미치 짐머

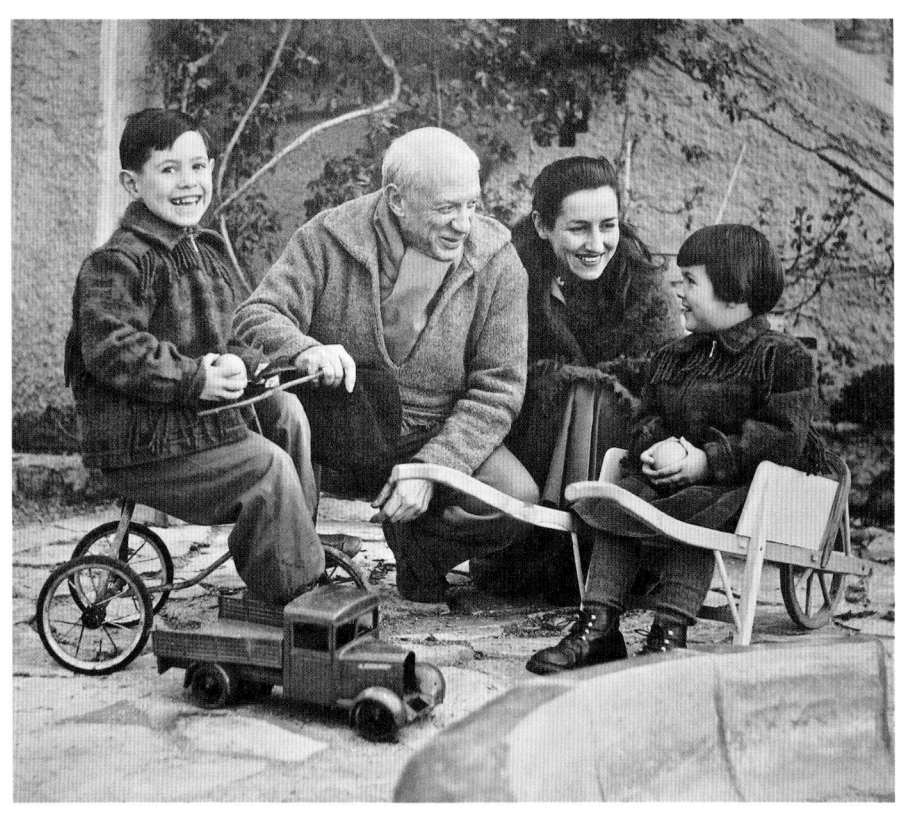

피카소와 질로, 그리고 그들의 아이인 클로드와 팔로마.

만은 서른여섯의 클림트와 사랑에 빠진다. 그녀는 구스타프와 오토, 두 아들을 낳았는데 둘째 아이를 임신했을 때 〈희망 1〉의 모델이 되기도 했다. 아이들은 당연히 여자의 성을 따랐고 클림트는 가끔씩 그들을 찾아갔다. 그녀와 클림트는 십 년쯤 소원하게 지내다 클림트가 갑작스럽게 사망하기 사 년 전 짐머만은 클림트 작업실 근처로 이사를 왔다. 사람들의 눈을 의식한 클림트는 작업실을 다시 옮겨버렸고 이 때문에 두 사람 사이도 결국 끝났다. 이처럼 클림트와 모델 사이의 아이들은 소송에서 자녀로 인정되었다 하더라도 빈민층의 아이로 자라났을 가능성이 크다.

파블로 피카소 역시 끊임없이 연애하고, 동거하고, 결혼했던 것에 비하면 자식이 없는 편이다. 공식적으로 그는 일곱 명의 여성과 살았는데 그중 세 명의 여성에게서 네 명의 자식을 낳았다. 피카소는 말년에 자식들 문제로 괴로워했지만 그런대로 안정된 생활을 유지했다. 그럴 수 있었던 것은 마지막 사랑인 자클린 덕분이었다. 아흔 살의 피카소는 여전히 화가로 활동하며 여러 모델을 그리는 한편 마지막으로 가족의 사랑을 담은 몇 점의 그림을 제작했다. 〈모성〉도 그중 하나다. 피카소는 그 이전부터 틈틈이 어린 자식들의 모습을 화폭에 담았다.

하지만 피카소는 못난 자식들 때문에 괴로워했고 자상한 아버지 노릇을 못한 점이 마음에 걸렸으나 그림 속에서만은 애정을 표출했다. 사실 자식이 아니더라도 아이 자체는 그가 늘 사랑한 대상 중의 하나였다. 개나 고양이, 생쥐, 거북이, 앵무새 같은 모든 동물을 사랑하듯 말이다. 피카소는 아이들에게 예술적 영감과 상상력을 제공받는 경우에나 좋아했지 그 아이가 자신을 방해하거나 징징거리면 금세 싫증을 냈다. 그런 피카소의 아이들이 평범하게 잘 자랐을 리 만무하다. 피카소의 맏아들 파울로는 평생 직업도 야심도 없이 아버지의 운전사로 살다가 결국 알코올중독자로 전락했다. 이처럼 피카소의 자식들은 대체로 명민하지 못했고 무능했으며 아버지 사후에 챙길 막대한 상속에만 관심을 보였다.

피카소를 먼저 차버린 유일한 여인 프랑수아 질로는 1965년《피카소와 함께한 삶》이란 책을 출간한다. 그녀는 이 책을 통해 피카소와 살았던 십 년 동안의 고통을 냉정하게 피력했다. 특히 질로는 피카소의 파렴치한 애정 행각을 적나라하게 드러냈다. 화가 난 피카소가 이 책이 사생활을 침해한다며 판매금지처분 신청을 냈으나 기각된다. 결국 그 불똥은 질로가 낳은 아이들인 클로드와 팔로마에게 튀었다. 그들은 더 이상 아버지 집에서 휴가를 보낼 수 없었다. 더불어 마리 테레즈가 낳은 마야까지도 아버지 얼굴을 볼 수 없게 되었다. 1966년 클로드가 아버지를 상대로 상속권 소송을 제기하자 자식들과의 갈등의 골은 더욱 깊어갔다.

언젠가 피카소는 자신의 단골 이발사이며 친구로 마지막 순간까지 친했던 아리아스에게 말했다.

"자네는 행복한 사람이야. 자네 아이들은 직업을 가져 열심히 일

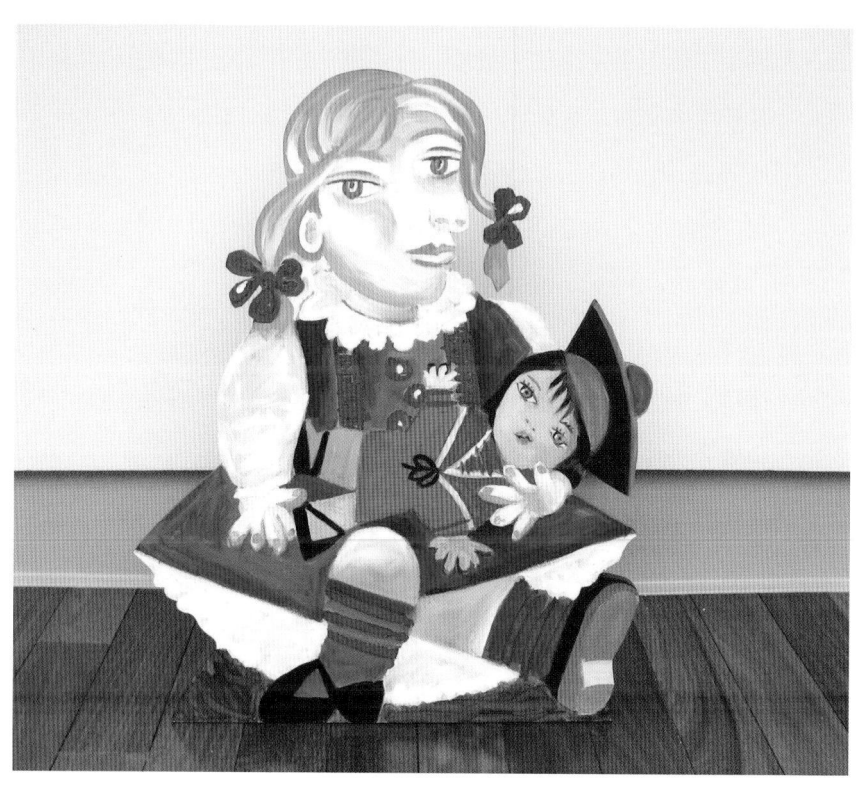

파블로 피카소, 〈인형을 가지고 놀고 있는 마야〉
캔버스에 유채, 33×57.1cm, 1938(2007년 도난 후 되찾음), 파리 피카소 박물관

하고 자네를 사랑하지 않나. 내 자식들은 무위도식하며 기껏 한다는 짓이라고는 나를 상대로 소송을 걸기나 해."

피카소가 자식들과의 단절로 괴로워하며 폭음하자 자클린은 남편의 건강을 염려해 장남 파울로를 제외한 다른 자식들의 집안 출입을 엄격히 차단했다. 또한 그녀는 마리 테레즈의 뜬금없는 방문과 전화에 화가 나 삼십 년 동안 지급하던 수당을 중지하라고 피카소에게 요구했다.

그때 또 피카소는 아리아스에게 "이렇게 되면 어떻게 해? 자클린이 영영 날 용서하지 않으려나 봐"라며 눈치를 보곤 했다. 그렇게 기세등등하던 피카소도 늙어감에 따라 쉰 살 넘게 차이 나는 젊은 아내의 주장과 발언을 당해낼 재간이 없었던 모양이다.

피카소의 장례식은 4월임에도 눈보라가 쳤다. 장남 파울로만 장례식에 초대받았고 피카소의 다른 세 자녀인 마야, 클로드와 팔로마, 그리고 손녀 마리나와 손자 파블리토는 장례식장에 들어갈 수 없어 근처 언덕 위 먼발치에서 장례식을 지켜보아야만 했다. 후에 피카소의 손녀 마리나는 자신의 비참한 유년 시절이 모두 할아버지 탓이라고 비난하는 책을 출간하기도 했다. 그리고 그의 손자인 파블리토는 독극물을 마시고 자살했다.

이처럼 예술가의 자식들은 강한 아버지 때문에 정상적이고 건강한 인간으로 성장하기 힘들었다. 그런 의미에서 "예술가의 가장 위대한 자녀는 예술작품이다." 정말 그렇다.

다시
아이를 키운다면

애정결핍의 주범
어머니

인간이 해소하지 못하는 가장 큰 마음의 병은 애
정결핍이다. 모든 애정결핍 중에서도 가장 근원적인 것은 모성애의
결핍이다. 그리고 이 모성애의 결핍은 범죄와 정신질환에 가장 크고
중요한 원인을 제공한다. 불우했던 유년 시절의 외상에는 일찍 사망
한 어머니, 가출한 어머니, 부모의 불화와 이혼 등 어떤 식으로든 어
머니의 배신과 결별이 관련되어 있다. 어머니의 부재를 경험한 예술
가들 역시 모성결핍을 작품 속에 드러내곤 했다.

　서양미술사의 오랜 주제 중 하나가 〈성 모자상〉이다. 세계의 유수
한 미술관에 가면 성 모자상이 넘쳐난다. 너무 흔해서 아무 생각 없
이 건성건성 지나칠 때가 많다. 어머니와의 관계의 가장 이상적인

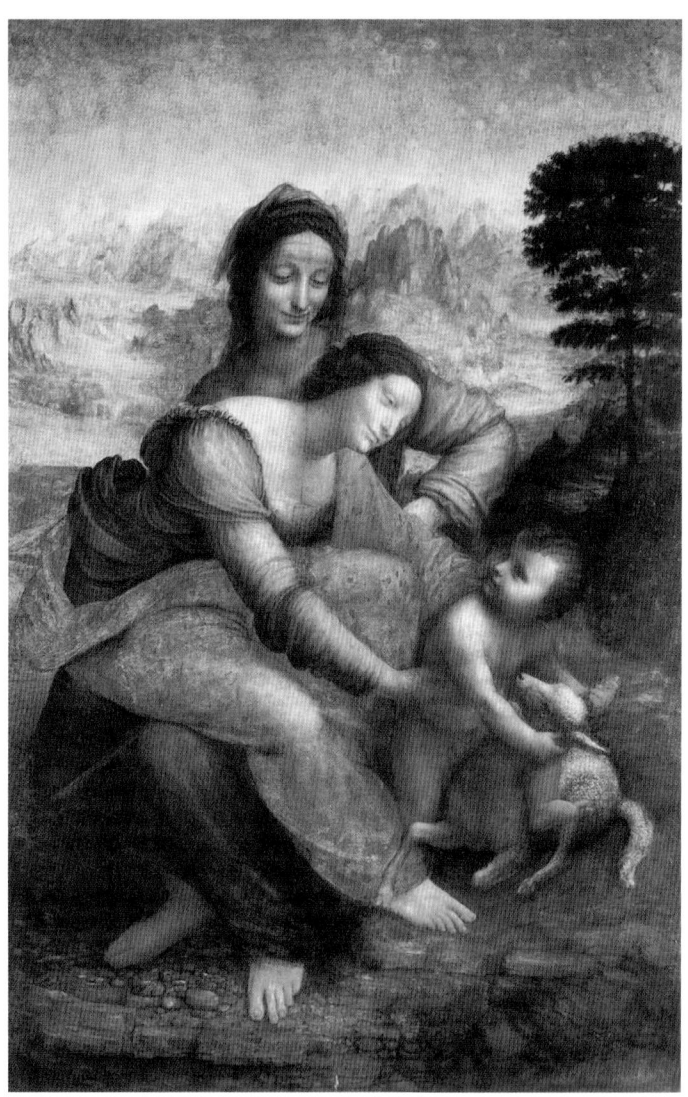

레오나르도 다빈치, 〈성 안나와 성 모자〉
목판에 유채, 168×112cm, 1508~12, 파리 루브르 박물관

패러다임을 보여주는 이 도상이 더 이상 눈길을 끌지 못하는 까닭은 무엇일까? 아마도 성스러운 부모와 자녀 관계이자 세상에서 가장 값지고 헌신적인 사랑이라는 궤변rhetoric이 이미 클리셰Cliche, 진부하고 상투적인 표현로 전락했기 때문일 것이다.

그런데 이 그림들이 모두 화가 자신과 어머니와의 관계를 드러낸 것이라고 생각하면 어느 순간 그림이 아주 흥미롭게 다가온다. 화가는 어떤 식으로든 그림에 희생적이고 자애로운 어머니를 가지고 싶다는 자신의 마음을 반영한다. 무염시태無染始胎의 성모마리아! 그건 영락없이 화가의 무의식 속에 남아 있는 영원한 모성을 드러낸다.

바로 이러한 집단무의식을 표현한 미술사의 걸작이 레오나르도 다빈치의 〈성 안나와 성 모자〉다. 다빈치는 공증인과 시골 소녀 사이의 사생아로 태어났고 아버지는 그가 태어날 무렵에 이미 다른 여자랑 결혼했다. 유년 시절을 친모와 외조부모와 함께 보내던 그는 친어머니가 결혼을 할 무렵인 네 살경 친부에게 돌아간다. 다빈치는 어린 나이에 계모와 계부를 동시에 맞이하게 된 셈이다. 그리고 연이어 계모들의 죽음이 있었다. 다빈치는 계모가 네 번쯤 바뀌었지만 그들과도 그럭저럭 잘 지냈다. 그래서인지 다빈치는 이 작품에서 계모와 친모를 결합시켰다. 할머니인 성 안나는 생물학적 어머니, 성모마리아는 계모의 모습으로 표현했다.

여기서 중요한 사실은 성모마리아의 치맛자락에 독수리 형상을 그려 넣었다는 점이다. 다빈치는 이집트의 모성신이자 독수리 모습인 무트Mut, 독일어로 Mutter, 즉 mother라는 신에 대해 잘 알고 있었고 이를 그림에 적극적으로 표현했다. 이유인즉슨 무트 신은 수컷에 의해서가 아니라 바람에 의해 수태를 하며 대개 그 자신이 남성의 성기를 가지고 있기 때문이다. 그러니까 다빈치는 처녀생식을 하는 모성신에 대한 환상을 꾸며낼 수 있었고 이런 환상을 통해서 자신을 나중에는 받아들였지만 어렸을 때 버렸던 미운 아버지를 제거한 셈이다.

또 다른 성 모자상을 자세히 들여다 보면 자애로운 어머니의 모습만 존재하는 것은 아니다. 다시 말해 누군가에겐 어머니가 두렵고 불안한 존재이고 묘연하게도 파악이 되지 않는 알 수 없는 여자이며 자식을 돌보지 않고 내팽개치는 파렴치한 인간일 수도 있다.

베네치아 지역의 르네상스 전성기에 활동한 화가 조반니 벨리니 Giovanni Bellini 는 성 모자상을 가장 많이 그린 화가 중 하나다. 그는 왜 그렇게 성 모자상에 집착했던 것일까? 먼저 그의 성 모자상은 피렌체 르네상스의 날카로운 감수성과 딱딱한 형태감과는 달리 베네치아화파 특유의 빛에 대한 부드럽고 섬세한 색채 감각이 돋보인다. 성모마리아는 더욱 유려하고 아름다워진 느낌인데 그게 다가 아니다. 성모마리아가 앞에 앉아 있어 신비스럽고 몽환적인 분위기를 지닌다.

벨리니의 전기를 보면 그는 가족과 떨어져 지냈으며 어머니의 유언에도 그의 이름이 빠져 있었다고 한다. 이는 학자들로 하여금 벨리니의 어머니가 생모가 아닌 계모였을 가능성을 추측하게 한다. 그

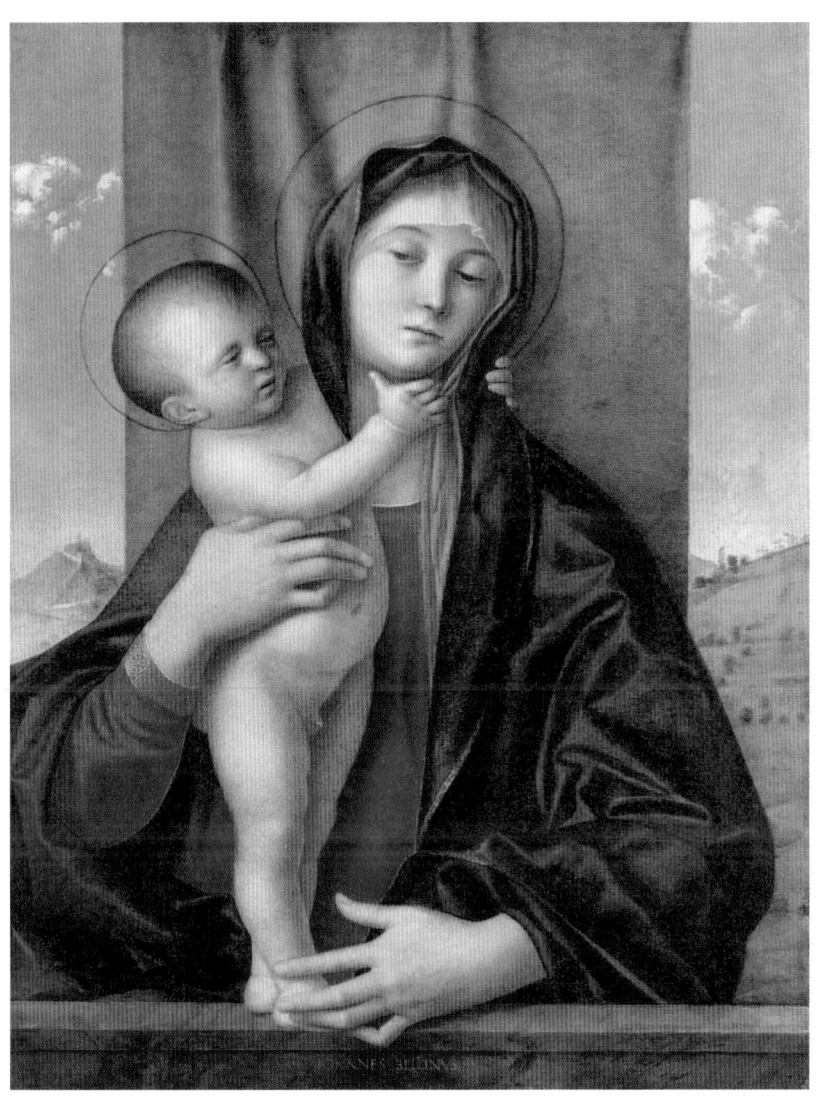

조반니 벨리니, 〈성 모자와 예수〉

목판에 유채, 88.9×71.1cm, 1480, 뉴욕 메트로폴리탄 박물관

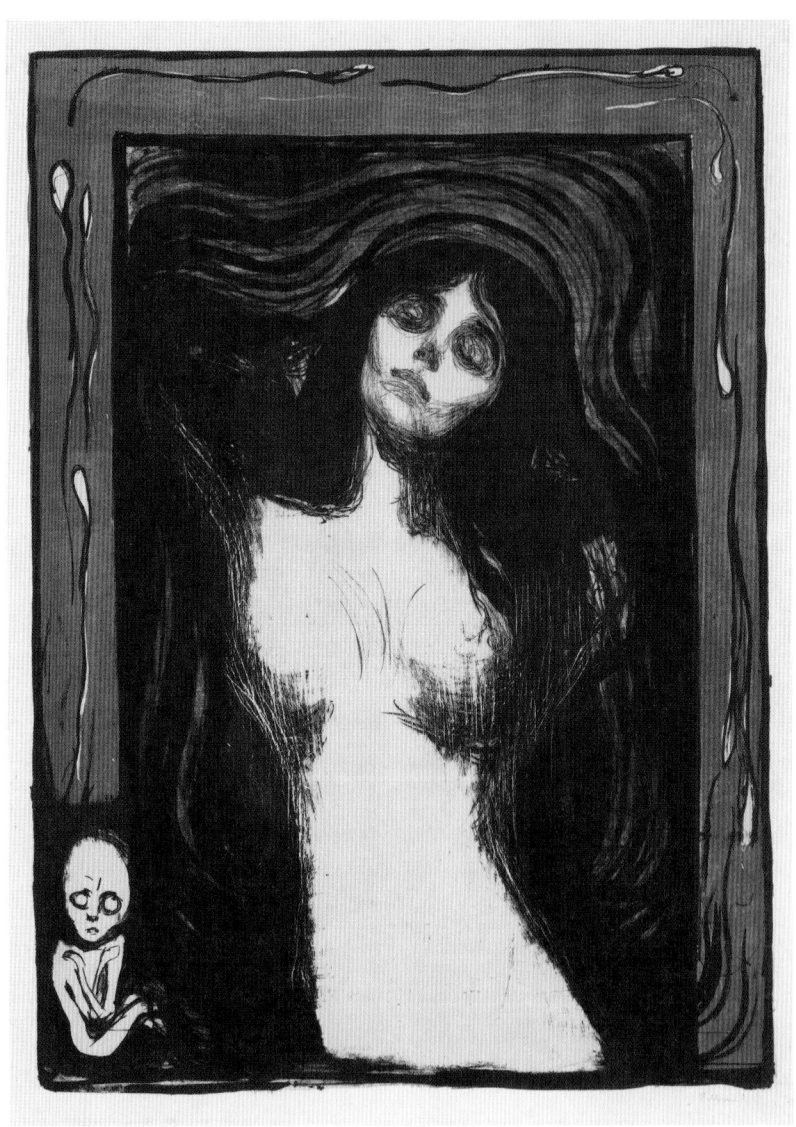

에드바르 뭉크, 〈마돈나〉
석판화, 60.5×44.4cm, 1895~1902, 이스미 시 오하라 박물관

래서 벨리니가 그린 그림에서는 아기 중심의 어머니가 아니라 자신의 욕망에 충실한 어머니이다. 이 그림 속 예수는 처연한 표정으로 자기에게 관심 없는 성모마리아에게 간청하고 있다. 자기를 좀 봐달라고, 사랑해달라고 울먹거리고 있지 않은가!

에드바르 뭉크 역시 성모마리아(마돈나)를 자주 그렸다. 그런데 그의 마돈나는 우리가 보아왔던 성스런 마리아가 아니다. 뭉크가 이처럼 섬뜩하고 무시무시한 마돈나를 그린 이유는 무엇인가? 그것은 분명 모성애 결핍과 관련이 있다. 뭉크는 다섯 살 때 어머니를 폐병으로 잃고, 열네 살에는 엄마 역할을 해주던 누이도 같은 질병인 폐결핵으로 잃는다. 그리고 연이은 여동생의 정신질환, 아버지의 자살과 남동생의 죽음 등 끊임없이 죽음을 경험한다. 그런 만큼 뭉크 작품에는 전반적으로 죽음에 대한 공포가 처절히 서려 있다. 그리고 이런 죽음의 공포는 여성혐오로 이어진다.

자기가 사랑하는 두 여자, 즉 엄마와 누이가 자기를 두고 일찍 죽었다는 사실이 어린 뭉크에겐 트라우마적 사건으로 각인된 것이다. 게다가 보헤미안 성격을 지닌 첫사랑은 뭉크에게 뼈아픈 상처만을 남긴 채 떠나갔다. 그래서 그에게는 모든 여자는 나를 버릴 것이라는 무의식적 사고가 뿌리내리고, 여자를 사랑하지만 여성에게 빨리 싫증을 내고 결국은 여성을 혐오하게 된다. 그의 작품 중에는 사랑의 반작용 형태가 드러난 그림들이 많다.

뭉크의 〈마돈나〉 삼부작 역시 마찬가지이다. 그러나 〈마돈나〉 삼부작은 다그니 유을을 모델로 했어도 뭉크의 곁을 스쳐간 어머니와 누이, 첫사랑 등 뭉크의 잠재의식 속에 자리 잡은 여성에 대한 트라우마가 버무려져 있다. 그래서 성모마리아인데도 섬뜩하리만큼 서늘하고 무시무시하고 유혹적이다. 뭉크는 이런 여성상을 표현하면서 여성에 대한 자신의 무의식을 표출했고 이런 표현은 그의 상처와 절망을 얼마간 치유하게 했다. 감정의 표출은 한 인간에게 최소한의 힐링 포인트가 되니까. 평생 독신이었던 뭉크가 여러 육체적 정신적 질병을 안고서도 오래 살았던 이유는 생애 내내 자기감정에 대단히 충실했던 까닭이다. 그렇게 그는 다작과 걸작을 동시에 생산할 수 있었던 보기 드문 화가로 남아 있다.

정신분석학에 따르면 예술작품이란 예술가가 가진 근친상간, 동성애, 살인충동, 파괴욕망 등을 사회적으로 용납되는 방식으로 승화시킨 것이다. 그런 의미에서 예술가의 창작 행위는 일종의 자가 치료행위이다. 또한 그런 예술가들의 그림을 통해서 우리 자신의 고통과 고독, 상처를 이해하게 된다. 우리가 그림과 예술을 사랑하는 이유다.

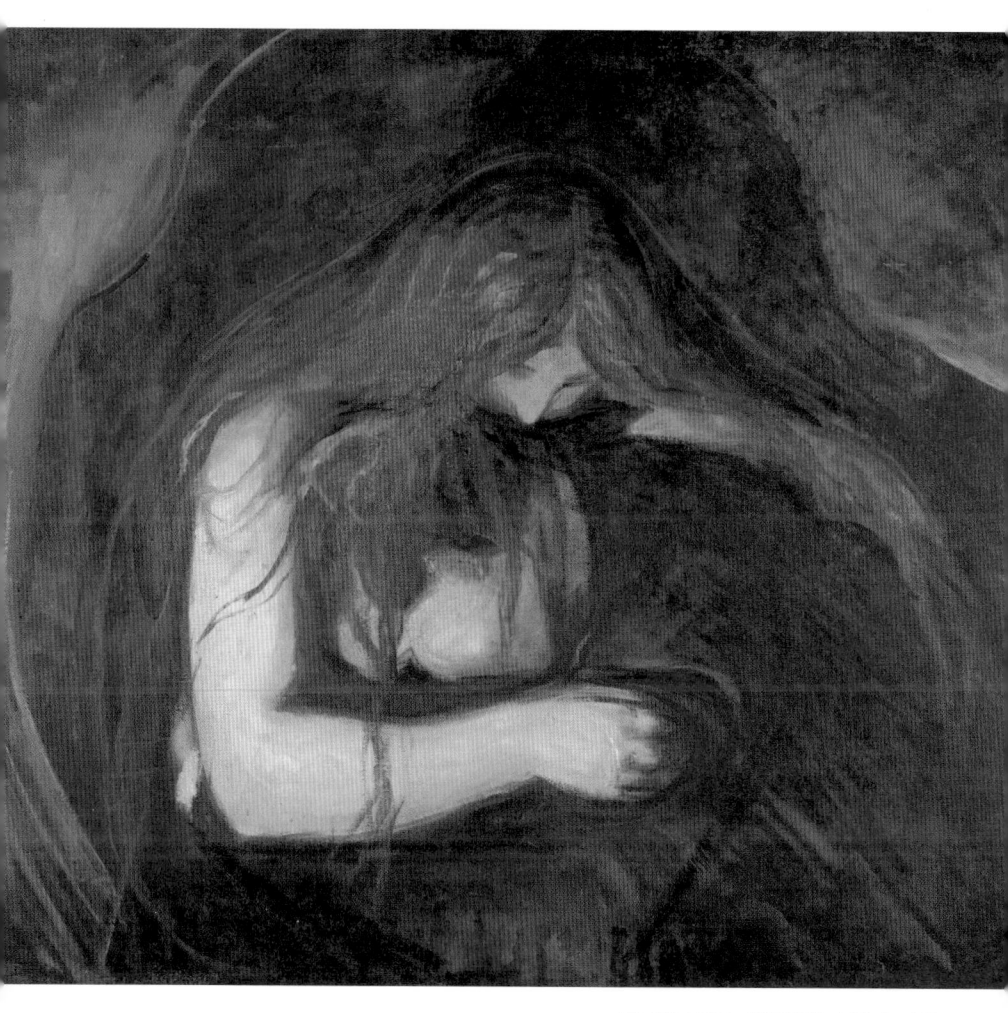

에드바르 뭉크, 〈뱀파이어−사랑과 고통〉
캔버스에 유채, 91×109cm, 1895, 오슬로 뭉크 박물관

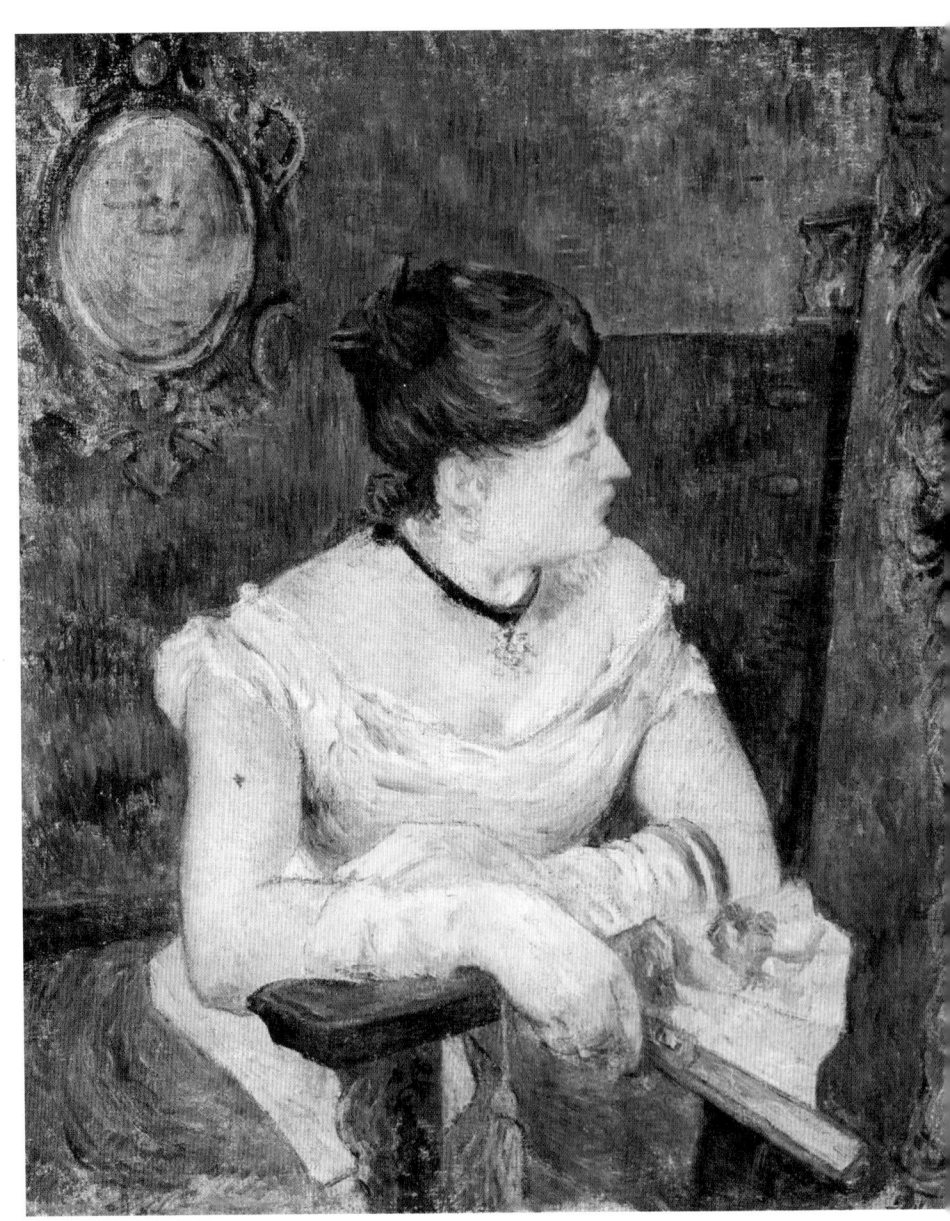

폴 고갱, 〈야회복을 입은 메테 고갱〉
캔버스에 유채, 65×54cm, 1884, 오슬로 국립미술관

사랑하는 사람이
적으로 변하는 순간

아내와의 사랑,
그리고 전쟁과 사랑

증권거래소에서 일하는 능력 있는 파이낸셜 컨설턴트가 어느 날 잘나가던 일을 그만두었다. 그리고 화가가 되었다. 그 전까지 그는 일요 화가회에서 아마추어로 그림을 그리던 사람이었다. 물론 아내와는 한마디도 상의하지 않았다. 게다가 그들 사이에 아이는 다섯이나 된다. 인상파 화가 폴 고갱의 얘기다.

폴 고갱의 아내인 덴마크 출신의 메테는 남편의 행동을 이해도 용서도 할 수 없었다. 용케 누리던 윤택한 생활을 왜 버리려 드는지 도저히 용납할 수 없었다. 방금 들어선 뱃속의 태아까지 일곱 식구가 어떻게 살아야 할지 눈앞이 캄캄했다. 고갱의 퇴직은 부부 사이에 치명적인 불신과 균열을 만들었다. 그림을 그리기 위해선 파리를 떠나 아내의 나라인 덴마크로 가야 했다. 그는 내심 처갓집의 도움을 기대했지만 아내의 친정은 사위를 받아들이지 않았다. 고갱은 캔버스 판매원으로 일하기도 하고 작은 전시를 열기도 했지만 무시당하기 일쑤였다. 급기야 그는 아내를 코펜하겐에 남겨두고 둘째 아들 클로비만 데리고 파리로 돌아왔다. 부부의 오랜 이별의 시작이었다.

빈털터리인 채로 파리에 돌아온 고갱 부자는 이불 한 채조차 없었다. 고갱은 아들이 병이 났을 때 아내에게 필요한 물건을 부쳐달라는 편지를 여러 차례 보냈지만 아내는 아무 응답이 없었다. 고갱은 다시 증권거래소에 일자리를 얻으려 했지만 금융공황이 지난 후 경기가 나빠 일자리를 구할 수 없었다. 이때부터 부부는 잠깐씩 상면했을 뿐 더 이상 부부로 살지 못했다.

이후 고갱은 숙부에게 받은 유산을 아내에게 한 푼도 보내지 않았고, 이에 아내 역시 크게 실망했다. 게다가 남태평양으로 떠돌며 어린 원주민 여자들과 살던 고갱은 매독까지 걸렸다. 이후 메테는 남편에 대한 모든 기대를 저버렸으며 끝내 남편을 용서하지 않았다. 메테는 부부 사이를 회복하고자 노력한 흔적이 거의 없었던 것으로 보인다. 남편 그림을 인정한 적도 없었다. 그녀는 언젠가 남편이 예술가로서 성공하리라는 기대조차 하지 않았다. 그래서인지 그녀는 남편이 작품을 보내면 바로바로 돈으로 바꿨다.

그들의 사랑과 전쟁! 예술가에게 최악의 배우자는 어떤 사람일까? 아마 예술을 좋아하지 않는 아내일 것이다. 고갱이 쓴 편지를 보면 메테가 자기 그림을 좋아하지 않는다고 비난하는 내용이 나온다. 사실 가족의 삶을 망치게 한 그의 예술적 충동을 누군들 온전히 이해하겠는가. 아이로니컬하게도 고갱의 역작은 아내와 함께했던 시절보다 아내를 떠난 오랜 방황과 방랑생활 중에 나왔다. 사실 고갱이 일찍이 아내를 떠난 것도 결혼생활이라는 족쇄를 찬 상태로는 예술적인 재능이 더 이상 뻗어나갈 수 없다는 사실을 깨달았기 때문일지도 모른다.

이렇듯 남편의 경제적 무능과 여성편력 때문에 악처가 된 여자가 있다면, 자신의 약점을 이용해 은근히 남편을 옴짝달싹 못하게 지배하는 악처 아닌 악처가 있다. 고갱과 동시대를 살았던 화가 피에르 보나르 Pierre Bonnard의 아내가 그렇다. 물론 아내 마르트는 전형적인 악처가 아니었다. 오히려 그녀는 심리적이고 육체적으로 병을 앓고 있는 불쌍한 여자였다. 불쌍한 여자가 악처가 된 것은 보나르가 이 불쌍한 여자를 돌보느라 자기 가족은 물론 약혼녀뿐 아니라 친구들과도 소원해졌기 때문이다. 보나르는 아픈 여자를 선택한 결과 악처를 선택한 것 이상으로 고달픈 인생을 살았다.

보나르는 1893년 파리의 오스망 거리를 지나다가 우연히 거리에서 마르트를 만났다. 당시 마르트는 장례용 조화를 만드는 가게의 점원이었다. 마르트에게 한눈에 반한 보나르는 그녀와 만난 지 얼마 되지 않아 동거를 시작했고 이후 마르트 때문에 은둔에 가까운 삶을 살아간다. 그렇지만 보나르는 마르트와 결혼하지 않았다. 두 사람이

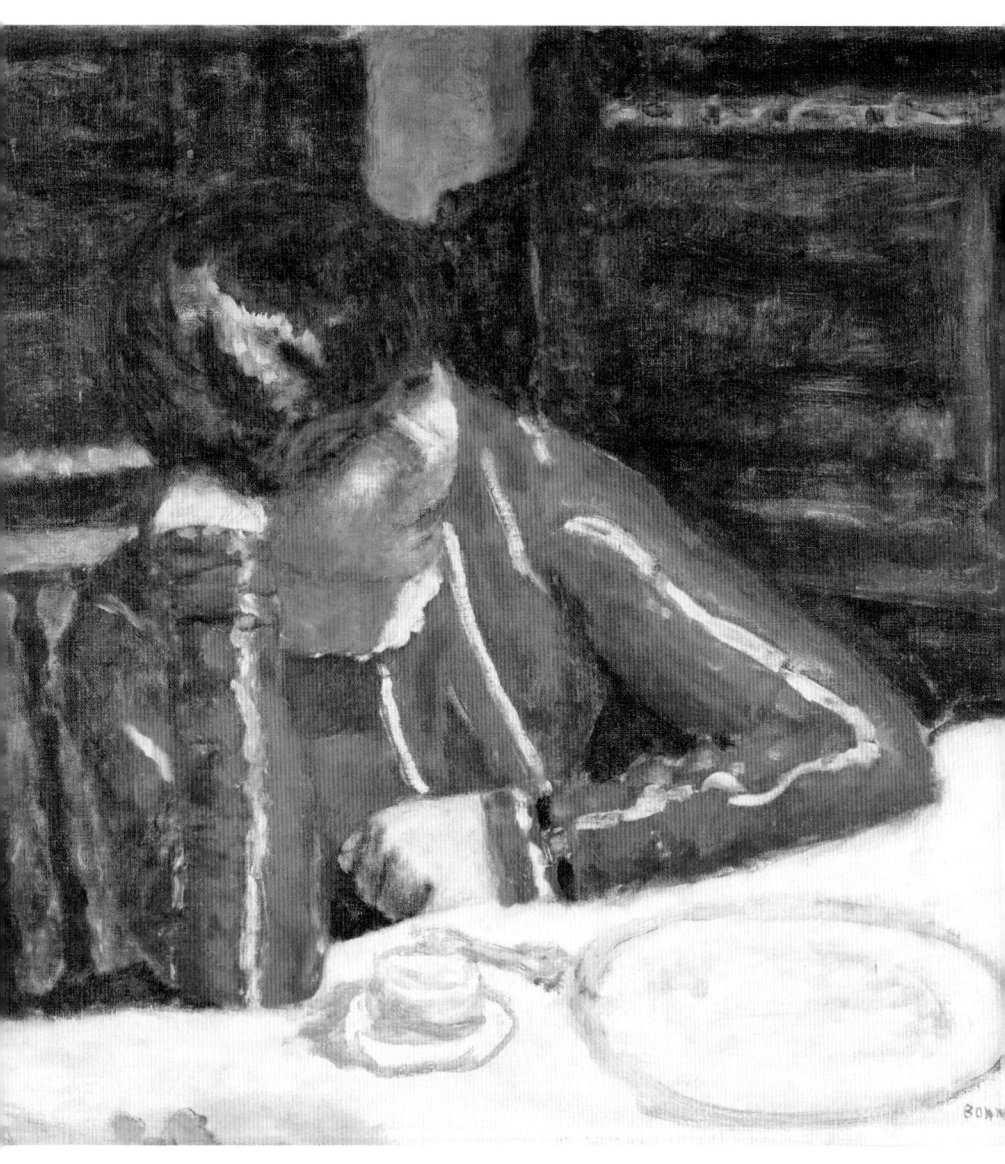

피에르 보나르, 〈붉은 블라우스〉
캔버스에 유채, 50×52cm, 1925, 파리 오르세 미술관

결혼식을 올린 것은 만난 지 삼십이 년만의 일이었다. 보나르는 마르트와 결혼하기 전 그의 모델이자 연인으로 약혼까지 했던 아름다운 여인 르네 몽샤티에게 고통스러운 작별을 고했다. 이후 그 약혼녀는 자살로 생을 마감했다.

이를 알게 된 보나르는 얼마 후 충동적으로 마르트와 혼인신고를 했고 모든 재산을 상속한다는 유서도 썼다. 사실 당시 마르트는 폐질환과 같은 육체적 질병뿐만 아니라 피해망상과 강박증, 신경쇠약 등의 정신적 질환도 동시에 앓고 있었다. 마르트는 대인기피증이 점점 심해지면서 극단적으로 사람들을 꺼려하고 보나르의 외출을 감시했다. 그녀는 보나르의 친구들이 보나르의 아이디어를 훔쳐갈지도 모른다는 망상에 시달렸고 보나르는 강아지 산책을 핑계로 비밀리에 친구를 만나곤 했다. 아마 보나르는 건강한 약혼녀보다는 자신에게 보호본능을 자극하는 병든 여자를 버릴 수 없었던 모양이다.

보나르의 예술은 병적인 여자와 오랜 기간 연인 관계를 유지하면서 나온 것들이다. 사실 그는 연인 마르트가 모델로서 무척 마음에 들었던 모양이다. 그녀를 모델로 한 작품이 사백 여 점이나 되는 것을 보면 말이다. 어떤 점이 보나르로 하여금 악처인 그녀를 뮤즈가되게 했던 것일까?

사실 마르트는 지독한 거짓말쟁이였다. 20대 초반에 보나르를 만났을 때는 나이를 속였고 이후에도 평생 본명을 숨기고 살았다. 만난 지 삼십이 년 만에 혼인신고를 할 때에야 나이와 본명이 드러났다. 그리고 보나르는 여전히 그녀가 무엇을 하던 여자인지 모른 상태로 살았다. 보통 사람이라면 이런 여자를 견디기 어려웠을 것이다. 그러나 보나르는 그녀에 대해 속속들이 알고 싶어하지 않았다. 그녀의 비밀을 절대 캐묻는 법이 없었고 오히려 어떤 식으로든 환상을 지키길 바랐다.

보나르의 그림을 찬찬히 들여다보면 그녀가 병자가 아니라 화가가 더 제정신이 아닌 것처럼 보인다. 목욕하는 모습, 나른하게 앉아 쉬는 모습, 차 마시는 마르트를 몰래 바라보는 있는 보나르의 강박적인 관음증적 시선을 엿볼 수 있다. 더 특이한 것은 보나르는 그녀를 나이 든 모습으로 그린 적이 단 한 번도 없다는 사실이다. 특히 오른쪽의 누드는 마르트가 쉰 살이 넘었을 때 그린 것인데도 언제나 처음 만났던 그 당시의 젊은 육체로만 그렸다. 언제나 날씬한 무지갯빛을 두른 여자로. 그리고 마르트가 주인공이 아닌 실내풍경과 풍경을 그릴 때도 계속 등장한다. 이때 마르트는 마치 투명인간 혹은 유령처럼 출몰한다. 그리고 마르트가 무엇을 하고 있든 그림 속 그녀는 하나같이 아이처럼 천진하게 자기 자신에게 몰입해 있다. 자신 스스로와 사랑에 빠진 여자! 묘연한 존재였던 그녀는 남들이 보기에는 악처였겠지만 보나르에게는 최고의 아내였을지 모른다.

거장 혹은 예술가의 아내들은 하나같은 유명한 남편에 가려 실제보다 더 부정적으로 그려졌을 가능성이 크다. 감정과 생각이 상식적인 수준을 벗어나는 예술가들과 살다 보면 억울하게 악처의 오명을

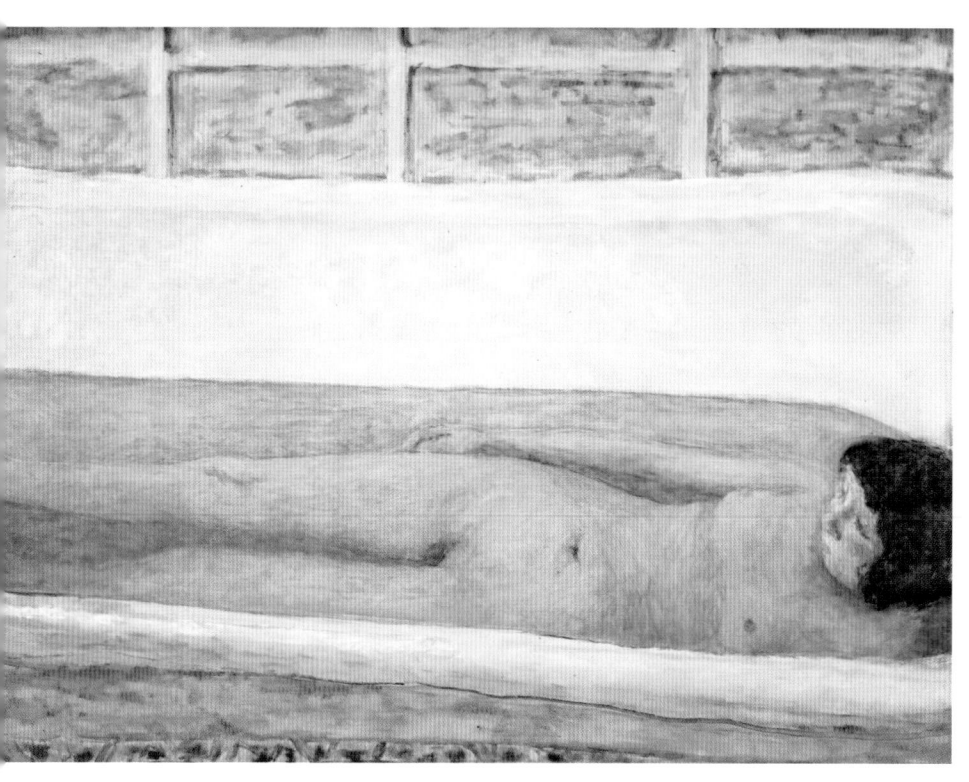

피에르 보나르, 〈욕조 안의 누드〉
캔버스에 유채, 86×120.6cm, 1925, 런던 테이트 미술관

뒤집어쓴 측면도 배제할 수 없다. 소크라테스는 자기 부인 이름인 크산티페를 악처라는 뜻으로 만든 장본인이다.

아내 입장에서 보면 소크라테스는 추남에 나이 많고 경제력도 없는 구제불능이었을 것이다. 소크라테스는 아내 입장에서 보면 집안일에는 전혀 관심을 두지 않으면서 제자들과 어울려 다니기만 하면서 평생 〈썰전〉 같은 대화에 몰입해 있는 데다 아내의 험담을 입에 달고 다니는 남자일 뿐이었다. 누군들 그를 어여쁘게 봐줄 수 있겠는가. 어쨌거나 얼마간 크산티페의 악행이 있었더라도 아내 덕분에 위대한 철학자가 되었다는 건 과장된 농담만은 아닐 것이다. 어쨌거나 현대적 시각에서 보면 악처는 남편과 가정의 발전에 촉매제 역할을 한 강하고 현명한 아내라고도 볼 수 있지 않을까.

그때 아버지에게
말하고 싶었어요

아버지와 아들,
그 멀고도 가까운 사이

19세기 말에서 20세기 초반 즈음 근대를 살던 화가들은 아버지와의 반목과 갈등이 유독 심했다. 그들은 부모가 바라는 직업도 가지지 않았고 부모가 원하던 여자와 결혼하지도 않았기 때문이다. 당시 예술가의 부모는 은행가, 상인, 법률가 등 신흥 중산층 출신인 경우가 많았는데 그들은 자식들이 자기들처럼 법률가나 사업가가 되기를 소망했다. 더불어 여염집 규수와 결혼해 남부럽지 않게 살기를 바랐다. 그러니 당대에 화가가 된다는 것은 아버지의 삶을 거부한다는 의미이기도 했다. 화가들은 아버지를 두려워하는 동시에 그에게 저항했다. 그러나 아버지에 대한 화가들의 반항은 대부분 심약하고 조심스럽게 드러났다. 예술은 기본적으로 소심한 마음이 저지르는 역동적 감정의 세계다.

화가들은 왜 아버지에게 그토록 조심스러웠을까? 시대를 막론하고 아버지 세대는 자녀들을 나약하고 의존적이라고 생각한다. 자식들이 아버지 마음에 차기는 아주 어렵다. 특히 아들에게 아버지는 범접할 수 없는 큰 존재이거나 언젠가는 넘어서야 할 도전 과제이기도 하다. 혹은 어머니라는 존재를 두고 벌이는 오이디푸스적 삼각관계 속의 경쟁자일 수도 있다. 또 근대의 화가들은 자기가 하고픈 예술을 위해 능력 있는 아버지와의 갈등을 피하는 쪽으로 선회하는 경향이 있었다.

사실 현대미술의 선구자였던 폴 세잔 Paul Cézanne이라는 작가의 탄생은 은행가인 아버지의 경제력 때문에 가능했다. 자수성가한 아버지의 돈이 세잔으로 하여금 세상과 타협하지 않고 실험을 지속할 수 있게 도왔기 때문이다. 그래서 세잔은 아버지의 맘에 들지 않는 모델과 결혼하고 아이도 낳았지만 그 사실을 오래도록 숨겨야 했다. 아버지가 이 사실을 눈치 채고 생활비를 대폭 줄이면서 압박을 가하는 데도 끝내 자신의 아내와 아이의 존재를 함구했다. 이렇듯 세잔은 아버지의 뜻을 거역할 수 없었고 평생 그 그늘에서 벗어나지 못했다. 그래도 그 덕분에 성취한 것이 있었으니 바로 입체파라는 새로운 패러다임이다.

이처럼 세잔과 마네 같은 화가들이 아버지와의 날선 대립을 피하면서 돈줄을 쥔 아버지와의 갈등을 피해갔다면 반 고흐와 살바도르 달리Salvador Dalí는 아버지와의 갈등을 첨예하게 대립시키고 이것을 시각화했다.

빈센트 반 고흐는 동생 테오를 제외한 대부분의 가족들과 사이가 좋지 않았다. 특히 칼뱅교의 목사였던 아버지와의 관계가 상당히 나빴고 말년에는 아예 결별한 채 살았다. 첫 번째 이유는 아버지와의 종교적 갈등이었고 다른 이유는 여자 문제였다. 설교는 잘 못하지만 선한 목사였던 아버지는, 전도사가 되겠다고 벨기에 탄광촌에 갔지만 교단에서 파면당한 아들에게 크게 실망했다. 아버지는 극단적이고 충동적인 행동을 일삼는 반 고흐를 정신병원에 보내려고까지 했으니 말이다.

게다가 더욱 못마땅해했던 것은 여자 문제였다. 사촌동생이나 정혼한 여자 등 사랑해선 안 될 여자를 사랑하거나, 아프고 불행한 매춘부처럼 자신이 돌봐주어야만 하는 여자와 결혼하겠다고 나섰기 때문이다. 그때마다 아버지는 아들에 대해 한심과 근심을 오가며 낙담했다. 그러던 차에 아버지가 심장발작으로 사망하자 동네 사람들은 아버지의 갑작스런 죽음이 아들 때문이라고 비난했다.

큰 충격과 상실감에 빠진 반 고흐의 심경을 보여주는 작품이 바로 〈협죽도가 있는 정물〉이다. 이 그림에서 성경은 탁자의 한가운데에 크고 당당하고 안정감 있게 자리 잡고 있고, 그 옆에는 성경에 짓눌린 듯 비스듬히 에밀 졸라Émile Zola의 《생의 기쁨》이라는 책이 작고 불안정하게 놓여 있다. 성경은 아버지를, 소설책은 자신을, 불 꺼

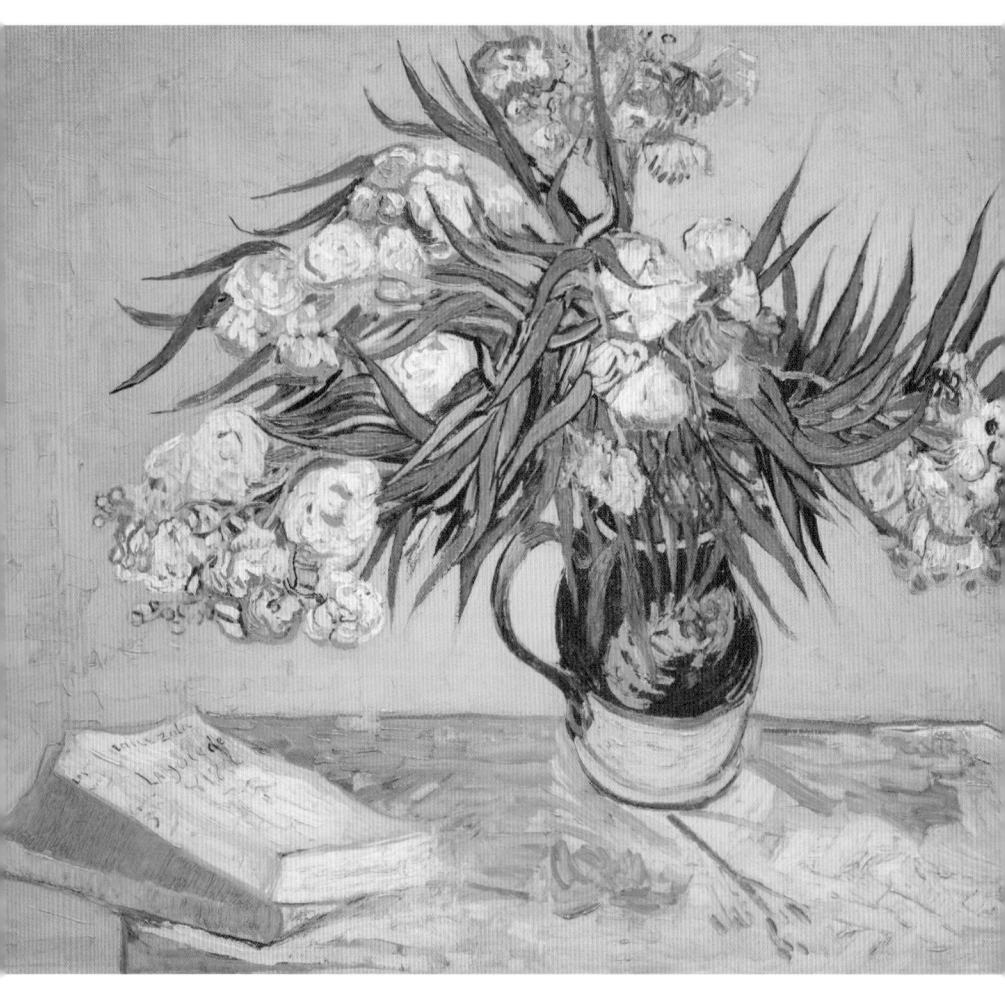

빈센트 반 고흐, 〈협죽도가 있는 정물〉
캔버스에 유채, 60.3×73.7cm, 1888, 뉴욕 메트로폴리탄 박물관

진 초는 아버지의 죽음을 암시한다. 성경에는 《이사야서》1장 2~3절 "자식이라 기르고 키웠더니 거역을 하는 이스라엘"이라는 야훼의 말씀이 적혀 있다. 바로 반 고흐에 대한 아버지의 탄식이다.

아버지는 교회에 나가지 않는 아들을 안타까워했고 반 고흐가 타락한 이유를 프랑스 소설을 지나치게 많이 읽은 탓이라고 생각했다. 이에 독서광이었던 반 고흐는 때로는 소설이 성경보다 훨씬 더 유익하다고 아버지에게 대꾸하곤 했다. 이 그림이야말로 아버지가 원하는 자식이 되지 못했던 아들이 자기보다 큰 존재인 아버지에게 대해 갖는 자괴감과 죄의식의 심리를 표현한 사부곡思父曲이 아닐까!

초현실주의 화가 살바도르 달리만큼 아버지를 많이 그린 화가는 없을 것이다. 공증인이었던 그의 아버지는 지역 유지로 권위적이며 문화와 파티를 좋아하는 호사가였다. 달리는 어렸을 때부터 아버지의 돈을 펑펑 쓰면서 아버지와 아버지로 대변되는 사회에 적응하지 못하고 망나니짓을 저지른 것으로 유명하다. 달리는 미술사 과목의 답안 제출을 거부하는 등 파행적인 행동으로 정학 처분을 받았고 반정부활동 혐의로 투옥되어 퇴학해야 했다.

아버지와의 갈등은 보란 듯이 남의 여자를 가로채면서 더욱 파국으로 치닫는다. 달리는 초현실주의 시인 폴 엘뤼아르Paul Eluard의 부인인 열 살 연상의 갈라Gala와 사랑에 빠져 동거에 들어간다. 아버지는 아들이 친구의 부인을 가로채는 부도덕한 짓을 저질렀다며 격분하여 먹다 만 성게껍데기를 우편으로 보낸다. 그때 달리는 아버지가 보낸 성게껍데기를 깎아 자신의 머리카락과 섞어 땅속에 묻으며 평생 정신적 족쇄였던 아버지와 절연을 선언한다.

아버지에 대한 달리의 존경과 두려움의 심경은 그의 젊은 시절 작품을 통해 확인할 수 있다. 〈라네 해변에서 화가의 아버지〉와 〈아버지의 초상〉과 같은 작품들 속 그의 아버지를 보라. 아버지를 그린 그의 그림의 공통적인 특징은 아버지가 화면을 가득 채울 정도의 압도적인 크기로 그려졌다는 사실이다. 달리에게 아버지는 언제나 자기를 강압적으로 몰아붙이는 권위와 힘을 가진 존재였다. 게다가 대개 아버지의 모습은 옆모습이다.

심리학적으로 옆모습은 어떤 대상이 이해되지 않는 불가사의한 존재일 경우에 그려진다. 마치 어린아이의 그림처럼 달리 또한 아버지를 증오하고 두려워했지만 자신이 어찌해볼 도리 없는 막강하고 거대한 미스터리한 존재라는 뜻이다. 달리는 아버지 초상화를 통해 권위적이고 위압적이며 명령하는 아버지 즉 강제와 억압의 표상으로서 큰 아버지great father를 그렸다. 이처럼 달리는 아버지를 그리면서 아버지를 인정하고 받아들이고 있는 듯 보이지만 실제 현실 속에서는 해괴망측한 행동으로 아버지의 분노를 샀다. 유아적인 퇴행에서나 나올 법한 기이한 행동이야말로 달리가 아버지의 명령과 억압에 맞서 싸우는 유일한 방법이었을 것이다.

혹시 남들에 비해 5월이 유난히 부담스럽다고 느끼는가? 그 이유가 아버지와의 불편한 마음 혹은 해소되지 않은 갈등 때문은 아닌

그림 같은 여자 그림 보는 남자

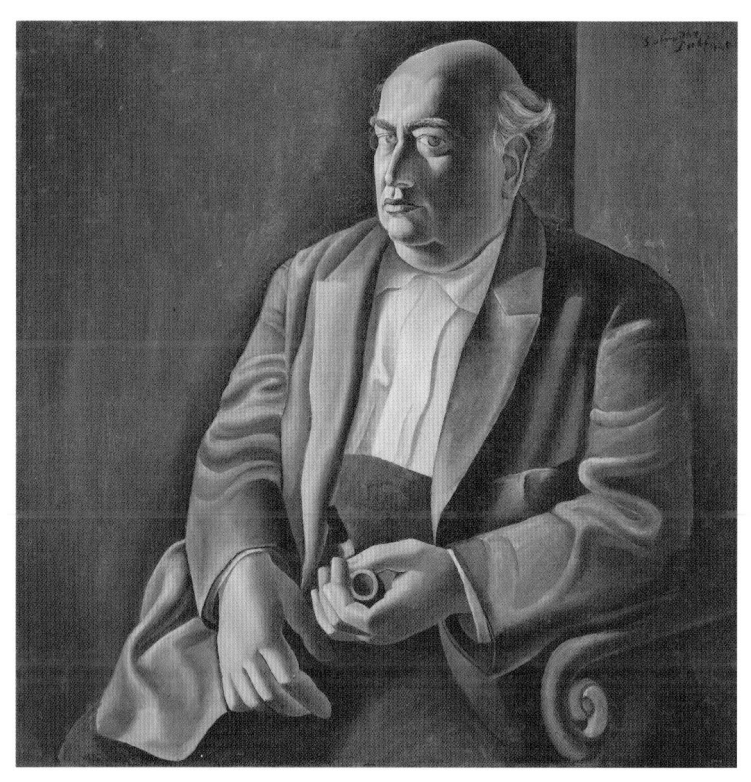

살바도르 달리, 〈아버지의 초상〉
캔버스에 유채, 104.5×104.5cm, 1925, 바르셀로나 카탈루냐 국립미술관

가? 당신은 아버지를 인정하거나 이해하는가? 오늘 그저 나의 아버지는 어떤 사람인가를 찬찬히 생각해보면 된다. 아버지의 아버지는 또 어떤 분이셨는가? 모든 아버지들은 어떤 부모의 아들인 동시에 시대와 역사가 낳은 아들이다.

아버지가 어떤 부모를 두었다는 사실을 아는 것만으로도 아버지를 이해할 수 있는 계기가 된다. 아버지를 무작정 사랑하는 것은 힘든 일이다. 오늘만큼은 나와 관계된 사람이라고 생각하지 말고 한 인간으로서의 아버지를 바라보자. 처연할 정도로 고독한 한 남자의 내면을 넌지시 응시해보자. 그것만으로도 충분히 알차고 싱그럽지 않은가!

당신의 마음에도
내가 있기를

모든 반대에도
사랑을 이룬 이들에게

혹시 집안에서 반대하는 사랑을 하고 있진 않은가? 혹은 집안에서 억지로 밀어준 사람과 결혼했는가? 예술가들의 결혼은 보통사람들과는 다를까? 르네상스 시대 유명 미술가들은 독신이 많았지만 19세기 전반까지는 화가들도 대략 비슷한 가문끼리 혼인하는 것이 일반적인 관례였다. 19세기 후반 예술가들은 대개 부르주아 출신으로 댄디이거나 보헤미안에 속하는 경우가 많았는데 그들 중 많은 사람들이 부모들이 원치 않는 결혼을 했다. 바로 신분이 낮은 여자들과 결혼하기 시작한 것.

특히 르누아르와 모네, 세잔 등 인상파 화가들 중 모델과 결혼하는 경우가 많았다. 사실주의 화가 장 프랑수아 밀레Jean-François Mille 는 첫 아내를 일찍 여의고 가난한 농부의 딸이자 가정부였던 여자와 결혼했다. 인상파 화가들의 대부였던 카미유 피사로Camille Pissaro는 어머니의 하녀와 결혼했다. 피에르 보나르는 길거리에서 모델로 캐스팅한 마르트라는 여자와 오래 동거했고 말년에야 결혼했다.

뿐만 아니라 학벌과 가문을 두루두루 갖춘 상류 부르주아 출신의 화가 그룹인 영국의 라파엘전파의 윌리엄 모리스도 마부의 딸이었던 제인과 결혼했다. 같은 라파엘전파 멤버인 단테 가브리엘 로세티도 모자가게 점원이던 엘리자베스 시달과 결혼했다. 19세기 말에서 20세기 초는 이처럼 사회경제적, 문화적 지각변동이 극심했던 시대인 만큼 관습을 따르던 결혼이 적극적으로 파기되기 시작했다.

폴 세잔 역시 모델과 결혼한 대표적 화가이다. 모자가게를 하며 돈을 많이 벌었고 이를 바탕으로 은행을 인수한 부자 아버지를 둔 세잔은 서른 살에 책 만드는 직공이었던 열아홉 살의 모델 오르탕스 피케와 처음 만난다. 그녀는 세잔의 어두운 성격과는 반대로 젊고 발랄했다. 세잔의 친구들은 그녀를 경박하다고 느꼈고 절친 에밀 졸라는 '깡통'이란 별명을 붙일 정도로 그녀를 싫어했다. 세잔은 피케와 아들을 에스타크에 피신시켜놓고 규칙적으로 들른다. 아버지에게 부양비를 지원받아 살아야만 했기에 그녀를 숨겨야 했다. 아버지가 신분이 미천한 여자와의 결혼을 반대할 것이 뻔했기 때문이다.

세잔에게 배달된 편지를 보고 사실을 알게 된 아버지는 생활비를 대폭 줄이면서 둘이 헤어질 것을 압박했다. 소심한 세잔은 아버지를

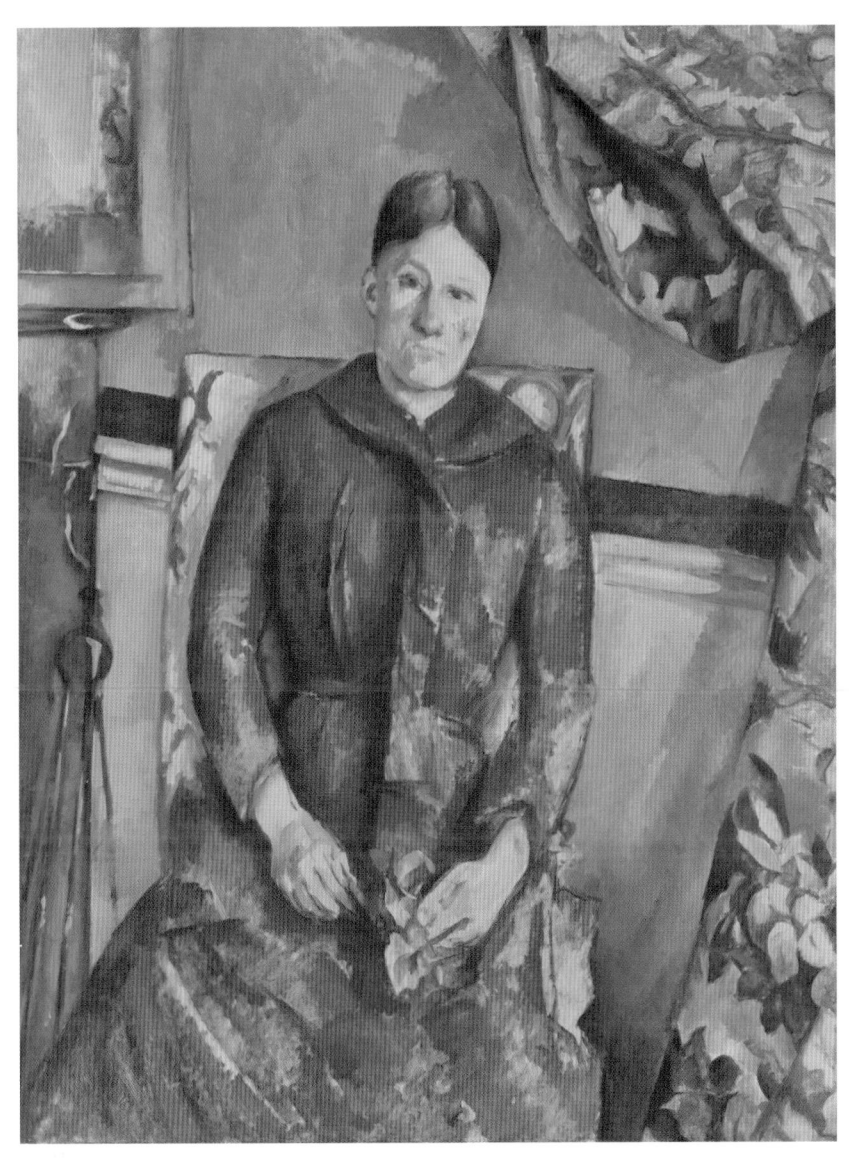

폴 세잔, 〈붉은색 드레스를 입은 마담 세잔(오르탕스 피케)〉
캔버스에 유채, 116.5×85.9cm, 1888~90, 뉴욕 메트로폴리탄 박물관

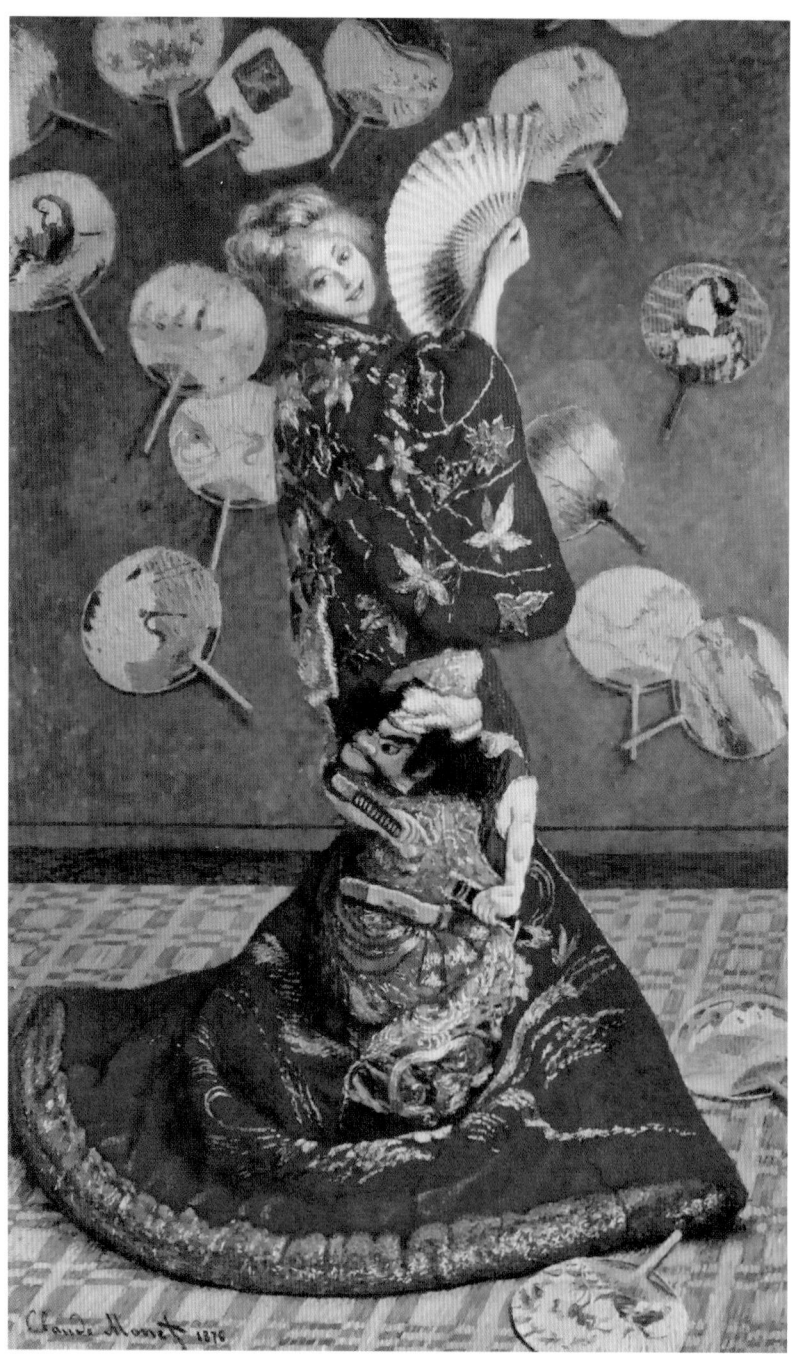

클로드 모네, 〈일본 의상을 입은 카미유〉
캔버스에 유채, 231.8×142.3cm, 1876, 뉴욕 메트로폴리탄 박물관

거역할 수도 없었고 아내와 아들을 버릴 수도 없었던 까닭에 아내와 별거 상태를 유지하며 살아갔다. 한편으로 세잔은 아버지의 재산을 포기할 수 없었으니 진실을 함구하는 방법을 취했을지도 모른다.

그들은 부친이 사망한 해인 1886년에 십칠 년 동안의 동거 생활을 청산하고 결혼했다. 둘의 사랑은 이미 식은 지 오래되었지만 그들은 끝까지 좋은 친구로 살려고 노력했다. 물론 대도시를 좋아했던 피케와 시골에서의 삶을 원한 세잔은 한 집에서 살진 않았지만 세잔은 그녀를 모델로 해 스물다섯 점이나 되는 초상화를 그렸다. 피케는 오래 포즈를 잡게 만드는 세잔의 강압적인 요구에도 기꺼이 응했다. 그렇지만 세잔은 아내에게 유산을 물려주지 않았다. 그녀 또한 세잔의 임종 때 곁에 없었다.

르누아르와 모네, 로댕처럼 서민 계층이라도 부모들은 모델과 무용수 그리고 노동자 계급과의 결혼을 반대했다. 특히 모델과의 결혼은 심한 반대했다. 지방의 식료품상 아들이었던 모네는 스물다섯 살 때 직업모델 출신인 열여덟 살인 카미유 동시외와 결혼했다. 사랑에 빠진 그들은 함께 살기 시작했는데, 1867년 카미유가 큰 아들 장을 임신했음에도 모네의 가족은 두 사람의 결혼을 끝까지 반대했다. 모네의 가족들은 카미유가 직업 모델 출신이라 모네에게 한참 떨어진다 생각했다. 1876년이 되어서야 그들은 미루었던 결혼식을 올리지만 그녀는 두 번째 아들을 낳은 후인 1879년 서른두 살의 나이에 자궁암으로 사망한다.

19세기 화가가 추구하는 여성상의 대표적인 전형이자 화가와 모델의 결합의 긍정적 사례는 아마 르누아르와 그의 아내인 알린 샤리고가 아닐까. 가난한 재단사의 아들이었지만 사랑이 가득했던 부모 아래서 자라 다정한 성격을 지닌 르누아르는 재봉사 출신의 알린 샤리고과 결혼한다. 부르고뉴 지역의 포도 재배 농가의 딸로 태어난 샤리고는 가족을 버린 아버지를 원망하며 파리로 상경한 어머니와 함께 생계를 위해 몽마르트르에서 삯바느질을 했다. 두 사람은 르누아르의 아틀리에 맞은편에 있는 간이식당에서 처음 만났다. 아마 르누아르가 그녀를 모델로 점찍었던 것 같다. 샤리고는 르누아르를 알게 되자 얼마 후 바느질을 그만두고 그와 살며 〈나부상〉 등의 모델이 되었다. 그녀는 르누아르가 찾던 이상적인 모델, 즉 풍만한 가슴과 말벌 같은 허리, 투명한 피부를 가진 매력적인 여성이었다. 샤리고는 허영심도 없고 사투리도 굳이 감추지 않은 소박하고 진지한 심성의 소유자였다.

그들은 법률상 1890년에 결혼했는데 당시 르누아르는 마흔아홉 살, 알린은 서른한 살이었다. 그들이 동거한 지 십 년쯤 되는 해였다. 늦은 결혼은 집안의 반대보다는 그림 그리는 것만으로도 인생이 벅차다고 생각한 르누아르 때문이었다. 애초부터 샤리고는 결혼을 포기하고 살았으며 아내와 모델로서 불평하지 않았고 우정만을 간직한 채 다시 삯바느질을 시작하며 현실적으로 화가를 도왔다. 샤리고는 르누아르에게 매혹당한 첫 번째 조수이자 동반자가 되었다. 죽기

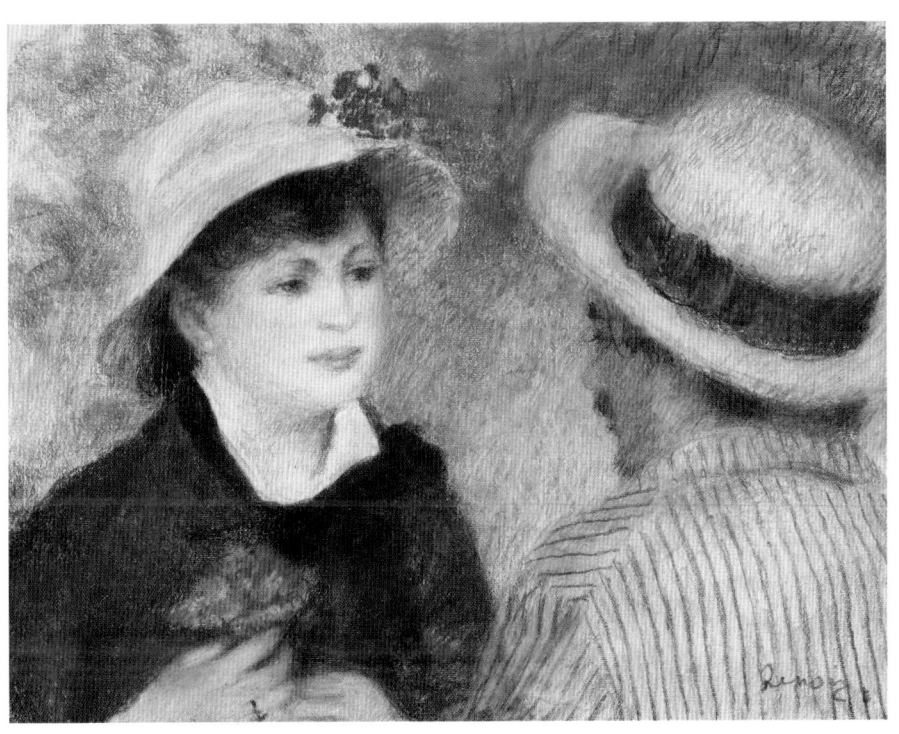

피에르 오귀스트 르누아르, 〈배를 탄 르누아르와 샤리고〉
캔버스에 유채, 45.1×58.4cm, 1881, 보스턴 파인아트 박물관

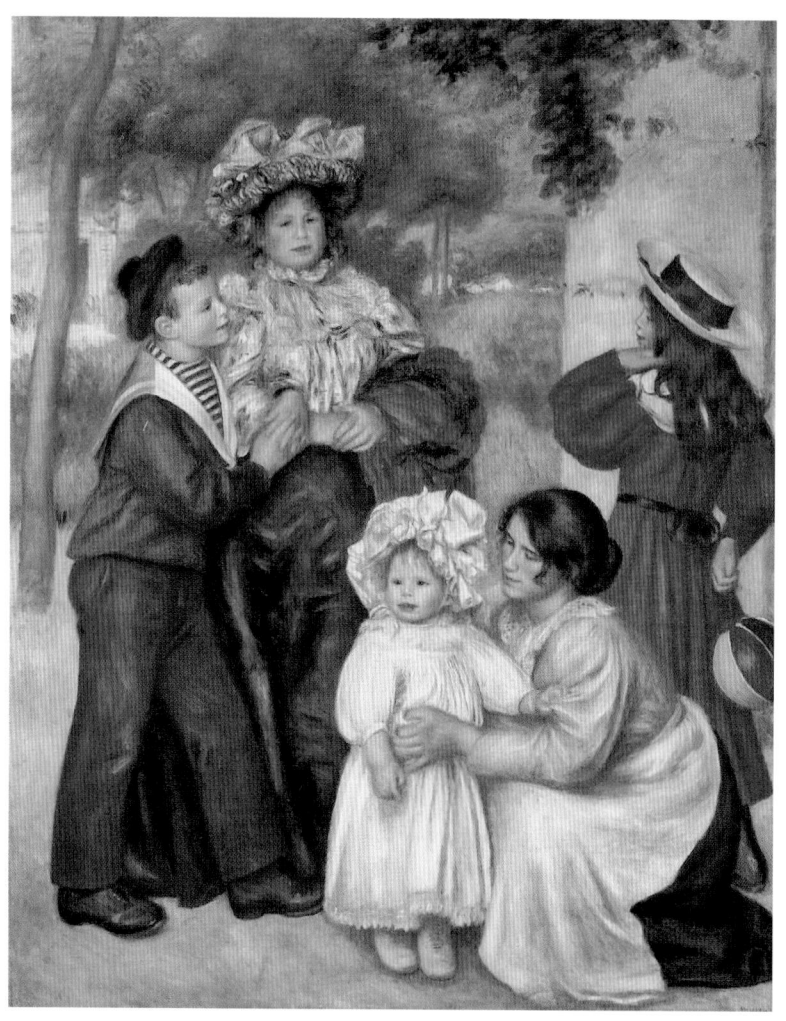

피에르 오귀스트 르누아르, 〈화가의 가족〉
캔버스에 유채, 173×137.2cm, 1896, 펜실베이니아 반스 컬렉션

전에도 늙은 남편을 위해 누드 모델을 섭외해놓고 갈 정도였다. 이처럼 샤리고는 남편이 기분 좋게 그림을 그릴 수 있는 쾌적한 환경을 만들어주는 것을 천직으로 알고 살았다.

그렇게 샤리고는 남편의 취향대로 집안을 가꾸는 등 가정의 마법사가 되었다. 나이 들면서 점점 유명해져가는 남편의 끊임없는 손님 접대는 그녀를 요리의 대가로 만들었다. 그렇다고 샤리고가 자신의 취향을 포기한 것은 아니었다. 그녀는 술과 음식을 좋아했고 춤을 잘 추고 피아노를 잘 쳤으며, 수영과 낚시와 배 타는 것을 좋아했다. 아픈 남편을 위해 당구대를 만들어 게임을 유도했고 자신 역시 당구를 배워 출전하는 시합마다 우승을 거머쥐기도 했다. 아내 덕분에 르누아르는 예술가들 중 가장 성공적인 자녀를 둔 모범적인 가장이 되었다. 그의 아들인 장 르누아르는 훗날 유명 영화감독이 되었다.

화가들이 신분이 낮은 여자를 아내로 맞이한 것은 예술가로서 살기 팍팍한 현실생활을 그녀들이 아주 잘 감내하고 감당해줄 수 있으리라는 기대 때문일 것이다. 더불어 화가들은 자기와 같은 신분의 여자들에게는 그다지 매력을 느끼지 못했다. 집안에 유폐된 천사들처럼 책을 읽고 수를 놓으며 피아노를 연주하는 우아하고 고상한 요조숙녀들은 더 이상 예술가들의 흥미를 끌지 못했다. 그보다 시골에서 상경했거나 사생아이거나 소녀가장 등 밑바닥을 전전하며 산전수전공중전을 겪은 여성들, 고달프고 애달픈 삶을 사는 이들에게 화가들은 더 자주 매혹되었다. 비천한 계급 출신의 여성들은 경제사정으로 충실한 교육을 받지는 못했지만, 꿈과 의지가 있었고 활기와 생명력이 넘쳤는데 이는 화가들과 같은 부류인 중산층 부르주아 여성들에게는 찾아보기 힘든 특징이었을 것이다. 더군다나 생존이 먼저인 그녀들은 야생마처럼 길들여지지 않은 거친 면까지 지니고 있었다. 게다가 일부는 매우 명민했다. 화가들은 그런 여자들에게 매료되었다.

뿐만 아니라 예민하고 섬세한 감수성을 가진 예술가들은 이런 여자들에게 연민과 동정을 느끼는 한편 그들이야말로 자신들처럼 소외된 사람, 즉 이방인으로 간주해 동일시했다. 그래서 화가들은 집안의 대대적인 반대에 부딪혀야 했고 부모가 사망할 때까지 동거 사실을 숨기거나 결혼을 유보해야 했다.

한 가지 더! 사실 19세기 낭만주의 이후부터 예술은 기존 관습의 전복과 저항을 실천하는 데 있었다. 따라서 당대 젊은 예술가들은 기성세대인 부모에 대한 거부감을 결혼과 같은 형태로 표출했다. 이런 결혼 유예와 은폐는 소심하고 나약한 예술가들이 부모를 거역하면서 동시에 거역하지 않는 나름대로의 자구책이었을 것이다. 부모들은 여전히 부와 경제력으로 돈벌이에 재주가 없는 화가들을 위협하고 압박했을 테니까. 이래저래 화가들은 자기보다 강한 여자가 필요했다. 그들에게 그녀들은 더 이상 비천한 존재가 아니라 지난한 삶을 굳건하게 만들어주는 활기와 생명력의 상징이었다.

언제 찾아올지 모르는
그 순간

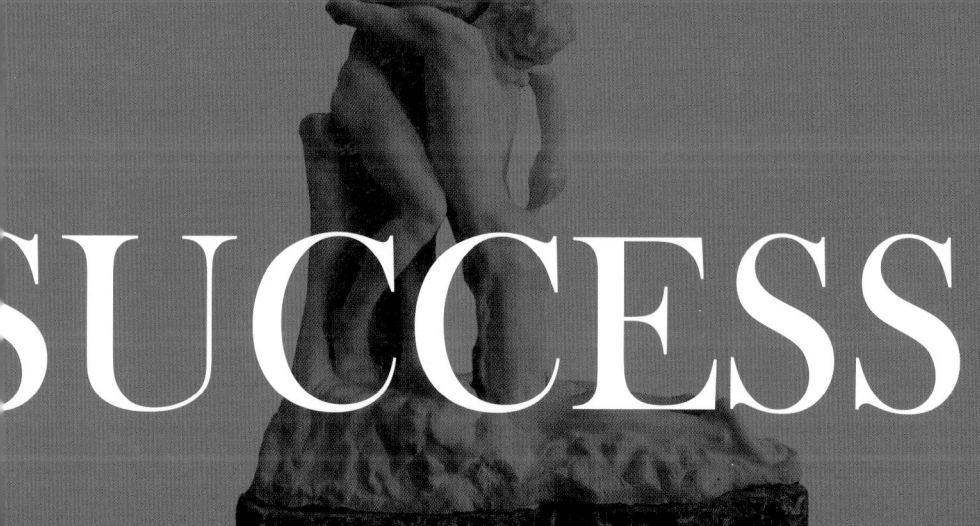

SUCCESS

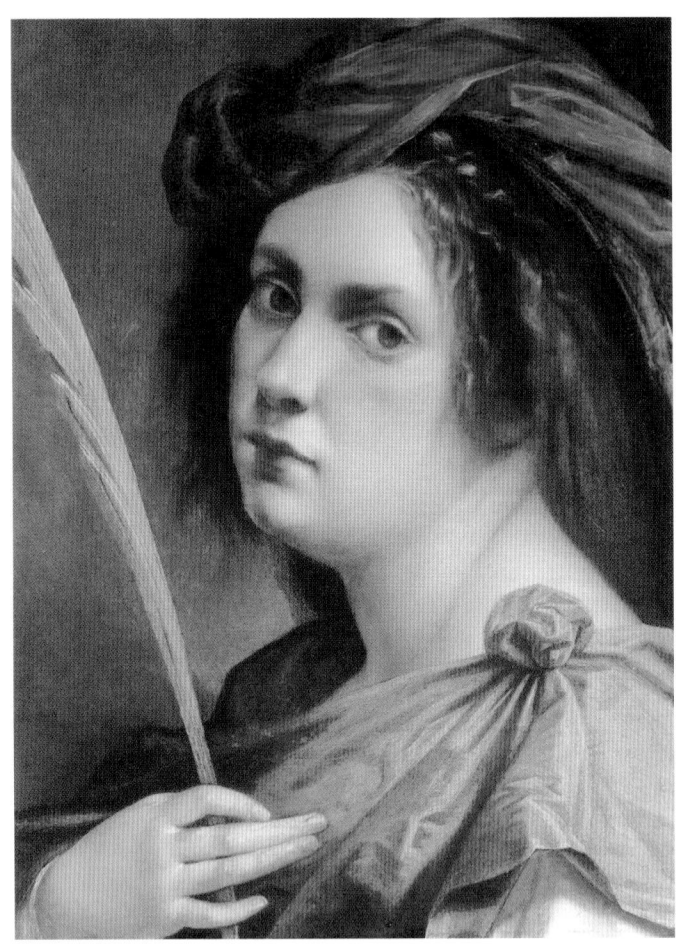

아르테미시아 젠틸레스키, 〈자화상〉
패널에 유채, 31.7×24.8cm, 1615, 개인 소장

끔찍한 위기를
드라마틱한 기회로

전화위복 그리고
회복탄력성을 기억하라

예술가들에게 스캔들은 자신의 작업과 인생에 어떤 영향을 미치고 결과를 낳았을까? 상처받고 그냥 좌절하는 것으로 끝냈을까? 아님 그것을 발판으로 마음속 칼을 갈아 좀 더 예술적 혹은 철학적으로 승화시켰을까? 요즘 정치가나 연예인은 추문을 자기 경력의 도약의 기회로 곧잘 활용한다. 스캔들을 이용해 어떻게 해서든 유명해지고 보자는 세태는 더 이상 창의적이지 않은 꼼수다.

레오나르도 다빈치는 당대 추문의 중심에 서 있었다. 1476년 스물네 살의 다빈치는 남색죄로 고소를 당해 법정에 출두해야만 했다. 고소는 익명으로 행해졌다. 당시 피렌체에는 훌륭한 시민들이 자신의 의사를 표현하고 싶을 때 진실의 입Buchi della Verità이라는 별명이 붙은 북을 두드렸다. 사람들은 이곳을 통해 사기꾼이나 음모자, 살인자는 물론 간통을 했다고 믿어지는 사람들을 아주 편리하게 밀고했다.

당시 다빈치는 스승인 안드레아 델 베로키오 Andrea del Verrocchio 의 집에 살았는데 그는 다른 청년 세 명과 함께 남색죄로 고소되어 재판에 넘겨졌다. 이들 가운데 가장 어린 열일곱 살의 야코포 살타렐리라는 청년이 몸을 팔기 시작하자 정숙한 이웃이 분개해 밀고한 것일 수도 있고 사랑의 경쟁관계에서 기인한 계략일 가능성도 있다. 어쨌거나 이 소년과 그 상대 남성들은 주로 검은색 옷을 입고 다녔는데 당시에는 그것이 남색의 상징이었다.

당시 남색 행위는 어떤 처벌을 받았을까? 법률상 화형에 처해지는게 관례였다. 그렇지만 당시 피렌체 지식인들 사이에서는 동성애가 만연했다. 고대 그리스 시대의 아동성애 pedophilia 가 도시국가를 이끌어갈 역량 있는 인재를 발굴하려는 스폰서십으로서의 의미를 지닌다는 사실을 감안한다면 고대 그리스의 부활이라는 모토를 가진 르네상스 시대의 동성애가 상류사회에서는 자연스러운 일이었다. 다빈치가 사망한 지 사십 년쯤 후부터는 적어도 지식인 계층에서 그러하듯 르네상스 시대에도 동성애가 그다지 수치스러운 일이 아니었다.

당시 다빈치가 자괴감과 모멸감을 느꼈던 이유는 세인의 이목이 자신에게 쏠렸다는 점과 소소한 사건으로 민망하게 대중의 입에 오르내리게 된 것 때문이었다. 소문이 더 무성해진 것은 이 사건에 메디치 가문의 남자가 포함되어 있었기 때문이다. 당시 로렌초 데메디

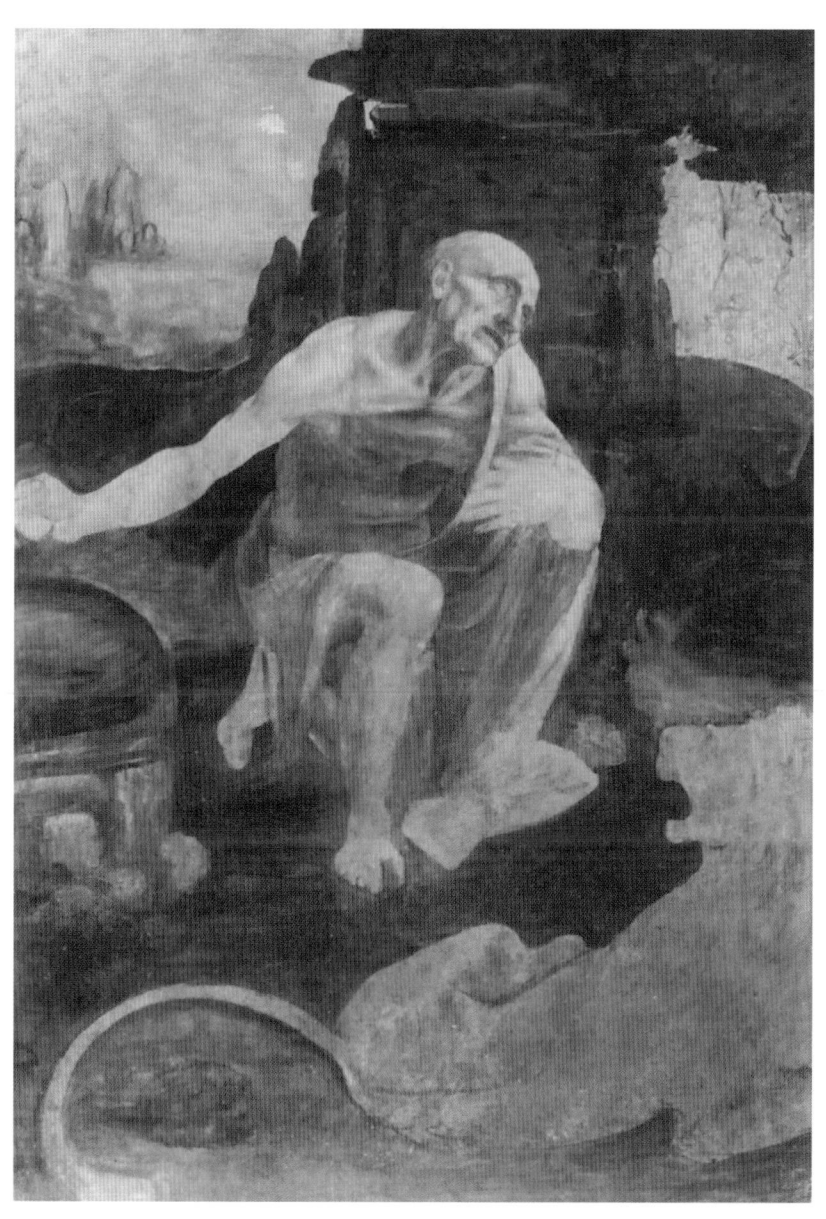

레오나르도 다빈치, 〈성 히에로니무스〉
목판에 유채, 103×75cm, 1480, 바티칸 박물관

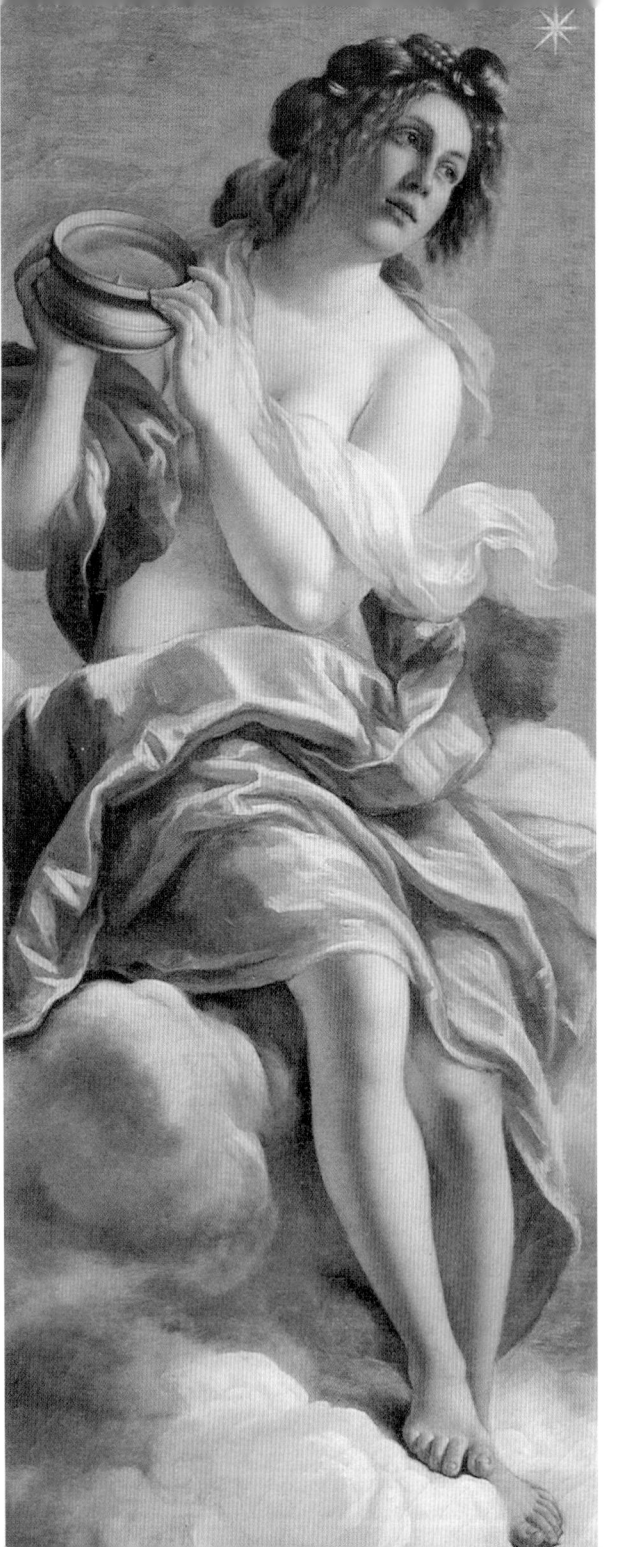

아르테미시아 젠틸레스키
〈경향성의 우화(천사)〉
115×46cm, 1615~16, 영국박물관

치는 연줄을 이용해 자기 친척의 무죄를 입증하기 위해 백방으로 손을 썼다.

다빈치는 로렌초 데메디치의 덕을 톡톡히 보았지만 이 때문에 몇 년 뒤에는 불이익을 감수해야만 했다. 1481년 로렌초가 바티칸의 시스티나 예배당을 장식하기 위한 예술 프로젝트를 기획할 때 다빈치만 이 기획에서 제외시켰다. 당시 선정된 예술가는 보티첼리, 루카 시뇨렐리Luca Signorelli, 도메니코 기를란다요Domenico Ghirlandajo, 피에르토 페루지노Pietro Perugino로 거의 대부분 베로키오 공방 출신의 작가들이었다. 스승인 베로키오의 수제자로 어린 시절 이미 크게 인정받았던 다빈치의 자존심은 처참하게 무너졌다.

그때 다빈치가 자신의 심경을 토로한 작품이 바로 〈성 히에로니무스〉이다. 성 히에로니무스Hieronymus는 최초의 라틴어 성경 번역자로 세상과 자기 자신에 대하여 끊임없이 벌였던 내면적 투쟁으로 자신의 약점을 극복한 인물이다. 전설에 따르면 그는 사자 발톱에 박힌 가시를 뽑아주어 사자의 우정을 얻었다고 전해진다. 다빈치는 나이를 알아볼 수 없고 퀭하게 패인 눈에 비쩍 마른 성 히에로니무스가 돌로 가슴을 치는 모습을 그렸다.

벌어진 입은 신에게 자비를 구하고 있고 사자의 포효가 이 기도에 가세하고 있다. 다빈치는 당시 메디치 가문으로부터 거절당한 자신의 굴욕감과 비애감을 성 히에로니무스의 몸부림을 통해 극적으로 표현했다. 추문이 그를 더욱 훌륭한 예술가로 만든 셈이다.

이 그림이 미완성으로 남아 있다는 사실은 무엇을 의미하는가? 미완성은 나쁜 것인가? 완벽과 완전을 추구하는 성향이 높은 예술가들은 전시 혹은 공개되기 전까지는 모두 미완성으로 치부하는 경우가 있다. 사실 다빈치의 미완성은 천재의 딜레마이기도 했다. 다빈치는 메디치 가에서 자신을 거부했다는 데 큰 충격을 받았다. 그러나 복수를 가하기에는 천재의 머릿속은 복잡하고 흥미로운 아이디어로 가득 차 있었다. 그의 머릿속에는 언제나 훌륭한 완성작이 존재한다. 그러니 작품의 끝마무리는 더 이상 관심거리가 아니다. 세속적인 맥락에서 보았을 때 다빈치는 뒷심이 부족한 화가임에 틀림없다. 그러나 그에겐 자신의 머릿속에 떠오른 재기발랄한 아이디어를 따라잡는 일만으로도 인생이 흥미롭고 분주했을 것이다.

17세기 바로크 시대의 위대한 여성화가 아르테미시아 젠틸레스키 역시 추문이 오히려 예술가로서의 성공에 큰 도움을 준 드문 예라고 할 수 있다. 한국판 논개 이야기라고 알려진 〈유디트와 홀로페르네스〉는 미술사의 섬뜩한 그림으로 정평이 나 있다. 《구약성경》 외경에 유디트라는 지조 높은 유대인 여성이 아시리아의 적장인 홀로페르네스를 술에 취하게 한 다음 목을 베어 백성을 구한 이야기다. 그런데 이 그림은 사실 한 남자에 대한 아르테미시아의 복수의 심정을 극적으로 토로한 것이다.

당대 꽤 명성을 날리던 화가였던 아버지 오라치오 젠틸레스키는 딸의 천부적인 그림 재능을 알아본다. 문제는 열여덟 살 먹은 아리

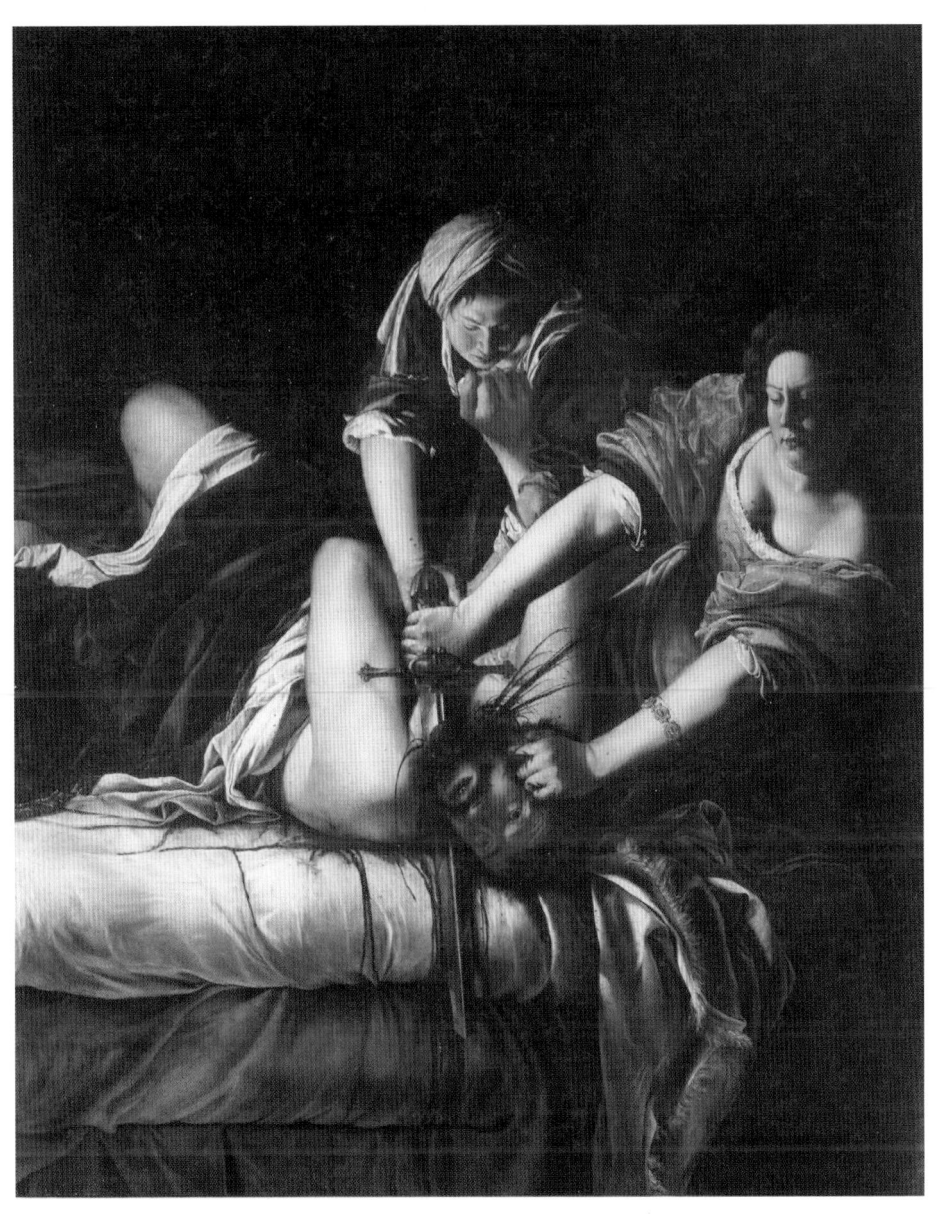

아르테미시아 젠틸레스키, 〈유디트와 홀로페르네스〉
캔버스에 유채, 199×162cm, 1614~20, 피렌체 우피치 미술관

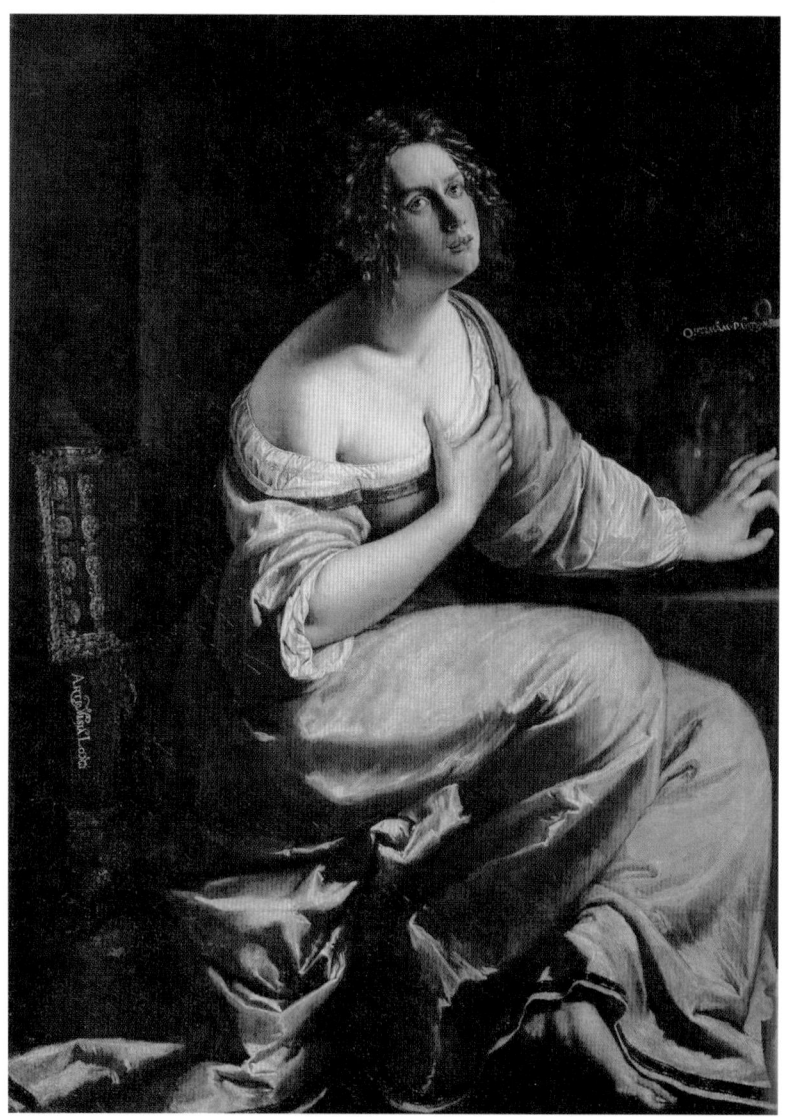

아르테미시아 젠틸레스키, 〈막달라마리아〉
캔버스에 유채, 146.5×108 cm, 1615~16, 피렌체 우피치 미술관

따운 딸의 미술교육을 동업자이자 친구였던 풍경화가 아고스티노 타시Agostino Tassi에게 맡긴 일이다. 거친 호색가였던 타시에게 딸을 맡긴 행위는 고양이에게 생선을 맡긴 꼴이 되어버렸다. 아니나 다를까 딸이 타시에게 강간을 당했다! 아르테미시아는 타시를 고소했고 이 스캔들은 로마를 술렁이게 했다. 타시는 체포됐고 약 칠 개월간 법정 공방이 이어졌다. 타시는 시종일관 혐의를 부인하며 아르테미시아가 먼저 유혹했고 자신들은 서로 사랑하는 사이라고 주장했다. 그녀는 이 과정에서 돌이킬 수 없는 모욕과 수난을 당했고 결국 자포자기의 상태에 이르렀다.

그런 아르테미시아에게 로마의 삼류화가인 피에란토니오 스티아테시Pierantonio Stiattesi가 청혼했다. 물론 그 역시 거액의 결혼지참금을 노린 것이고 젠틸레스키는 팔려가다시피 결혼식을 올렸다. 로마를 떠나 밀라노 공국으로 도피한 그녀는 은둔하며 작품 제작에만 전념했다. 그렇게 아르테미시아의 스캔들은 조금씩 피렌체 사교계에 퍼져나갔다. 그녀에 대한 추문이 퍼지기 시작했지만 그때 뜻밖의 주문이 들어왔다. 바로 코시모 2세가 직접 작품 제작을 의뢰한 것. 작품 주제는 '홀로페르네스의 머리를 베는 유디트'였다.

1615년 이 작품을 보기 위해 코시모 2세는 아르테미시아의 화실에 스무 명의 손님을 대동하고 찾아왔다. 그는 자신의 아내 마리아막달레나를 비롯해 갈릴레오 갈릴레이 등 피렌체를 대표하는 지식인과 예술가들을 이끌고 화실을 전격 방문했다. 사실 피렌체 출신의 거장들이 워낙 기라성이었기 때문에 타지 출신의 예술가가 이런 대접을 받는다는 것, 게다가 스캔들에 휩싸인 여성 화가의 작업실을 코시모 2세가 직접 방문한다는 건 아주 파격적인 일이었다. 코시모 2세는 아르테미시아의 숨기고 싶은 과거를 잘 알고 있었지만 과거를 묻지 않았다.

오로지 그가 확인하고 싶었던 것은 화가의 예술적인 능력이었다. 코시모 2세는 홀로페르네스의 머리를 단검으로 자르고 있는 유디트의 얼굴이 바로 아르테미시아의 얼굴임을, 그리고 홀로페르네스의 얼굴이 그녀를 강간한 타시의 얼굴이라는 사실을 단박에 눈치챘다. 코시모 2세는 대동한 사람들에게 아버지 솜씨보다 뛰어나지 않느냐고 젠틸레스키를 추켜세웠다.

아르테미시아는 코시모의 배려로 여성 화가에게 한 번도 개방되지 않았던 피렌체의 미술가 길드 겸 대학에 최초로 가입한 여성 예술가가 되었고 이후 한림원에 가입한 최초의 여성 직업화가가 되었다. 이로써 아르테미시아는 강간 사건의 주인공이라는 불명예를 말끔히 씻고 예술가로서 영예를 안았다. 그녀가 아버지의 보호 하의 로마에서 그럭저럭 주문받은 작품만을 생산해냈다면 그리고 아픈 기억을 그림으로 승화시키지 못했다면 그저 그런 삼류화가로 남아 있었을 것이고 어쩌면 그대로 역사 속에 묻혀버렸을 것이다.

치명적 위기일수록 새로운 삶에 대한 가능성이 열려 있다. 때로 끔찍한 위기는 드라마틱한 기회다.

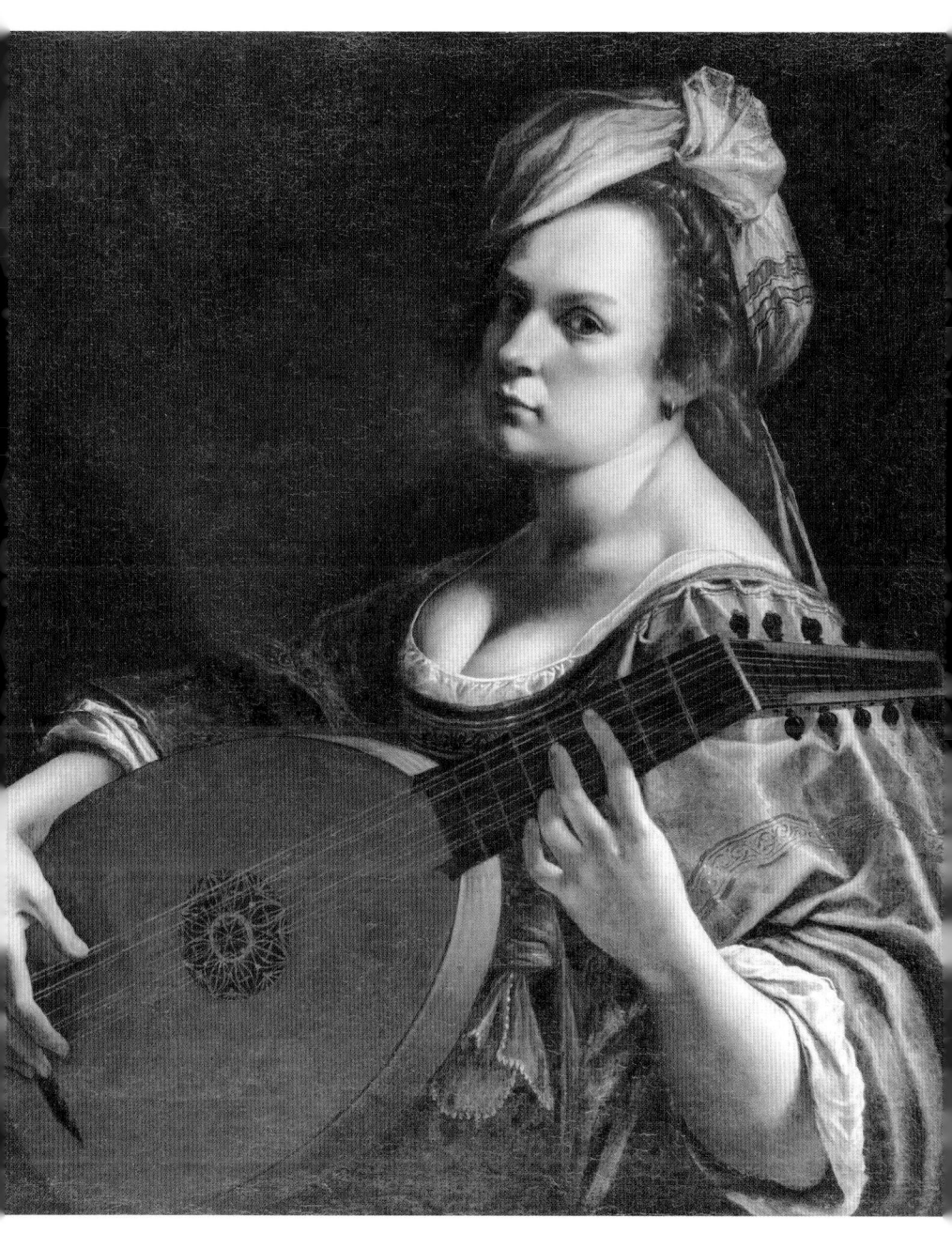

아르테미시아 젠틸레스키, 〈류트를 켜는 자화상〉
캔버스에 유채, 77.5×71.8cm, 1615~17, 하트포트 시 워즈워스 아테네움

제2의 인생을
살다

다른 인생을 꿈꾸는 이들에게
부치는 편지

우리 모두 너무 오래 산다. 평생 직업을 세 번은 바꾸어야 한다고 입을 모은다. 긴 세월 현재의 직업과 직장에만 몰입했는데 언제 명예퇴직할지 모르니 그럴 바엔 차라리 자발적으로 다른 직업을 찾아야 하는 건 아닌지 고민하는 사람들도 많다. 한 우물 파는 게 대세였던 시대에 교육을 받았으니 수십 년 전 미래학자의 말을 귀담아 듣지 않았던 것을 이제 후회한들 무슨 소용이 있겠는가? 그렇지만 지금이라도 무엇이든 배우고 익혀 다른 직업을 가져 전혀 다른 인생을 한 번 살아보는 것도 괜찮지 않을까?

서양미술사에는 예술과는 상관없는 직업을 가졌던 화가들이 부지기수다. 빈센트 반 고흐는 전도사이자 화방 점원이었고 폴 고갱은

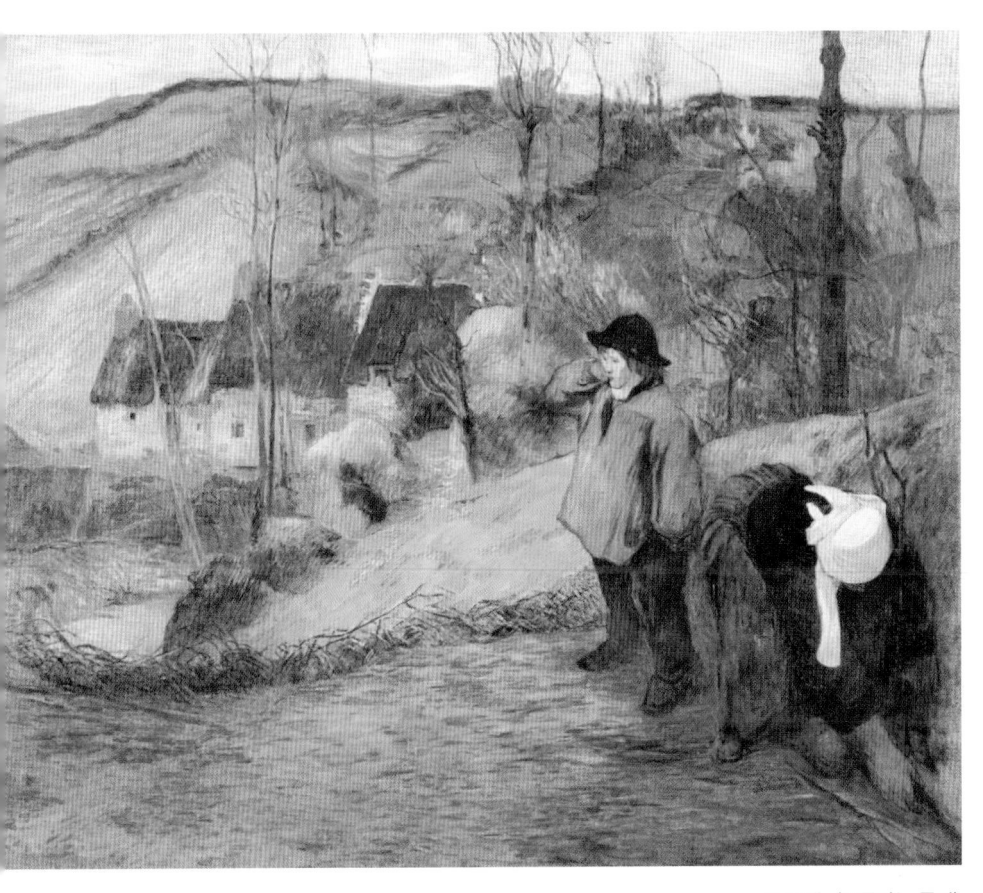

폴 고갱, 〈브루타뉴 풍경〉
캔버스에 유채, 89.3×116.8cm, 1888, 도쿄 국립박물관

뱃사람과 파이낸셜 컨설턴트로 일했다. 르네 마그리트René Magritte는 벽지회사의 디자이너였고 앤디 워홀Andy Warhol은 여성 잡지의 일러스트레이터였다. 유명 사진작가 안셀 애덤스Ansel Adams도 음악가였고 〈제네시스: 세상의 소금〉이라는 다큐멘터리 영화의 주인공이었던 사진작가 세바스티앙 살가두Sebastiao Salgado 역시 농업경제학자였다. 현존하는 예술가 중 가장 고가에 팔리는 제프 쿤스 역시 젊은 시절 뉴욕 현대미술관Museum of Modern Art에서 표를 팔았고 멤버십(후원인)을 모집했던 미술관 비정규직이었다. 쿤스는 월스트리트에서 주식중개인으로도 일했다.

빈센트 반 고흐는 비교적 뒤늦은 나이인 스물여덟 살 때부터 본격적으로 그림을 그렸다. 그 이전까지는 전도사, 화방 점원, 서점 직원, 교사, 큐레이터 등 여러 직업을 전전했다. 그가 본격적으로 화가로 전향했던 건 목사가 되는 걸 포기하면서부터였다. 칼뱅교 목사의 아들로 태어나, 자신 역시 아버지와 같은 삶을 살고자 했지만 신학교의 입학시험의 실패는 그를 좌절케 했다. 이후 그는 전도사로 활동하며 벨기에에서 일하던 시절에도 광부들의 열악한 생존 환경에 충격을 받았고 빈곤층의 삶 속으로 들어가 그들의 인권을 위해 열정적으로 몸을 바쳐 봉사했다.

그런데 그것이 화근이었다. 교회 측은 그가 설교에 재능이 없다는 핑계로 계약 연장을 거절했기 때문이다. 이것이 반 고흐가 성직자라는 꿈을 품에 안은 채 화가로 살 수밖에 없었던 결정적 사유다. 반 고

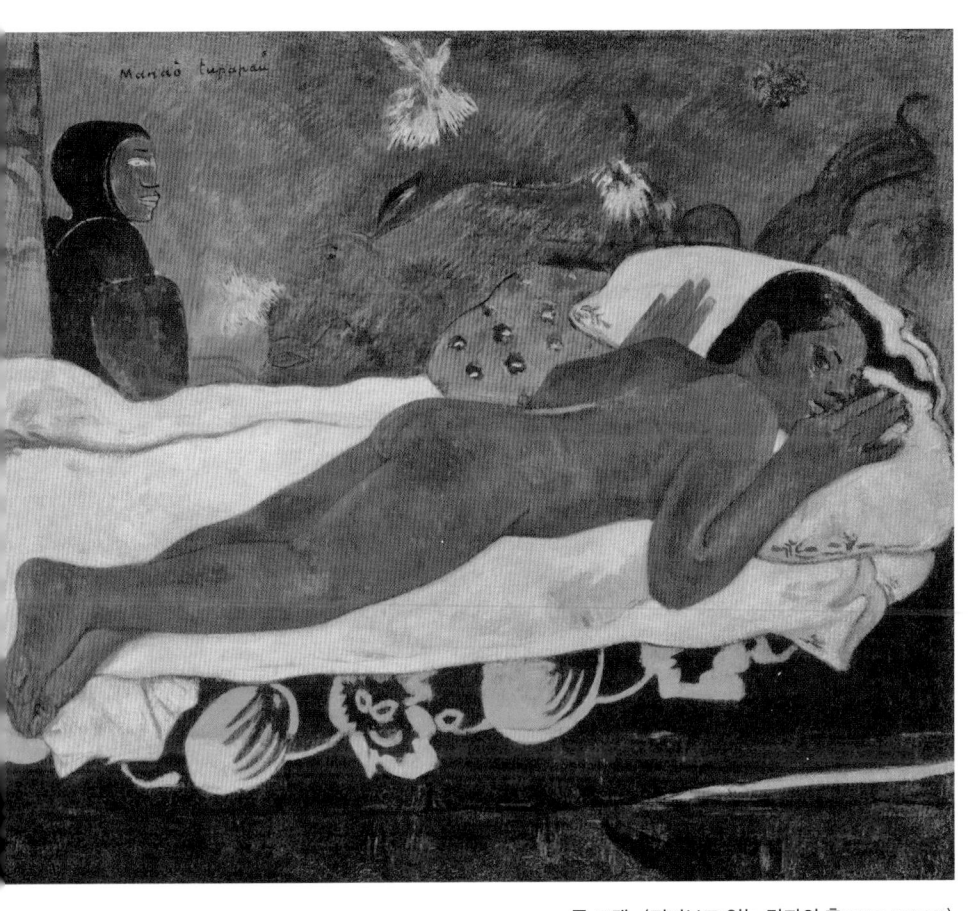

폴 고갱, 〈지켜보고 있는 망자의 혼(마나오 투파파우)〉
캔버스에 유채, 72.4×92.4cm, 1892, 뉴욕 올브라이트 녹스 재단

흐가 목사 시험에 철거덕 합격했더라면, 우리는 영영 그 불타는 노란색의 해바라기도, 노란 집도, 찬란한 밤하늘도 볼 수 없었을 것이다.

폴 고갱은 전직 파이낸셜 컨설턴트이자 미술품 컬렉터 출신의 화가였다. 유년 시절을 페루에서 보낸 그는 해군사관학교에 입학하길 바랐던 어머니의 뜻을 저버리고 선원이 되었다. 어머니가 세상을 뜨고 삼 년 후에 그는 자신의 후견인이었던 구스타브 아로자Gustave Arosa의 도움으로 파리의 증권회사에 취직했다. 이때 아로자가 수집한 카미유 피사로와 외젠 들라크루아Eugène Delacroix 같은 화가들의 그림에 고갱 역시 매혹되기 시작했고 에드가르 드가를 비롯한 인상파 화가들과 교유했다. 돈에 밝고 명민했던 고갱은 탁월한 능력을 발휘하여 돈을 벌었고 당시 세잔과 같이 주목받던 화가들의 작품을 사모았다. 급기야 휴일에는 피사로에게 그림 지도를 받는 등 일요 화가회에서 적극 활동했다. 그러다가 파리의 증권시장이 붕괴되자 직장을 그만둔다. 서른다섯의 나이에 전업 화가를 선언했다.

편안했던 부르주아의 삶을 저버린 고갱은 생활비에 쪼들리고 거취도 불안정해지자 그동안 모았던 작품을 팔고 파리 북서쪽의 루앙으로 이주한다. 이때 가난에 적응하지 못한 아내와 아이들과의 별거가 시작되었다. 고갱은 포스터를 배송하고 캔버스 제조업체 영업사원으로 근무하는 등 무슨 일이든 닥치는대로 해야만 했다. 이때부터 시작된 인생의 비참함은 쉽사리 사그라들지 않았지만 그의 자긍심은 그 어느 때보다 드높고 형형했다.

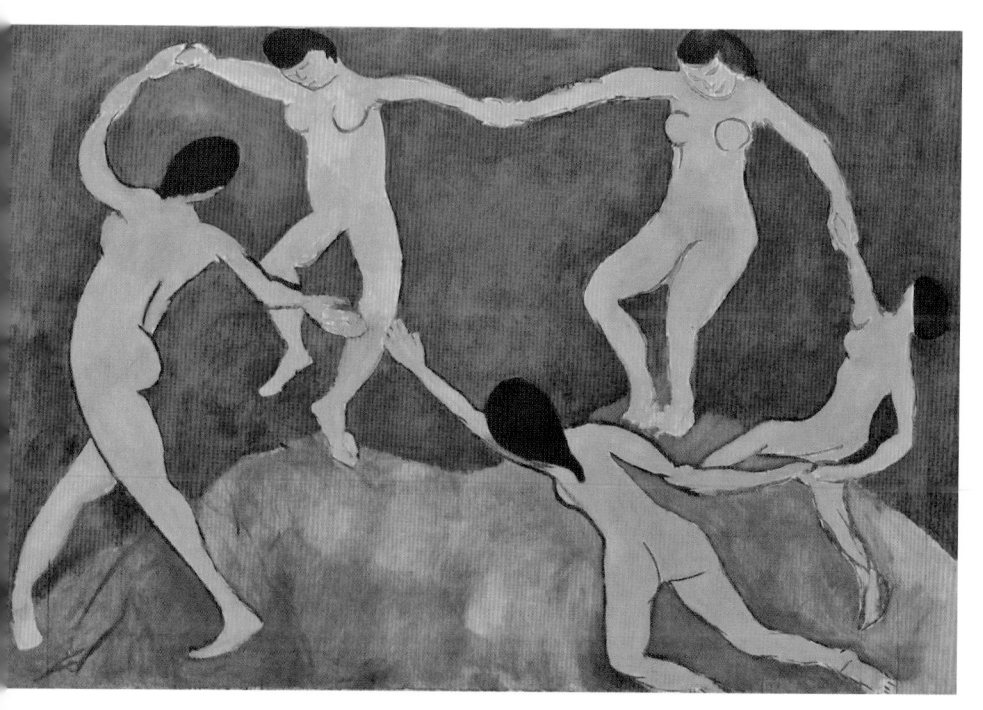

앙리 마티스, 〈춤 1〉
캔버스에 유채, 259.7×390.1cm, 1909, 뉴욕 현대미술관

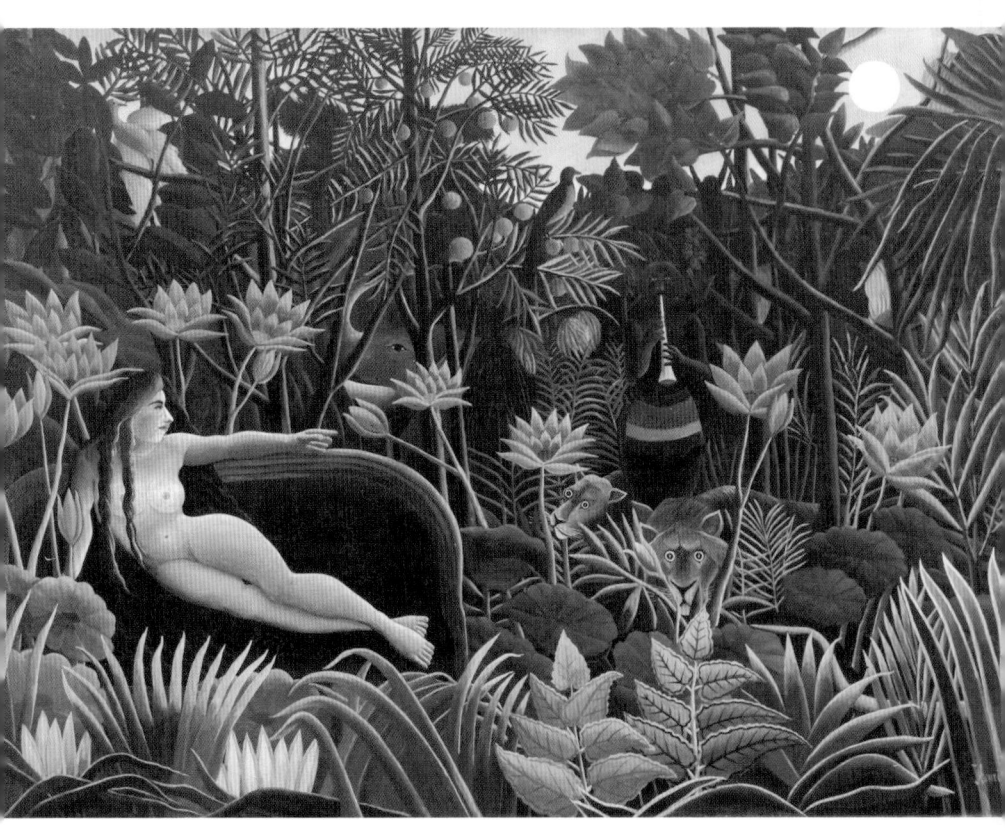

앙리 루소, 〈꿈〉
캔버스에 유채, 204.5×298.5cm, 1910, 뉴욕 현대미술관

앙리 마티스Henri Matisse 역시 직업을 바꾼 대표적 경우다. 법관이 되기를 원했던 아버지의 뜻에 따라 법학을 공부하러 파리로 갔던 마티스. 그는 변호사 시험에 합격해 자격증을 취득한 뒤 고향으로 돌아와 법률사무소의 서기로 근무했다. 그런 어느 날 충수염에 걸렸다. 수술한 뒤 몸을 추스르기까지는 제법 오랜 시간이 걸렸는데 그 회복기 동안 어머니가 사다준 물감과 스케치북으로 그림을 그리다가 그만 미술의 세계에 홀딱 빠져버렸다.

그렇다고 금세 미술로 전향할 수는 없었던 마티스는 매일 아침 출근 전에 태피스트리와 섬유 디자인을 전문으로 가르치던 캉탱 드 라 투르Quentin de la Tour 학교에서 데생 수업을 받았다. 그리고 점심시간과 퇴근 후에는 밤늦도록 그림을 그렸다. 당시 그는 공증서를 비롯한 서류에 꽃과 얼굴을 장식하곤 했다. 또 마티스는 틈나는 대로 미술관에서 프란시스코 고야와 렘브란트 등의 작품들을 모사했다. 이때 건강상의 이유로 군복무를 면제받은 마티스는 앞날이 보장된 법률가를 포기하고 학교에서 써준 추천서 한 통을 들고 파리로 떠났다. 그렇게 제2의 찬란한 화가 인생을 살기 시작했다.

전업한 작가 중 가장 특이한 경우는 앙리 루소Henri Rousseau가 아닐까 한다. 젊은 시절의 파블로 피카소가 가장 숭배했던 루소의 전직은 세관원이었다. 고등학교 졸업 후 고향의 법률사무소에서 급사로 일했던 경험이 전부였던 루소는 아버지가 사망한 후 가족과 함께 파리로 이주했고 결혼 후에는 파리 세관사무소에서 일했다. 이 때문

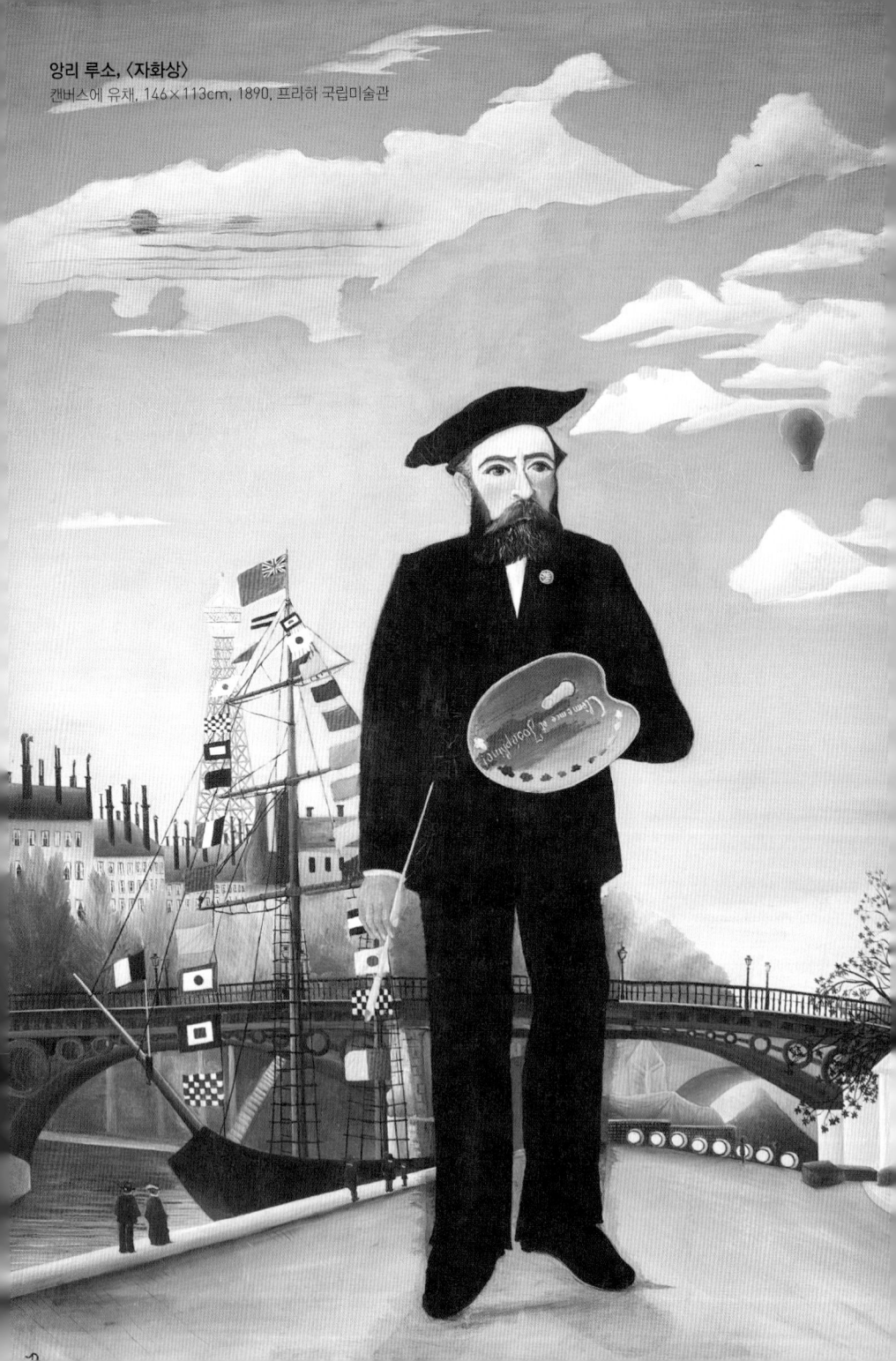

앙리 루소, 〈자화상〉
캔버스에 유채, 146×113cm, 1890, 프라하 국립미술관

에 루소는 세관원이라는 뜻의 '두아니에Le Douanier'라는 별명으로 불렸다. 그렇지만 그의 업무는 거창한 별명과는 어울리지 않는 단순한 통행료 징수였다.

게다가 출근해서 하는 일이란 고작 센Seine 강을 타고 올라온 배들의 하역물품을 기록해두었다가 세금을 매기는 게 전부였다. 매일 똑같은 일이 되풀이되는 아주 지루하고 한가한 직업이었다. 세관원으로 일하면서 그림을 그리던 루소는 마흔 살이 되던 해 미술관에 들어가 그림을 모사할 수 있는 허가증을 발급받으면서 더욱더 그림에 몰두하기 시작했다. 이듬해 그는 작업실을 마련하고 공식적으로 작품을 발표하기 시작했다.

루소는 마흔아홉 살이 되어서야 비로소 전업 화가의 길을 걷기 위해 이십이 년간 몸담았던 세관을 떠나게 된다. 한번 세관은 영원한 세관원이라고 생각하던 시절이었으니 직업을 바꾸는 일은 지금보다는 훨씬 더 어려운 일이었다. 루소는 비평가들보다는 아방가르드 작가들에게 먼저 주목받는 등 당대에 대단한 명성을 누리지는 못했다. 그렇지만 전통적인 교육체계에 질린 지식인과 예술가들은 루소를 자연이 이끄는 대로 본래의 자기와 하나가 되어 작업했던 작가로 추켜세웠다. 다른 이들의 비난이나 조롱에도 굴하지 않았던 '위대한 원시인'으로 보았다.

영국이 낳은 세계적인 화가 프랜시스 베이컨 역시 정규 미술교육을 받지 않고 온갖 일들을 전전하다 결국 자신의 본성에 따라 화가로 방향을 선회한 대표적인 인물이다. 1925년 열여섯 살 무렵 그는 자신의 동성애적 성향을 자각했고 이를 아버지에게 들키면서 집에서 쫓겨났다. 그로부터 자의반 타의반 떠돌이 생활로 연명했고 생존을 위해 닥치는 대로 일했다. 베이컨은 여성복 가게 점원부터 파출부, 요리사, 잡역부, 도매상 점원, 하인 등 온갖 종류의 특이한 일들을 했다.

가족 병력인 천식 때문에 군대조차 거부당했던 베이컨은 1943년에서 1944년경, 즉 서른다섯 살경에야 본격적으로 그림을 그리기 시작했다. 그림에 본격적으로 입문하기 바로 전 직업은 실내 장식업과 가구 디자인이었다. 당시 베이컨은 파블로 피카소의 전시를 보고 충격을 받았고, 후에 그것이 현대미술과의 첫 대면이자 미술계 입문의 신호탄이었다고 말했다.

그렇다면 그 반대인 경우는 어떨까? 예술가였다가 다른 직업으로 옮겨간 사람들도 있을까? yBayoung British artist의 대표작가인 데이미언 허스트도 직업을 바꿔 성공한 경우다. 200억 원을 들여 다이아몬드로 뒤덮인 해골을 만들어 1천 억 원 넘는 가격에 팔아 현존하는 작가 중 최고가를 갱신한 허스트는 급기야 2015년 런던 남부 복스홀에 뉴포트 스트리트 갤러리를 오픈했다.

2002년 한창 활동 중일 때 매입해 아틀리에로 사용했던 낡은 공간이 허스트에 의해 미술관으로 부활했다. 허스트는 본인의 작품뿐만 아니라 자신이 수집한 작품, 큐레이터이자 디렉터로 활약하며 자신

그림 같은 여자 그림 보는 남자

이 기획한 전시를 이곳에서 선보이고 있다. 대학 재학 시절부터 큐레이터와 마케터, 작가 등 여러 역할을 동시에 해온 그로서는 어쩌면 너무도 자연스런 행보일지도 모른다.

결국 현대미술은 개념미술이고 만들어놓은 게 무엇이든 아이디어가 작품이 되는 세상이니까. 이제 그가 무엇을 해도 충분히 예술인 것이다. 허스트의 전업을 우려하는 사람들이 있지만 그야말로 "너나 잘하세요"라고 말해주고 싶다. 부정적이든 긍정적이든 이미 미술계의 관심을 이보다 과도하게 받은 사람은 없으니까.

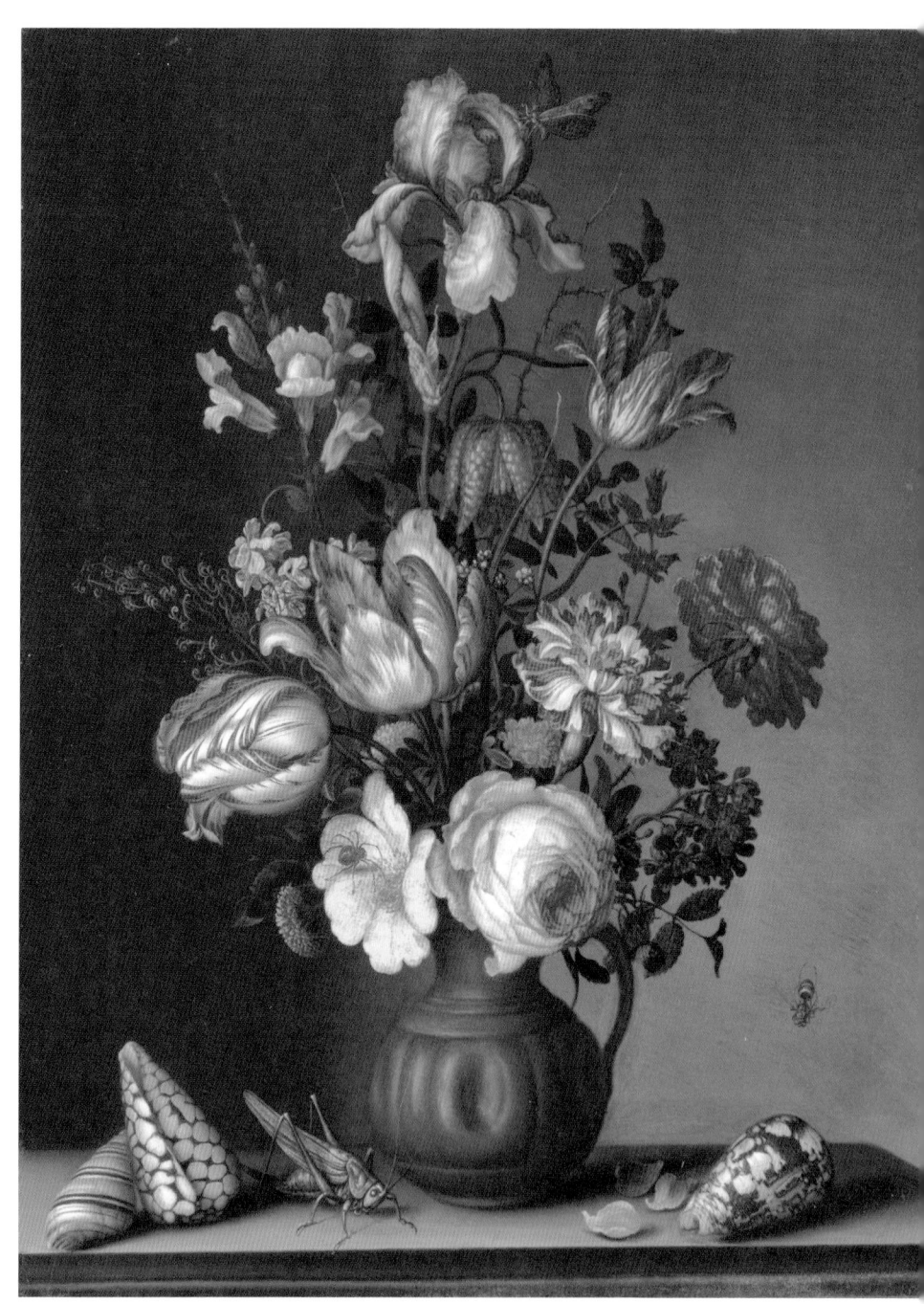

발타자르 판 데어 에스트, 〈꽃과 정물화〉
캔버스에 유채, 47×36.8cm, 1630, 런던 내셔널 갤러리

미래를 강조하는 삶은
가짜다

꽃 한 송이가 가르쳐준
인생의 진리

은퇴 후의 삶이 너무 길다 말하는 사람들이 많다. 은퇴가 다가왔거나 은퇴한 세대는 허무하다. 겨우 이렇게 살기 위해 포기한 것들이 그다지 많았단 말인가! 감정적이지 않으려고 하지만 가슴속에선 회한의 눈물이 흐른다. 언제나 미래에 저당 잡힌 삶을 살았는데 막상 현재가 된 미래는 암울하기만 하다. 나는 무엇을 남기고, 무엇을 남겨줄 것인가?

중장년을 꽃으로 말하자면 시든 꽃으로 오해받기 쉽다. 하지만 이 시기를 다른 관점으로 바라봐야 하지 않을까. 바로 그들은 열매다! 무르익은 과일이다. 꽃이 시들어야 열매가 맺히는 법이다. 그런데 꽃을 피운 적이 없다면 당연히 쭉정이만 있는 열매가 될 가능성이 크다. 인생을 다시 꽃피는 봄으로 돌리고 싶은가? 물론 불가능하다.

꽃피는 청춘으로 돌아갈 수 없지만 가능한 게 있다. 지금부터 오늘과 현재라는 순간을 살아보는 거다. 스티브 잡스의 말처럼 내일 죽는다고 생각하면 두려울 것이 무엇이겠는가? 이제 부모도 자식도 나만큼은 중요하지 않다. 나의 현재가 행복해야 한다. 더 이상 현재를 미래에 담보하지 말아야 한다. 순간의 기쁨과 현재의 쾌락을 중시하는 그림 속으로 들어가보자.

꽃이나 과일 같은 흔하디 흔한 대상을 그린 정물화가 사실은 서양 미술사에서 가장 철학적 내용을 담고 있다는 얘기를 들어본 적이 있는가? 모든 정물화가 그런 건 아니다. 미술학원에서 데생을 위해 그리던 정물들은 그저 형태를 연습하기 위한 것이다. 정물은 말 그대로 움직이지 않으며 꽃과 과일은 그 형상이 매우 조형적이기 때문에 그림의 소재로 자주 인용한다. 그런데 수많은 정물화 중에서 특별히 17세기 네덜란드 정물화에 벤치마킹해야 할 지침들이 들어 있다.

네덜란드에서 그려진 정물화를 보면 다시 "꽃을 왜 그리는가?"라는 원초적인 질문과 마주하게 된다. 그저 꽃과 과일이 아름다워서 그렸노라고 대답하는 것은 너무 피상적이다.

단언컨대 꽃은 시들기 때문에 그린다. 시드는 것을 안타까워하면서 그리고 그림으로나마 영원히 시들지 않는 꽃을 갖고 싶어서 그리는 것이다. 나 역시 새벽 꽃시장에서 사다 놓은 꽃이 시들 때마다 꽃그림 한 점을 구입했으면 좋겠다고 생각했다. 그러니까 화무십일홍

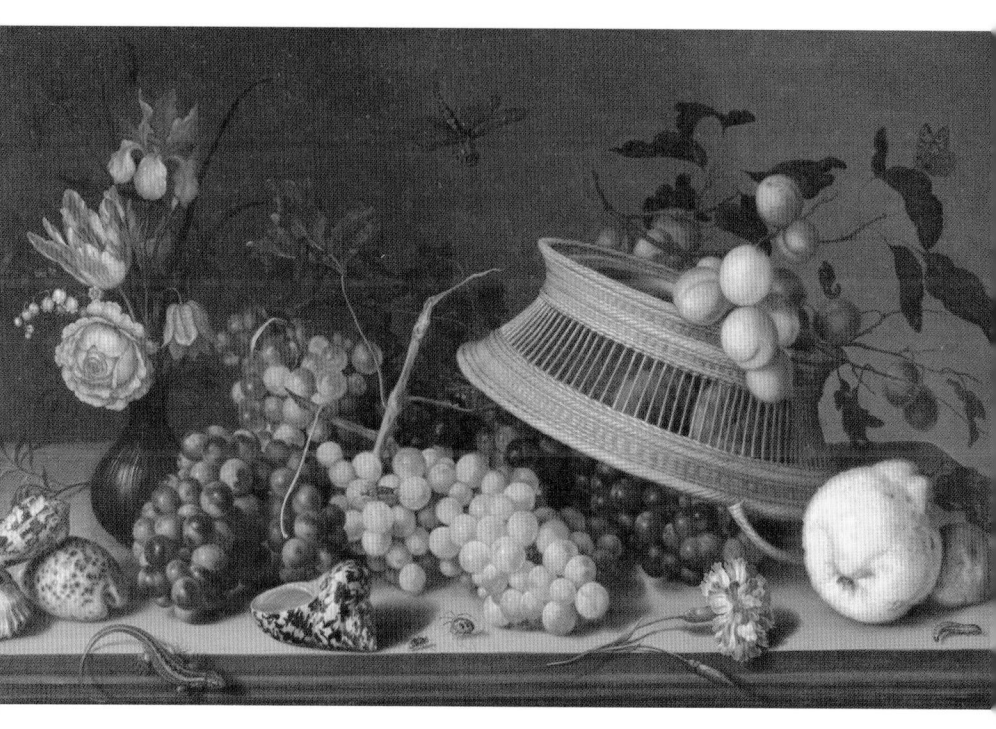

발타자르 판 데어 에스트, 〈꽃과 조개, 벌레, 그리고 정물이 있는 풍경〉

캔버스에 유채, 1629, 버밍엄 박물관

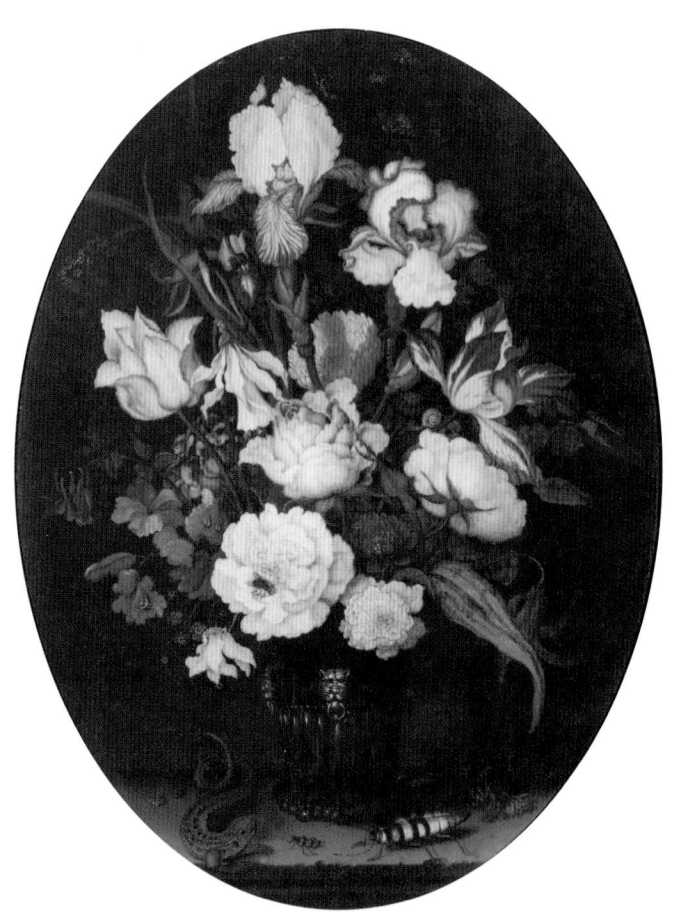

발타자르 판 데어 에스트, 〈꽃병과 꽃〉
구리판에 유채, 31.4×23.7cm, 1624, 휴스턴 파인아트 박물관

花無十日紅, 즉 "열흘 붉은 꽃이 없다"는 사실 때문에 화가들은 앞다투어 그 생명의 정점의 순간을 그림 속에 담았던 것이리라.

다시 정물화가 무엇인지 살펴보자. 정물화는 영어로는 스틸 라이프 still life, 프랑스어로는 나튀르 모르테 nature morte라 부른다. 이처럼 각각 '움직이지 않는 생명'이자 '죽은 자연'이란 뜻을 담은 정물화는 움직이지 않는 사물과 생명이 없는 사물만 모아놓고 그린 그림을 총칭한다. 사실 서양미술사에서 정물화가 독립적으로 등장한 시기는 아주 늦다. 꽃과 과일은 17세기 네덜란드에 와서야 비로소 그림의 주인공이 되는데 그전까지는 초상화나 성경 필사 말미에 부수적으로 그려졌을 뿐이다. 정물은 인물과 서사에 비해 아주 하찮게 여겨졌다. 정물화라는 용어가 만들어진 것도 18세기 네덜란드 미술사학자 아르놀드 후브라켄 Arnold Houbraken에 의해서였다.

사실 네덜란드 정물화는 우리가 지금까지 흔히 보아오던 정물화와는 아주 다르다. 피상적으로 보았을 때는 비슷해 보여도 가만 들여다 보면 그것은 꽃의 조형성과 아름다움만을 과시하기 위해 만들어진 그림이 아니라는 것을 알 수 있다. 그도 그럴 것이 네덜란드 정물화 속에는 시든 꽃과 벌레 먹은 과일은 물론 곤충과 징그럽게 생긴 애벌레가 반드시 존재하기 때문이다. 게다가 그 사실적인 묘사가 얼마나 정교하고 치밀한지 놀라움을 금치 못한다. 그림을 감상하던 사람들은 전자 때문에 일단 놀라고 후자 때문에 두 번 놀란다.

그렇다면 도대체 이런 네덜란드 정물화가 탄생한 이유는 무엇일까? 놀랍게도 네덜란드 정물화는 단순한 꽃 그림이 아니다. 정물화가 곧 종교화다. 그것은 마치 같은 개신교를 믿은 당대 화가 렘브란트의 종교화와 크게 다르지 않다. 다시 말해 네덜란드 정물화는 칼뱅교를 믿는 개신교 국가인 네덜란드가 선택한 종교화다.

아름다움이나 부유함, 화려함과 즐거움, 예술, 위대한 명성 그리고 모든 지상의 모든 것들은 꽃처럼 사라진다.

_《시편》103장 15절

이 성경 말씀을 정물화만큼 잘 반영해주는 장르가 없지 않은가! 더군다나 더 이상 성상을 제작하는 것이 불가능한 개신교 국가가 선택한 종교화가 바로 정물화였다는 것은 어쩌면 자연스러운 결과였다. 그런 까닭에 네덜란드 정물화 속 꽃과 과일(꽃이 피어야 열매가 맺으니, 정물화에는 꽃과 과일이 동반될 때가 많다)은 모두 비유로 이루어져 있다. 다시 말해 우의화寓意化, 즉 알레고리 그림인데 정물화의 내용을 하나의 텍스트처럼 재구성해 읽어야 한다. 이로써 네덜란드 정물화는 절제를 권면하는 기독교적인 교훈과 신이 주신 풍요를 누리라는 세속적 즐거움이 결합된 그림이 된다. 이 정물화를 종교화의 하나로 해석하면 다음과 같다.

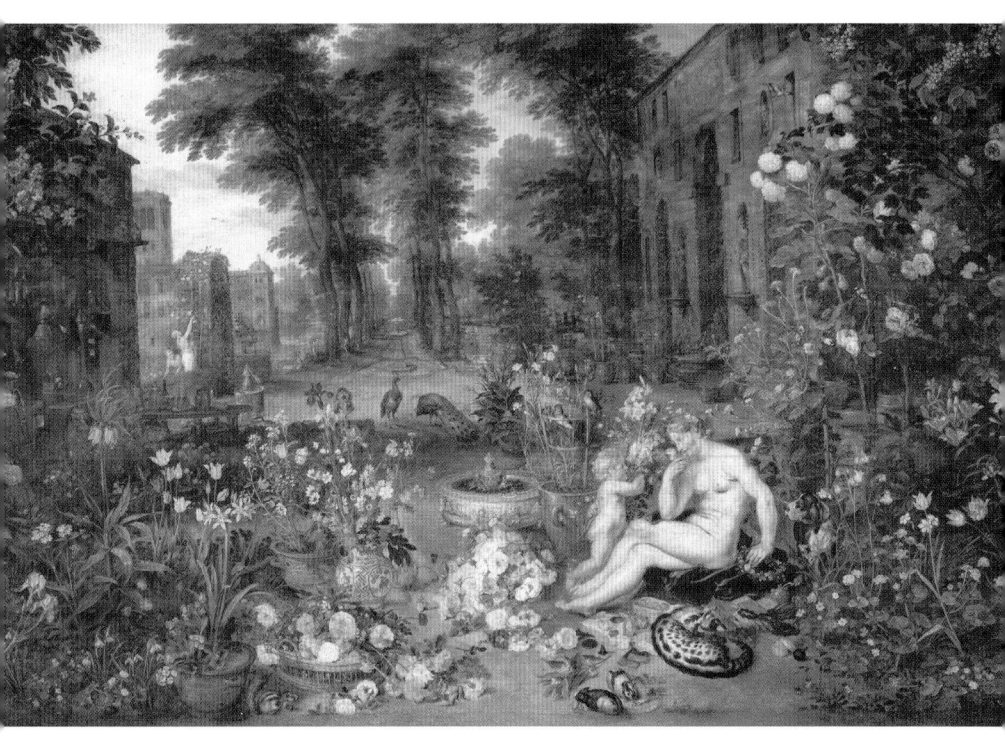

페테르 파울 루벤스와 얀 브뤼헐 Jan Bruegel의 합작품, 〈향기〉
패널에 유채, 65×111cm, 1618, 마드리드 프라도 박물관

그리스도는 불의한 인간에 대한 지극한 사랑(장미)으로 성령(매발톱꽃)으로 잉태하여 인간의 몸을 입고(카네이션) 이 땅에 내려와서 인간을 대신하여 죽음으로 그 죄를 대속하였고 부활(나비)했다. 새 사람으로 거듭난 인간(도마뱀 등 탈피하는 곤충류)은 땅에서 믿음을 지키며 열심히 자신의 일을 하여 신의 축복(튤립과 조개껍질 등으로 상징되는 네덜란드의 풍요로움)을 받아 누릴 것이다. 그러나 이 땅에서의 날은 한정이 있으므로(허물어지는 벽) 그리스도가 이 땅의 온전한 주인으로 다시 올 날을 기억하며(떨어진 꽃잎) 신앙을 지켜나가야 한다.

이처럼 기독교의 핵심적인 메시지가 꽃 정물화를 통해 전해진다고 볼 수 있다.

그뿐만이 아니다. 이런 꽃 그림에는 네덜란드 사회의 경제적 부흥과 지리상의 발견으로 인한 세계에 대한 지적 관심 그리고 사치를 지향해가는 사회풍조가 첨예하게 반영되어 있다. 흐드러지게 만발해 있는 꽃들, 주위에 흩어져 있는 조개껍질과 꽃병 등 모든 것은 지리적 발견과 해외 교류를 의미한다. 그리고 이 발견은 당연히 종교적인 확고한 신념에 뿌리내리고 있다. 이 시대의 모든 발견이란 아직까지 종교적 신념을 위한 것이었기 때문이다. 신의 섭리는 모든 우주와 세계로부터 한 송이 꽃이나 곤충과 같은 미물에 이르기까지 내재되어 있다.

네덜란드 정물화가 어떤 종교철학을 담고 있는지 감이 잡히는가?

아직도 모르겠다면 다시 성경 속으로 들어가 보자. "헛되고 헛되며 헛되고 헛되니 모든 것이 헛되도다"라는 《전도서》1장에서 등장하는 솔로몬의 한숨은 시대를 초월한 아포리즘aporism, 진리를 간결하게 표현한 경구이 아닌가. 그가 헛되다고 한 것은 죽음 앞에 모든 것이 무력하고 허무하다는 뜻이다. 즉 '메멘토 모리memento-mori, 죽음을 기억하라'라는 메시지다. 이를 꽃만큼 더 잘 드러낼 수 있는 소재가 무엇이 있겠는가. 그런 까닭에 네덜란드 정물화는 바니타스vanitas, 허무, 무상, 영어로 vanity는 자만심, 허영심, 헛됨, 무의미를 나타내는 최고의 장르가 되었다.

우리도 이 정물화에서 최고의 가치를 배울 수 있다. '메멘토 모리' 하고, '카르페 디엠' 하라는 것! 죽음을 기억하고 죽음을 긍정한다는 것은 지금의 삶을 아주 적극적으로 살 수 있는 기반이 된다. 그렇게 우리는 17세기 네덜란드 정물화 속 시시하게만 보이는 꽃에서 삶의 커다란 의미를 다시 새길 수 있다. 죽음을 기억할 때만 죽음을 넘어설 수 있다!

죽음을 넘어선다는 것은 지금 이 순간의 삶을 자기답게 멋지게 살자. 오늘을 살고 싶은 이들에게 이보다 더 큰 아포리즘은 없다! 꽃피는 시절 한 번쯤 꽃의 의미를 되새겨보는 여유가 절실한 요즘이다.

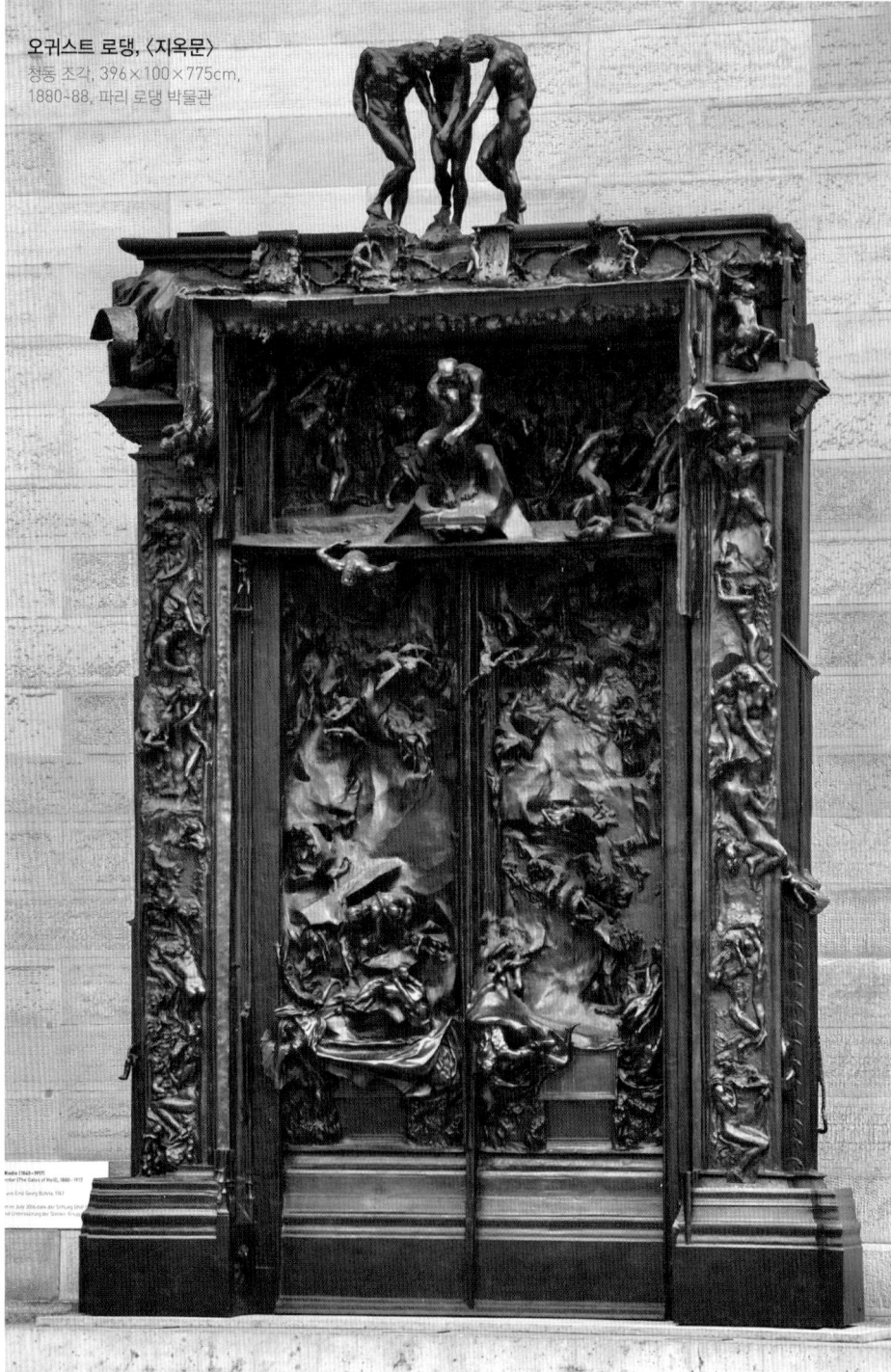

오귀스트 로댕, 〈지옥문〉
청동 조각, 396×100×775cm,
1880~88, 파리 로댕 박물관

성공한 사람들이
진짜로 두려워하는 것

연인이자 라이벌,
같은 분야에서 일하는 이들

오귀스트 로댕은 명성을 얻기 전에는 고독했다. 하지만 이후 찾아온 명성은 그를 더 고독하게 만들었다. 로댕의 비서였던 시인 라이너 마리아 릴케Rainer Maria Rilke는 명성이란 결국 하나의 새로운 이름 주위로 몰려드는 모든 오해의 총합에 지나지 않는다고 말했다. 그렇다면 성공이란 무엇인가? 성공과 명성 뒤에는 항상 짙은 그림자가 있다. 그리고 그 그림자는 여자일 경우가 많다. 그것이 조강지처건 정부이건 애인이건 말이다.

오귀스트 로댕 역시 성공을 거머쥔 후 숱한 여자들을 만났다. 그는 여성을 숭배할 줄 알았다. 로댕은 "여자는 이 시대에 여전히 걸작으로 남아 있는 유일한 존재"라고 말하며 유혹의 화술을 기막히게 구사할 줄 알았다. 마치 조물주의 재능을 가진 듯한 방탕한 예술가 로댕은 여성의 피부를 종이에, 살을 흙에다 옮겨놓으며 그들을 불멸의 작품으로 변모시켰다. 그런 그를 저항할 수 있는 여자는 없었다. 또한 어떤 여자도 그러한 남자를 새장 안에 가두는 것도 불가능해 보였다.

1883년 말, 조각가로 성공한 마흔세 살의 로댕은 열아홉 살의 카미유 클로델을 만난다. 클로델의 기발한 착상과 독창적 재능, 성공하고야 말겠다는 강한 의지에 감동받은 로댕은 순식간에 그녀에게 빠져든다. 결혼은 하지 않았지만 조강지처였던 로즈 뵈레가 있었던 로댕은 숱한 여자를 만났지만 결국 언제나 그녀 곁으로 돌아가곤 했다. 그러나 클로델만은 그가 만났던 여느 여성과는 달랐다. 그녀는 그가 찾던 지식과 미모를 겸비한 이상적인 여인상이었다. 클로델은 로댕보다 스물네 살이나 어렸지만 지적인 대화에서는 로댕을 능가하는 부분이 있었다. 어렸을 적부터 인문학 교육을 받았기 때문에 가능했던 일이다.

클로델은 로댕의 조수가 되었고 그녀 역시 더할 수 없이 그를 숭배했다. 로댕의 작업에서 손과 발 같은 세심하고 어려운 부분은 그녀 차지였다. 어디 그뿐인가? 클로델은 로댕에게 더할 수 없이 아름다운 모델이었다. 로댕의 〈다나이드〉는 클로델의 뒷모습으로 알려져 있다. 머리카락과 얼굴을 바닥에 파묻고 있는, 얼굴을 알 수 없는 여자의 등은 마치 훗날 극적인 비극의 주인공이 될 클로델을 앞서 재

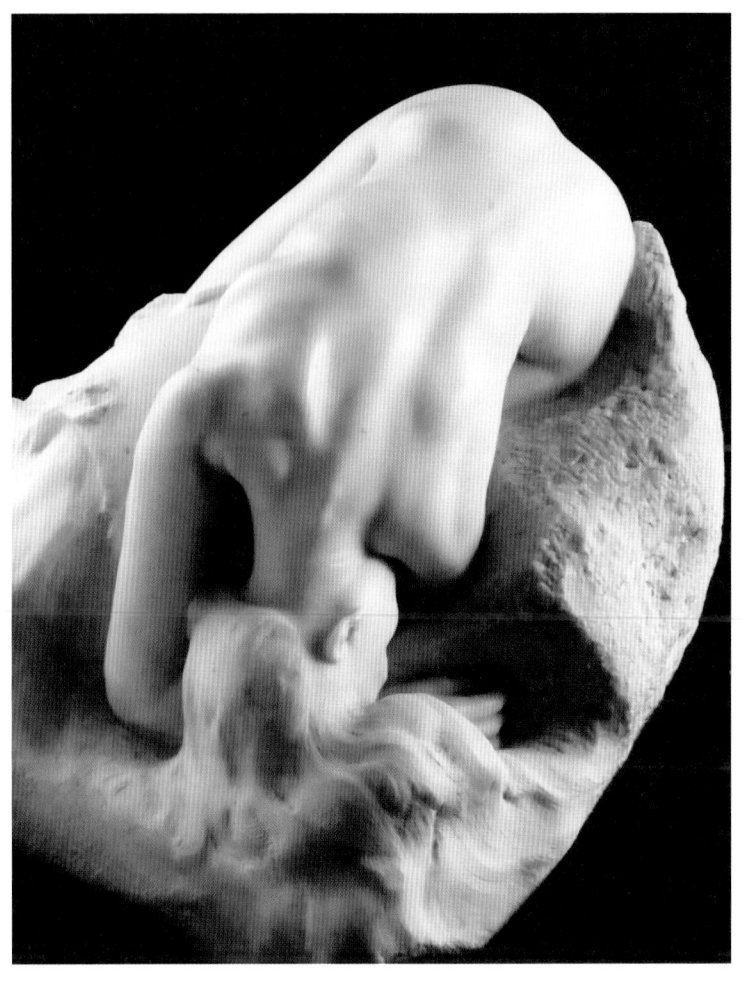

오귀스트 로댕, 〈다나이드〉
대리석 조각, 36×71×53cm, 1889, 파리 로댕 박물관

현하고 있는 것 같지 않은가!

　로댕과 연인으로 지내던 1888년, 스물세 살의 클로델은 〈내맡김-사쿤탈라〉로 살롱에서 최고상을 받고 조각가로서 입지를 다진다. 이 작품이 출품되었을 때 사람들은 로댕이 손봐주었을 거라고 수군거렸다. 이 말을 들은 클로델은 크게 좌절했다. 그때 로댕이 나서서 그녀를 유능한 동료 조각가로 추켜세운다.

　"클로델이 내 제자였던 것은 사실이오. 그러나 그건 아주 잠깐 동안의 일이었소. 나는 그녀에게 의견을 묻고 비평을 들은 다음에 최종적으로 작업을 확정합니다. 한마디 더 하지요. 그녀에게 황금이 묻힌 장소를 가르쳐 준 사람은 나일지 몰라도 황금을 찾아낸 것은 결국 그녀라는 것을 믿어주세요."

　그리고 십일 년 후 두 사람이 완전히 결별한 후에도 미술계에선 여전히 클로델의 작품에서 로댕의 영향을 언급했다. 1899년 클로델이 살롱에 〈클로토〉를 출품했을 때 한 평론가는 그 작품이 로댕의 영향을 받았다고 썼다. 클로델은 잡지사에 편지를 보내 거세게 항의했다. 〈클로토〉가 온전히 자신의 창작품이니 잡지 기사의 일부를 정정해주기를 바란다고.

　그 후 반전이 일어났다. 급기야 로댕의 명성에 누를 끼칠 만한 사건이 벌어졌던 것. 로댕이 클로델의 작품을 표절했다는 스캔들이 터졌다. 클로델의 1888년 작품인 〈사쿤탈라〉와 로댕의 1889년 작인 〈영원한 우상〉이 표절 시비의 표적이 된 것이다. 사실 〈영원한 우상〉

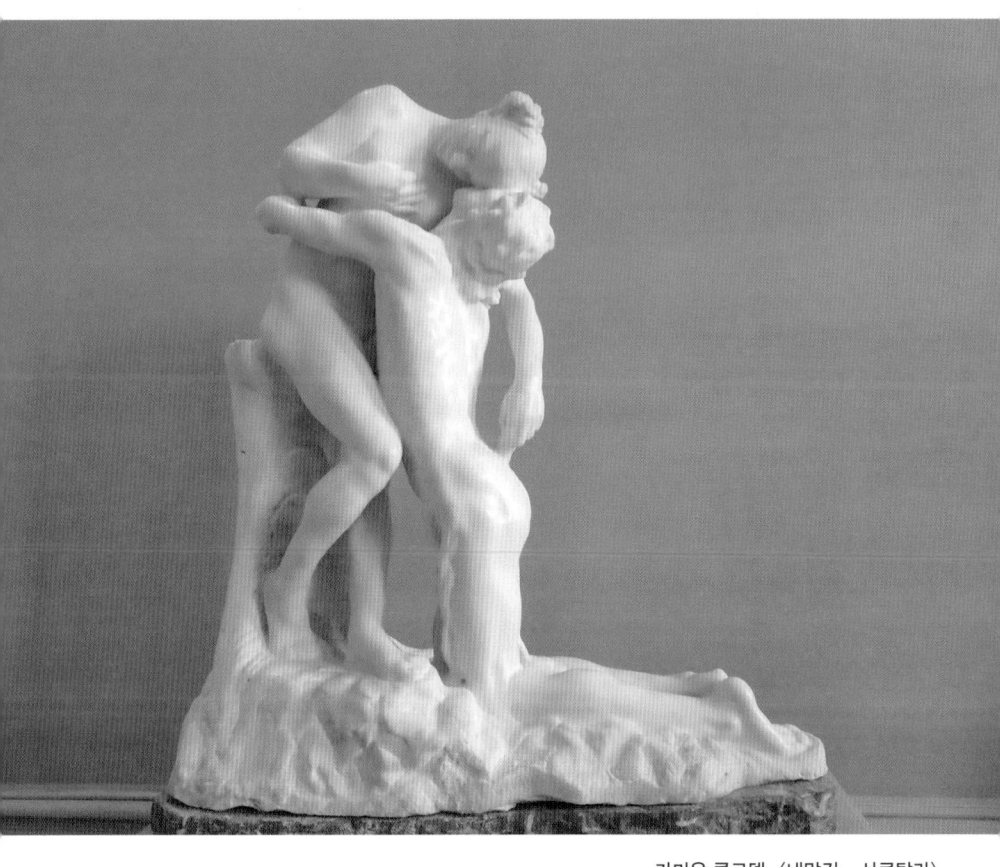

카미유 클로델, 〈내맡김 − 사쿤탈라〉
대리석 조각, 90×80.6×41.8cm, 1888, 파리 로댕 박물관

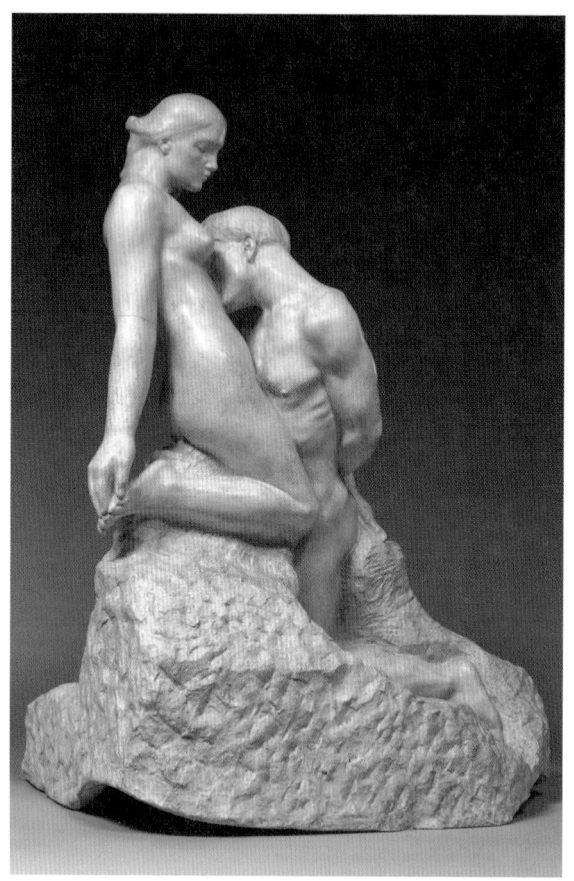

오귀스트 로댕, 〈영원한 우상〉
청동 조각, 1888~89, 파리 로댕 박물관

은 아무리 봐도 〈사쿤탈라〉와 비슷한 성격으로 전체적인 구조와 동적인 포즈가 흡사하다. 뿐만 아니라 긴장된 동작 속에서 느껴지는 격렬한 에너지와 육감적인 특징 등이 매우 유사해 로댕이 클로델의 작품의 아이디어를 몰래 빌렸을 것이라는 추측을 가능케 했다.

이 로댕의 표절 시비와 스캔들은 이미 사회적 성공을 거머쥔 로댕에게 엄청난 부담감을 주었다. 결국 겁을 집어먹은 로댕이 의혹을 산 클로델의 작품을 출품하지 못하게 압력을 가함으로써 표절 시비를 잠재웠다. 그렇지만 이 사건으로 두 사람 사이는 파국의 길로 향한다.

뿐만 아니라 로댕은 클로델의 작품 제작을 방해하기도 했다. 클로델의 대표작은 한 여자에게 끌려가는 나약한 남자와 애원하는 여자를 표현하는 〈중년〉이라는 작품이다. 누가 봐도 그 작품은 로댕과 그의 아내나 다름없는 로즈 뵈레, 그리고 클로델과의 삼각관계를 표현한 것이었다. 로댕은 이 작품이 몰고 올 스캔들을 감지하고 이 작품이 주물로 완성되지 못하도록 압력을 행사했다.

그렇지만 로댕이 그런 파렴치한 일만 했던 것은 아니다. 로댕은 자신의 치부를 폭로하지 않는 일이라면 기꺼이 클로델을 도왔다. 로댕은 클로델 몰래 전시를 주선해주거나 고객을 소개해주기도 했다. 남의 이름을 빌려 클로델의 작품을 사주고 한 달에 몇 백 프랑씩 생활비를 보내주기도 했다. 또한 클로델의 대인기피증과 결벽증적인 태도를 걱정하며 편지를 보냈다.

"그대의 신경이 예민해지는 것을 보는 것이 안타깝소. 자잘한 구설에 동요되지 마시오! 무엇보다 변덕스러운 싫증으로 친구들을 잃지 마오!"

그러나 로댕의 이런 이중적인 태도는 그녀를 더욱 자극할 뿐이었다. 클로델은 자신의 삶과 예술에서 로댕의 흔적을 완벽하게 몰아내기 위해 더욱 더 조각에 몰두했다. 그러나 생활은 점점 더 궁핍해져 최악의 재정난에 시달리게 된다. 그녀는 이 모든 불행이 모두 로댕 때문이라고 치를 떨었다. 클로델은 "망할 놈의 로댕! 교활한 놈!"이라고 자주 욕했으며 로댕이 자신을 파멸시키기 위해 음모를 꾸민다고 생각했다. 그러면 그럴수록 로댕은 대표작 〈지옥의 문〉과 〈생각하는 사람〉 〈칼레의 시민〉 등으로 전 세계의 주목을 받고 승승장구했다. 이러한 로댕의 대대적인 성공은 클로델에게 더 큰 좌절감을 안겨줄 뿐이었다.

아예 클로델은 문을 걸어 잠근 채 은둔생활을 시작했고 모든 사람들을 경계하며 금치산자처럼 지내기 시작했다. 심지어 자신의 작품을 파괴하는 등 우울증과 피해망상이 심해져만 갔다. 늘 혼잣말을 중얼거리며 길거리 부랑아처럼 도무지 씻지 않은 산발한 모습으로 다녔고 작업실은 거의 저장 강박증에 걸린 사람처럼 쓰레기장 같았다. 문은 꼭꼭 걸어 잠그고 밤늦게만 외출했고 작업실엔 길고양이들만 득실거렸다.

클로델은 모든 지인들의 등장을 로댕이 사주한 것이라고 생각했

그림 같은 여자 그림 보는 남자 ·

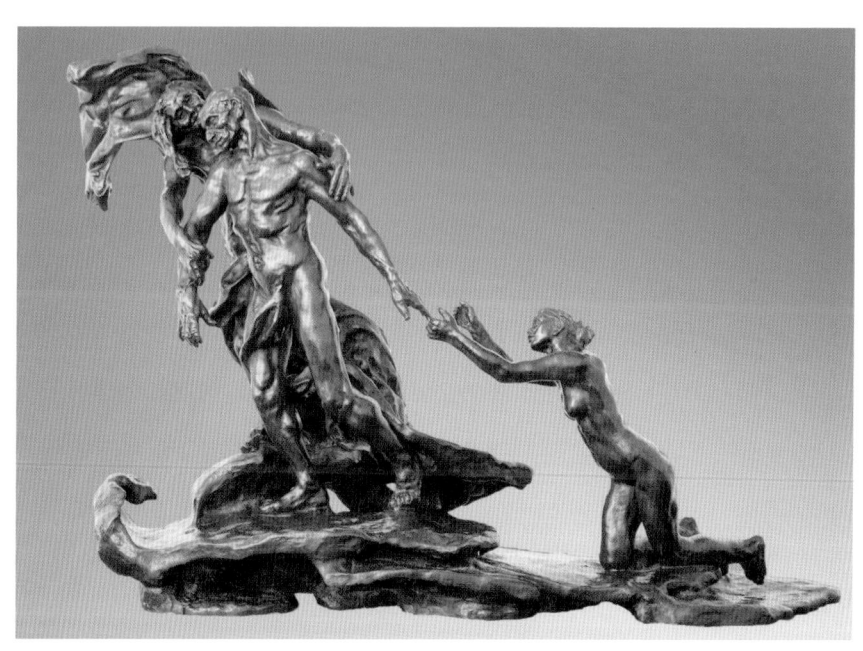

카미유 클로델, 〈중년〉
청동 조각, 114×163×72 cm, 1899, 파리 오르세 미술관

다. 급기야 그녀는 "로댕이 나의 재능을 두려워해 나를 죽이려 한다"고 주장했고, 1913년 마흔아홉이 되던 해 가족들에 의해 정신병원에 수용되기에 이른다. 딸을 너무도 사랑했던 아버지의 죽음 이후의 일이었다. 수감되고 얼마 후 클로델은 병세가 호전되어 퇴원했으나 가족들, 특히 클로델의 어머니는 그녀를 받아들이지 않았다. 물론 그 후에도 클로델의 병은 많이 회복되었지만 피해망상은 여전히 해결되지 않은 채 남아 있었다.

클로델은 로댕이 죽은 지 십칠 년이 지났는데도 로댕이 누군가를 시켜 자신을 독살할 것이라는 피해망상에 시달렸다. 로댕에 대한 분노와 원망이 죽을 때까지 클로델을 지배했다. 클로델은 그렇게 삼십 년의 수용소 생활에서 단 한 점의 조각도 만들지 못하고 죽었다. 그것은 그녀의 단호한 의지 때문이었다. 자기는 내일 당장 이곳을 탈출할 수 있을 거라는 결코 가능하지 않았던 희망을 품었던 것이다. 가만 보면 그녀는 자기 의지의 희생양 같다는 생각이 들 정도다.

적들에게 창의적으로
욕하는 법

복수도 재치 넘치면
용서된다

당대의 내로라하는 비평가이자 파워블로거가 당신의 업무 방식은 물론 인격에 대해서도 혹평을 하고 다닌다. 게다가 그 비평가는 정권의 비호를 받는 엄청난 권세가다. 그는 부와 명예를 걸머쥐고 시건방지고 오만함이 하늘을 찌를 듯하다. 이런 사람이 당신을 험담하고 일을 그르치려 한다면 당신은 어떻게 할 것인가?

대가가 된 미켈란젤로 부오나로티는 주문자나 후원인 혹은 비평가에게 할 말을 다하고 뻣뻣하게 굴며, 필요하다면 언제나 싸울 준비가 되어 있었던 것으로 유명하다. 그러니 얼마나 주변에 중상모략가들이 많았을까! 30대 중반에 〈천지창조〉에 혼신의 힘을 다한 미켈란젤로는 60대 중반에 또 한 번 크나큰 과업을 주문받는다. 바로 〈최후의 심판〉이라는 작품이다.

1533년 피렌체에서 메디치 가문의 묘지의 작업을 하고 있던 미켈란젤로에게 교황 클레멘스 7세 Clemens VII가 작품을 의뢰했다. 클레멘스 7세가 세상을 떠나자 1535년 바오로 3세 Paulus III가 다시 이 작업에 대한 명령을 내렸다. 1536년 〈최후의 심판〉 작업이 시작되었고 엄청난 노력으로 1542년에 완성하기에 이른다.

시스티나 예배당의 〈최후의 심판〉은 높이 18미터, 폭 10미터, 전체 면적 180.21제곱미터, 420명의 등장인물이 나오는 초대형 대작이다. 완성까지 육 년이 걸렸고 역작 중의 역작으로 통한다. 미켈란젤로는 〈최후의 심판〉이 완성되기까지 참으로 혹독한 고난을 많이 겪었다. 그는 벽화를 제작 중 비계飛階에서 추락하는 사고를 당했는데 다리가 부러졌는지 뼈에 금이 갔는지 상태를 알 수 없을 만큼 상태가 심각했음에도 의사의 진찰을 거부하며 스스로 치료하겠다고 고집했다. 그는 사고 났을 당시만 잠깐 쉬었고 이후 직접 만든 목발을 짚고 한쪽 다리가 불편한 상태로 일했고 그 상태로 이십삼 년을 더 살았다. 그때 미켈란젤로는 조각가가 그림을 그리고 있다고 엄청나게 불평했다. 가족들을 평생 부양해야 했던 그에게 어마어마한 연봉 계약은 꿈과 같은 유혹이었을 것이다.

특히 미켈란젤로는 작품제작 시 간섭과 비평을 유난히 싫어했기에 교황과 수행자들이 방문하는 걸 극도로 꺼려했다. 특히 쓸데없는

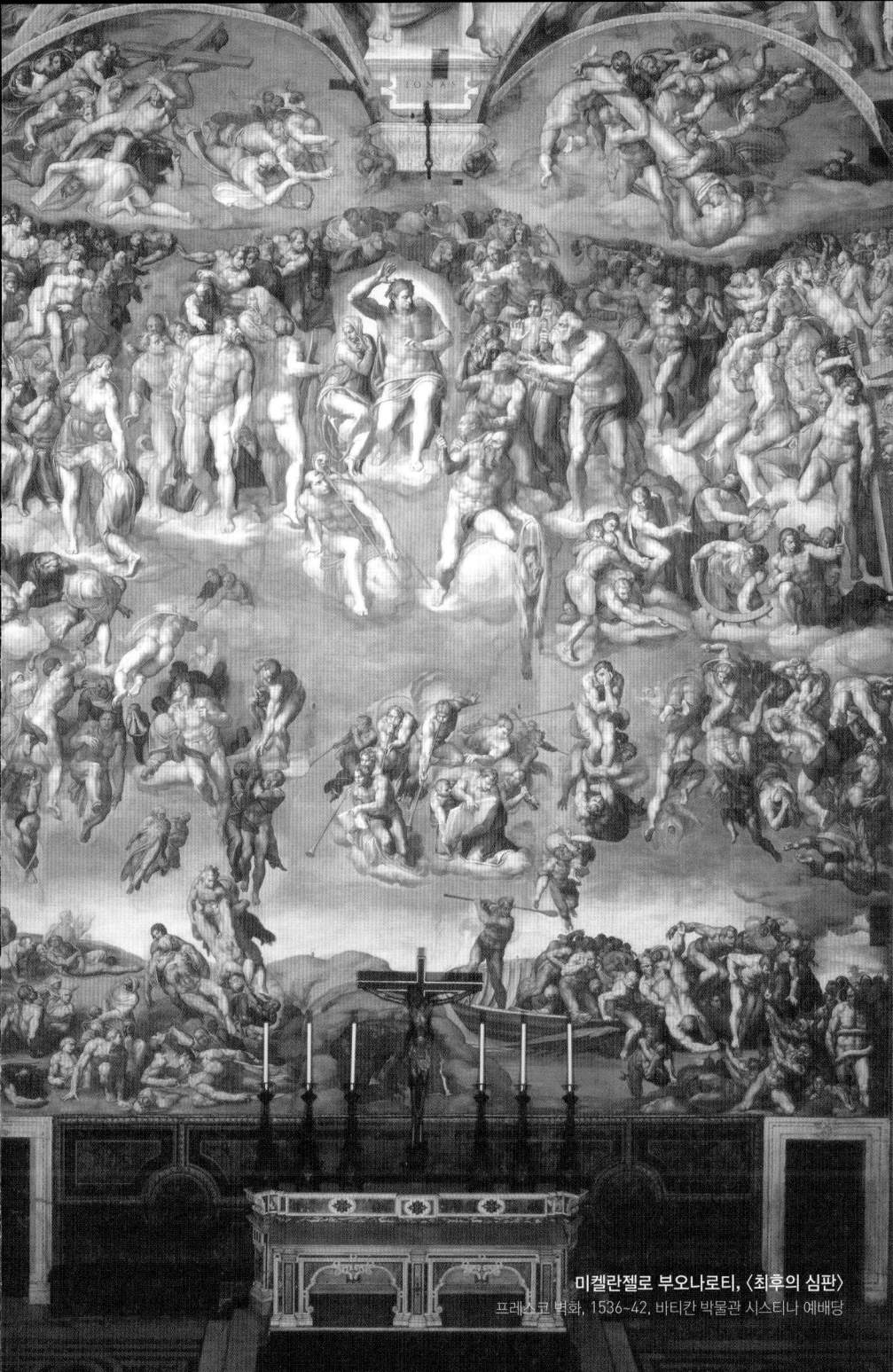

미켈란젤로 부오나로티, 〈최후의 심판〉
프레스코 벽화, 1536~42, 바티칸 박물관 시스티나 예배당

지적과 엉성한 예술적 충고를 참아내지 못했다. 당시 교황은 자주 들러 작업이 언제 끝나느냐고 물었다. 미켈란젤로는 "완성되는 날에 끝나는 거죠!"라고 뿔뚝대며 대답했다. 이에 교황은 무슨 대답이 그러냐고 화를 내자 미켈란젤로도 이를 맞받아치며 즉시 바티칸을 떠날 차비를 했다. 실수를 깨달은 싶은 바오로 3세는 급히 전갈을 보내 돈을 챙겨주며 사과했고 미켈란젤로는 못 이기는 척 사과를 받아들였다. 이런 일은 자주 반복되었다.

이후에도 미술 역사상 〈최후의 심판〉만큼 파란과 수난을 많이 겪은 작품이 없을 정도다. 사실 이 작품이 완성되었을 당시 거의 벌거벗은 누드들의 향연이었다. 그런데 교황이 바뀔 때마다 벌거벗은 육체를 문제 삼아 결국에는 성기 부분을 베일로 가리고 말았다. 따라서 현재의 벽화는 미켈란젤로가 그렸던 당시의 그림과는 상당히 다르게 퇴색되었다.

〈최후의 심판〉을 작업하던 초기, 교황 바오로 3세와 의전장관인 비아조 다 체세나 Biagio de Cesena 가 예배당을 방문했다. 교황은 감동한 후 성호를 그었지만 비아조는 "이 성스러운 장소에 모든 사람이 보도록 나체를 그렸다"며 망측하고 부도덕하다고 비난했다. 그러면서 "언젠가는 이 신성모독의 벽이 없어질 거요!"라고 말하자 교황은 격분하며 "내가 살아 있는 한 절대 안 돼. 작품에 손대는 자는 누구든 파문시키겠다!"고 대응한다.

그들이 예배당을 떠나자 미켈란젤로는 벽화의 맨 오른쪽 제일 아

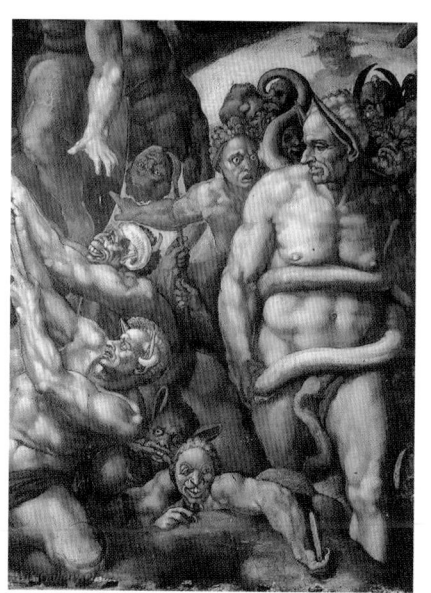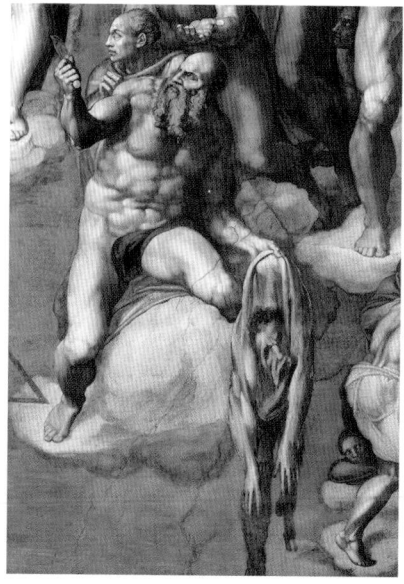

(왼쪽) 미켈란젤로 부오나로티, 〈최후의 심판〉 중 '지옥의 심판관 미노스'
프레스코 벽화, 1536~42, 바티칸 박물관 시스티나 예배당

(오른쪽) 미켈란젤로 부오나로티, 〈최후의 심판〉 중 '성 바르톨로메오'
프레스코 벽화, 1536~42, 바티칸 박물관 시스티나 예배당

래 구석에 지옥의 심판관인 미노스를 그리면서 비아조의 얼굴을 그려 넣었다. 그것도 귀가 당나귀처럼 길고 괴상한 얼굴에 허리를 감싼 뱀이 성기를 집어 삼키려 하고 있는 모습으로 말이다. 이를 다시 보게 된 비아조는 교황에게 항의했지만 교황은 "그가 자네를 연옥에 넣었다면 어떻게 해보겠네만 자네는 지옥에 있지 않나? 그러니 나로서는 어쩔 도리가 없네!"라고 말했다.

〈최후의 심판〉에는 이보다 더 치기 어리며 귀여운 복수와 조롱의 이야기가 담겨 있다. 당시 〈최후의 심판〉을 둘러싼 음모가 매우 빠른 속도로 확산되고 있었는데 그 음모의 핵심에 피에트로 아레티노Pietro Aretino가 있었다. 아레티노는 시인이자 저술가로 로마에서 피렌체, 만토바와 베네치아 등 각지를 전전하며 여러 곳의 궁전에 출입해 대담한 필력으로 거리낌 없이 성직자와 왕후와 귀족 등 권력자를 풍자하고 비평했던 당대의 권세가였다.

독설과 기행으로 자자한 아레티노는 포르노 서적을 최초로 출판한 성도착자이자 도색 문학가요 당대 베스트셀러 작가로도 유명하다. 그는 돈을 벌 욕심으로 음란한 책들을 쓰는 한편 제후와 명사들에게 협박조의 편지를 보내 이간질하고 서로를 비방하게 만들었다. 이처럼 아레티노는 협박으로 먹고사는 파렴치한 악한이자 유머와 위트를 기막히게 사용할 줄 아는 재주 많은 작가였다. 당시 군주와 귀족들은 아레티노의 신랄한 비판의 대상이 되는 것을 피하기 위해 그에게 돈과 금품을 보냈고 그는 깜짝 놀랄 만한 특혜와 목돈을 두

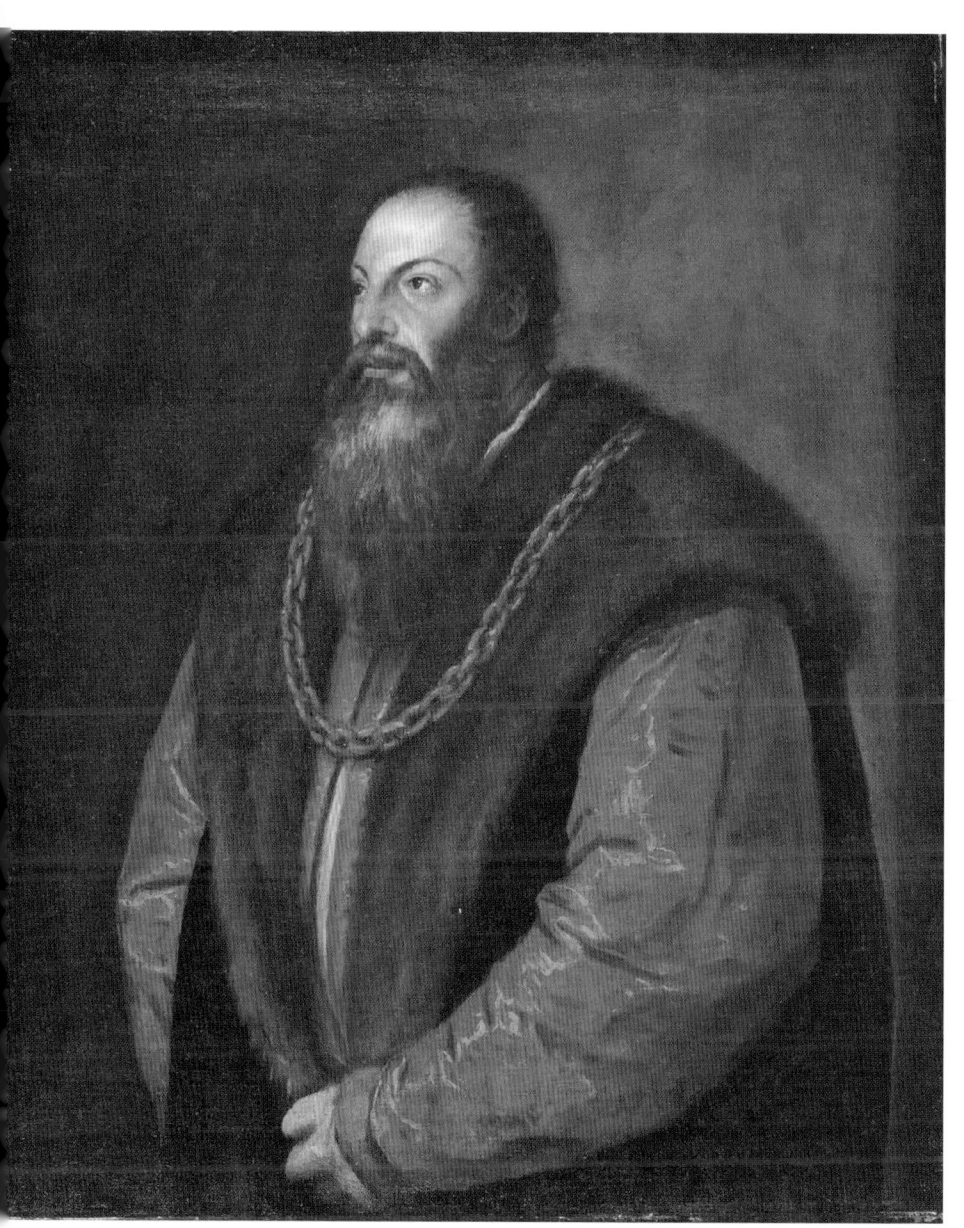

티치아노 베첼리오, 〈아레티노의 초상〉
캔버스에 유채, 99×82cm, 1548, 뉴욕 프릭 컬렉션

둑이 챙기는 것으로 정평이 나 있었다.

〈최후의 심판〉 제작 당시 많은 사람들이 응원과 관심의 편지를 보냈다. 이 편지들 중에서 가장 괴이한 편지가 아레티노에게서 왔다. 그는 미켈란젤로에게 수차례 편지를 보냈는데 그 내용은 미켈란젤로를 추켜세우는 동시에 그림에 자기의 의견을 수렴하라는 충고였다. 예술 분야에서만큼은 누구보다 자신만만했던 미켈란젤로는 그의 교만한 충고가 구역질이 날 만큼 지나친 간섭으로 느껴졌다. 그리고 더 이상 훼방 놓지 못하게 하겠다는 생각으로 약간은 비꼬아서 "감사하나 지금은 완성된 상태라 받아들일 수 없다"는 답장을 보냈다.

그럼에도 아레티노는 그림과 모델에 대해 집적거리는 편지를 써댔다. 뿐만 아니라 아레티노는 "내가 이렇게 헌신적인 관심을 기울이는 데도 조각과 회화의 왕인 당신이 불쏘시개로 쓰려고 쌓아둔 밑그림 한 장도 받아볼 자격이 없나요?"라며 계속 치근덕댔다. 미켈란젤로는 결국 그의 무례함을 완전히 무시해 버렸다. 이것이 실수였다.

아레티노는 〈최후의 심판〉이 완성될 때까지 독을 품고 지냈다. 그러면서 그는 공개적으로 미켈란젤로를 향해 "껍질을 벗겨버리겠다!"고 떠들고 다녔다. 이 말은 당시 속어로 "가만두지 않겠다"는 뜻이다. 익살스럽게도 미켈란젤로는 그의 험담을 그대로 가시화했다. 바로 예수 오른쪽 아래에 칼을 들고 있는 성 바르톨로메오와 그가

들고 있는 몸 껍질에 아레티노의 얼굴을 그렸다. 성 바르톨로메오는 예수의 제자 중 가장 심각한 형벌인 생피박리형으로 순교를 당한 사람이다. 미켈란젤로는 그 바르톨로메오의 얼굴에 아레티노의 얼굴을 담았다. 그리고 그 껍질에 아레티노의 소원대로 미켈란젤로 자신의 얼굴을 새겨 넣었다. 언제 봐도 고뇌에 찬 인상의 소유자인 자기의 못생긴 얼굴을 말이다.

물론 진짜 이런 그림을 그리게 된 더 숭고한 의미가 따로 있기는 하다. 첫째는 아침과 저녁을 기도로 시작하고 끝낼 정도로 신앙심이 아주 강했던 미켈란젤로 자신은 언제든 예수를 위해서라면 가장 잔인한 형벌로 순교할 수 있다는 의사표시였고 둘째는 자신도 최후의 심판에서 자유롭지 못한 불쌍한 중생이라는 의미이자 자기가 지은 죗값이 이 정도쯤 될 것이라는 겸손과 두려움의 표현이기도 했다. 어쨌거나 미켈란젤로의 이런 익살과 유머는 얼마나 창의적이고 천재적인가! 이중적으로 자신의 과업을 달성했다. 우리에게 필요한 건 이런 색다른 인내심과 창조성 아닐까.

져줄 수도 없고
이길 수도 없고

나보다 뛰어난 후배를
만났을 때

나보다 실력이 뛰어난 후배와 부하와 제자를 만났을 때 어떻게 해야 할까? 하루아침에 동료나 부하직원이 내 상사가 되어 업무 보고와 결재를 요청해야 하는 입장에 놓이면 또 어떻게 할 것인가? 기죽어 한숨을 쉴 것인가? 불평불만을 늘어놓으며 험담을 할 것인가? 반대로 당신이 선배와 동료보다 앞서 승진했다면 어떤 태도를 견지할 것인가? 예술가들은 어떤 태도와 입장을 취했을까?

서양미술사에는 너무 잘난 후배나 제자를 두어서 존재감이 확사라져 버린 불쌍한 예술가들이 꽤 많다. 조토 디 본도네Giotto di Bondone를 제자로 둔 치마부에Cimabue, 라파엘로를 제자로 둔 페루지

그림 같은 여자 그림 보는 남자

노, 레오나르도 다빈치가 스승으로 모신 안드레아 델 베로키오가 바로 그들이다. 그중에서도 다빈치의 스승 베로키오만큼 가엾은 존재는 드물다. 베로키오는 15세기 르네상스 시대 전성기에 메디치 가의 후원 아래 회화와 조각 등을 제작하는 대규모 공방을 이끌었던 예술가다. 당대 비판이 오가는 예술담론의 장과도 같은 베로키오의 공방은 피렌체의 모든 젊은 미술가들이 열망하는 장소였다. 당연히 베로키오에게 한 수 배우고자 하는 사람들이 모여들었다. 실로 베로키오의 작품은 다방면에 걸쳐 수준급 이상이었다. 그런 작가조차 너무 잘난 제자를 두어서 낭패를 본 것이다.

당시 열네 살이었던 다빈치는 아버지의 권유로 베로키오의 공방에 들어간다. 다빈치의 아버지는 당시 뚱보였던 다빈치의 살이라도 빼줄 심산으로 베로키오가 힘든 일을 시켜주었으면하는 바람이 있었다. 그리고 베로키오는 도제생활 삼 년밖에 안 된 다빈치에게 폭식에 대한 벌로 자신의 작품을 돕도록 벌을 주었다. 실은 벌이 아니라 칭찬에 가까운데, 통상 이런 기회는 도제생활을 칠 년 정도는 해야 가능한 일이었다. 베로키오는 다빈치에게 굉장히 파격적인 일을 부여한 것이다. 다빈치는 〈그리스도의 세례〉라는 작품에서 세례의 식을 돕는 천사를 그렸다. 개중에는 두 명 중 오른쪽 천사만을 그렸다는 설도 있다.

흥미로운 일은 이때부터 일어났다. 스승과 제자가 함께 그린 이 그림은 두 사람의 재능을 극명하게 대비하고 비교하게 만들었던 것!

사람들은 다빈치가 그린 천사에 매료당했다. 다빈치가 그린 천사는 부드럽고 자연스러운 명암이 드러나고 스승이 그린 두 인물은 딱딱하고 거친 느낌을 강하게 준다. 베로키오는 다빈치의 천사를 보고는 자신이 어느덧 구닥다리가 되어버린 것 같은 충격에 휩싸였다. 베로키오는 노력만으로는 어쩔 수 없는 천부적인 재능에 좌절했던 것 같다. 한 역사가는 이 사건을 다음과 같이 기록했다.

"이 그림은 어린아이의 솜씨임에도 너무나 뛰어났다. 그가 그린 천사는 베로키오 자신의 것에 비해 너무나 아름다웠다. 이를 본 베로키오는 더 이상 붓을 들지 않았다."

실제 이 사건 이후 베로키오는 조각으로 전공을 바꾸어버렸다.

실력을 인정받은 다빈치는 어떤 마음이었을까? 사실 견습생 시절의 다빈치는 스승에게 전적으로 순종했다. 그는 미켈란젤로처럼 불손하지 않았다. 당대 최고의 공방이었던 기를란다요 공방에서 수학한 미켈란젤로는 훗날 스승에게 별로 배운 것이 없다고 투덜거렸다. 미켈란젤로는 공방에 들어가는 것도, 공방을 여는 것도 거부했다. 그는 공동으로 작품을 만드는 것을 극도로 혐오했고 처음부터 끝까지 모든 작품이 전적으로 자신의 것이길 바랐다.

이처럼 어떤 권위에도 굴복하지 않은 최초의 미술가가 된 미켈란젤로에 비하면 다빈치는 부드럽고 겸손한 태도로 스승과의 관계를 유지했다. 그는 베로키오 공방에서 정상적인 교육과정을 모두 이수했을 뿐만 아니라 도제생활이 끝난 후에도 스승을 떠나 바로 독립하

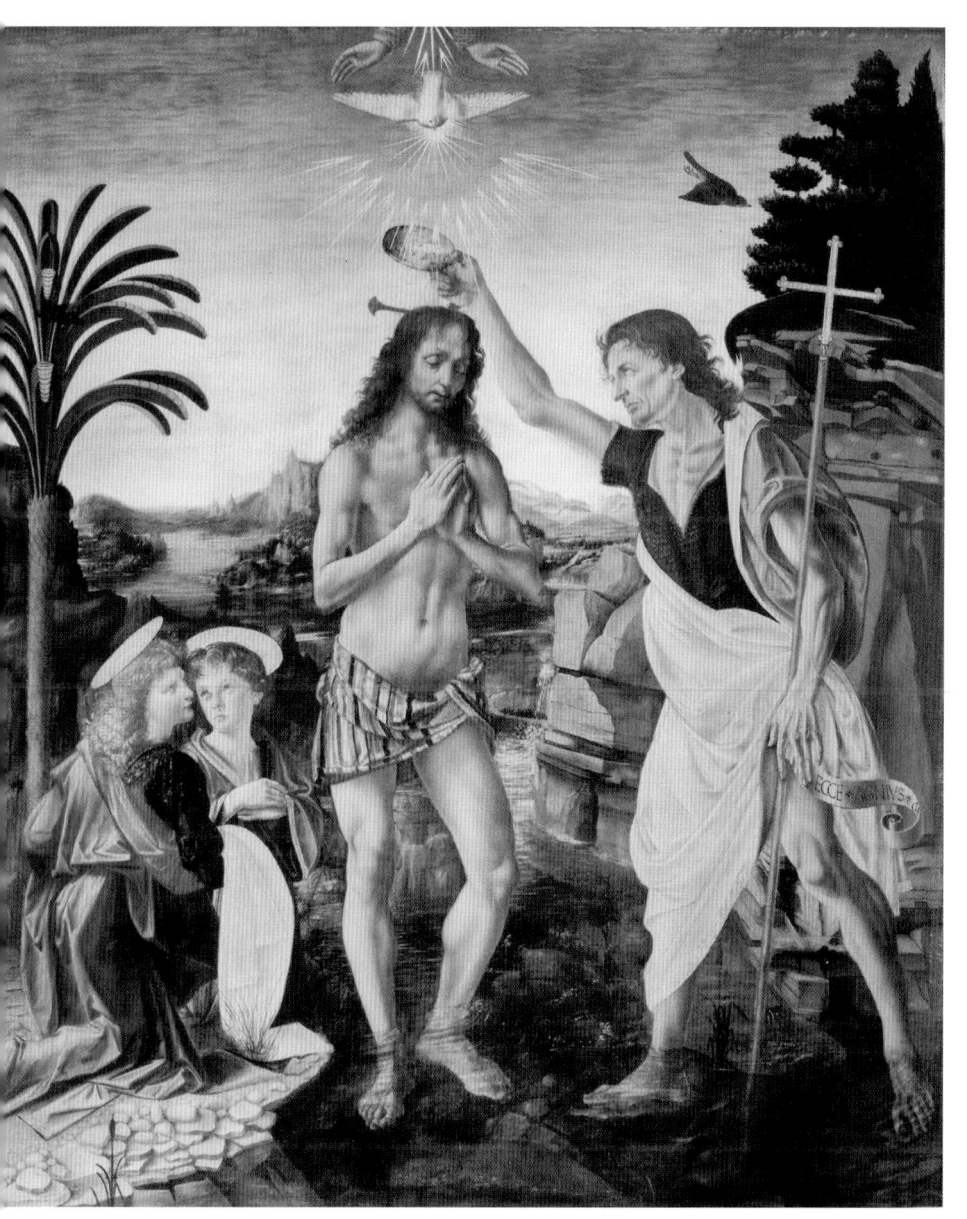

안드레아 델 베로키오, 〈그리스도의 세례〉
목판에 유채, 177×151cm, 1435, 피렌체 우피치 미술관

지 않고 협력자의 자격으로 여러 해 동안 스승 곁에 머물렀다.

사실 베로키오만큼 서양미술사에서 불편한 자리를 차지하고 있는 작가는 드물다. 그는 도나텔로, 마사초, 브루넬리스키 같은 압도적인 작가 세대 다음에 위치하며 페루지노와 다빈치, 보티첼리 같은 제자를 두는 실수이자 엄청난 선택을 하고 만다. 그게 바로 운이다. 베로키오의 작품은 걸출한 선배들과 제자들 틈바구니에 처박혀 그야말로 미술사에서 중요하지 않은 연결고리처럼 치부되고 말았다.

르네상스 시대의 미술사가인 조르조 바사리Giorgio Vasari는 다빈치를 길러낸 것 이외에는 베로키오의 다른 공적을 인정하지 않았다. 베로키오에게 주역을 돋보이게 하는 조역의 역할을 맡긴 것, 시쳇말로 희생양이었다. 제자를 한층 영예롭게 하기 위해 스승을 깎아내리면서, 베로키오를 벌이가 변변치 못한 사람 그리고 기품이나 재능보다는 근면성과 악착스러움 때문에 성공한 사람으로 소개하고 있으니 말이다.

물론 다빈치는 "스승을 능가하지 못하는 제자는 무능하다"고 말하기도 했다. 그만큼 다빈치는 자기 작업에 대한 확신이 있었다. 그럼에도 다빈치는 자신이 스승보다 탁월하다는 의식을 뚜렷이 가지고 있지는 않았던 것 같다. 그는 여전히 스승에게서 배울 것이 있다고 판단했고 자애로운 스승의 편안한 그늘을 필요로 했다. 그럼에도 흥미로운 점은 수천 쪽에 달하는 다빈치의 수첩에서 안드레아 델 베로키오라는 이름이 단 한 번도 나타나지 않았다는 점이다. 왜일까?

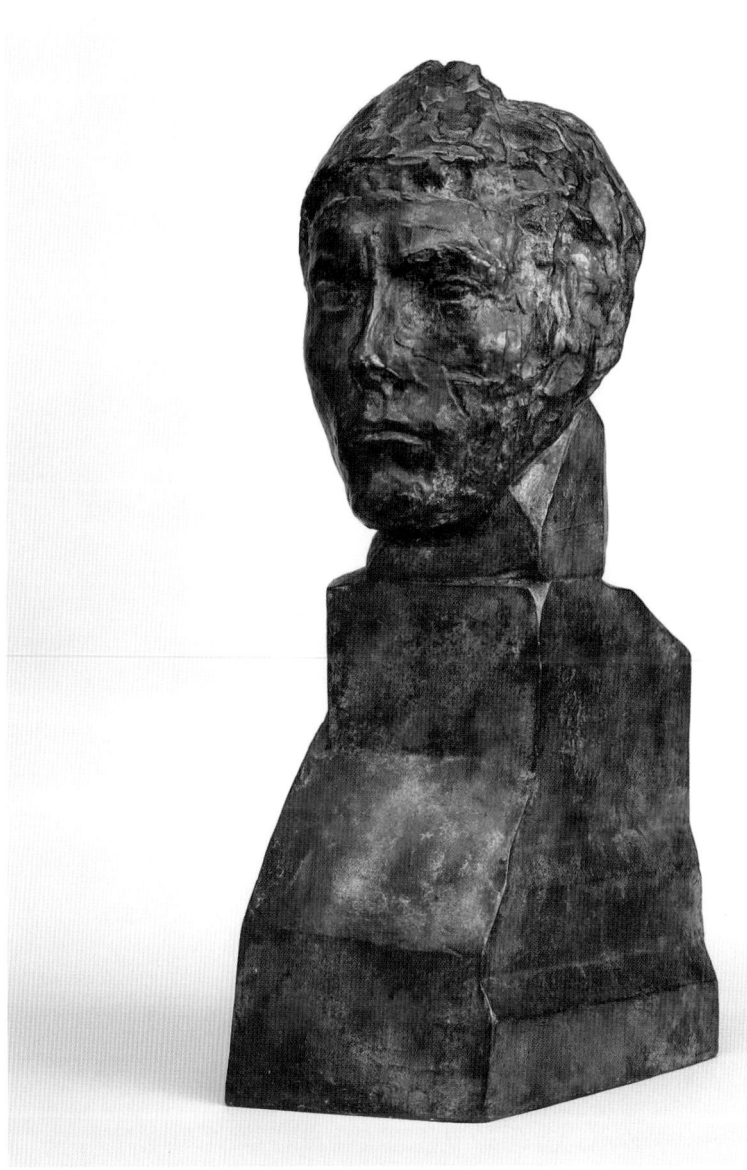

에밀 앙투안 브루델, 〈아폴론 두상〉
청동 조각, 67.3×21×28cm, 1900, 파리 부르델 미술관

여전히 궁금함은 남는다.

이와 좀 다른 경우도 있다. 오귀스트 로댕은 다음 세대 조각가들에게는 넘어야 할 거대한 산과 같은 존재였다. 당시로선 함께 일해보자든지 제자가 되어보지 않겠느냐는 로댕의 제안을 거절하는 일은 쉽지 않은 일이었다. 에밀 앙투안 부르델Émile Antoine Bourdelle 역시 서른셋의 나이에 로댕의 제자가 되는 길을 택했다. 사실 그 나이에 누군가의 제자가 된다는 건 매우 드문 일이었는데 그만큼 당시 미술계에서 로댕의 권위가 막강했다.

1861년 가구공의 아들로 태어난 부르델은 고향 마을의 장학금으로 에콜 데 보자르École Nationale Supérieur des Beaux-Arts에 입학하나 금세 아카데미즘의 고리타분함에 회의를 품고 자퇴한다. 그렇게 독학으로 공부를 한 부르델은 로댕의 눈에 띄어 서른셋부터 마흔일곱 살이 될 때까지 십오 년간 로댕의 제자로 지낸다. 참으로 오랜 세월 그저 로댕의 제자로만 머물던 그에게 변화가 찾아왔다.

부르델은 스승의 작품을 사랑하고 존경했지만 한 가지 불만이 있었다. 그것은 로댕의 작품이 세련미와 열정으로 충만하지만, 조각 고유의 특성이라 할 구조적 견고성이나 덩어리가 지니는 힘에 있어서는 기대에 미치지 못한다는 것이었다. 부르델이 스승의 그늘에서 벗어나 완전히 자기만의 개성을 획득하기 시작하는 것은 그의 대표작 중의 하나인 〈아폴론 두상〉부터이다. 부르델이 이 작품을 로댕에게 보여주자 두 시간 이상 작품 앞을 떠나지 못했다는 일화가 전해

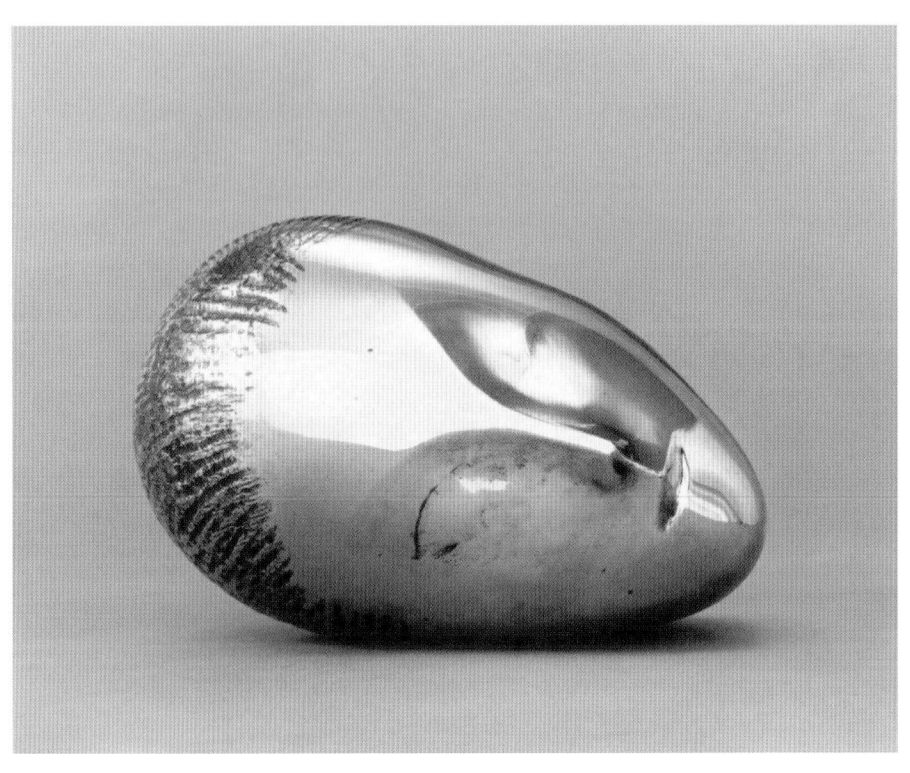

콘스탕탱 브랑쿠시, 〈잠자는 뮤즈〉
청동 조각, 길이 27cm, 1910, 파리 근대미술관

진다. 아마 그때 로댕은 부르델을 떠나보낼 생각을 했던 것 같다.

부르델은 서양 조각이 오랫동안 간과하고 있었던 고대 그리스 아르카이크archaïque, 초기 그리스 미술 양식 조각의 때 묻지 않은 순수함과 건강함, 그리고 고딕 스타일의 아름다움을 되살려냈다. 부르델은 로댕과의 결별 이유로 스승의 복잡한 여성편력을 문제 삼았지만 실상 더이상 그의 곁에 머물다간 예술가로서의 생명에 치명적인 타격이 있을 것이라고 판단했기 때문이다.

로댕의 제자가 되는 길을 애초부터 거부한 조각가도 있다. 루마니아 태생으로 파리에서 활동한 콘스탕탱 브랑쿠시Constantin Brancuși다. 그는 1903년 파리에서 한창 명성을 날리던 로댕의 이름을 접하게 된다. 이듬해 그가 에콜 데 보자르에 입학하고 살롱 전에도 작품을 출품하게 되었을 때 로댕의 눈에 들었다. 로댕은 브랑쿠시의 작품을 보고 자신의 작업실에서 함께 일할 것을 권유한다. 브랑쿠시는 거장의 프러포즈를 단칼에 거절한다. "큰 나무 밑에서는 나무가 자라지 않는다"고 말하면서.

브랑쿠시는 로댕의 아류에 머물까 봐 두려워했고 결국 그의 판단은 옳았다. 브랑쿠시는 로댕과는 전혀 다른, 서양조각사에 빛나는 독특한 추상조각을 내놓을 수 있었다.

자신만의 취향안에서
생기는 새로운 세계

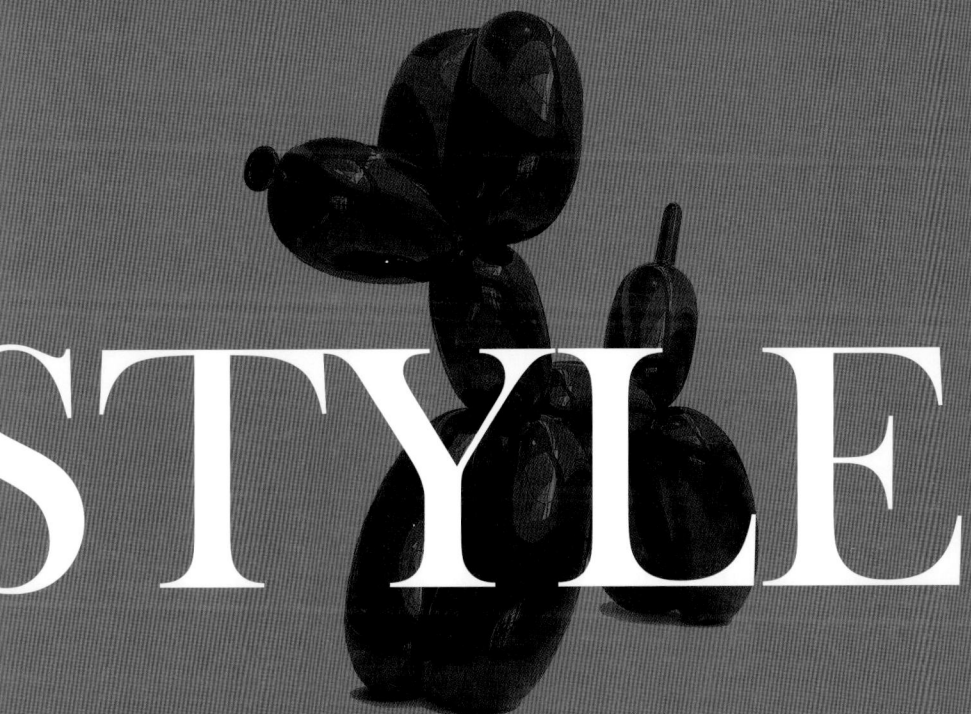

STYLE

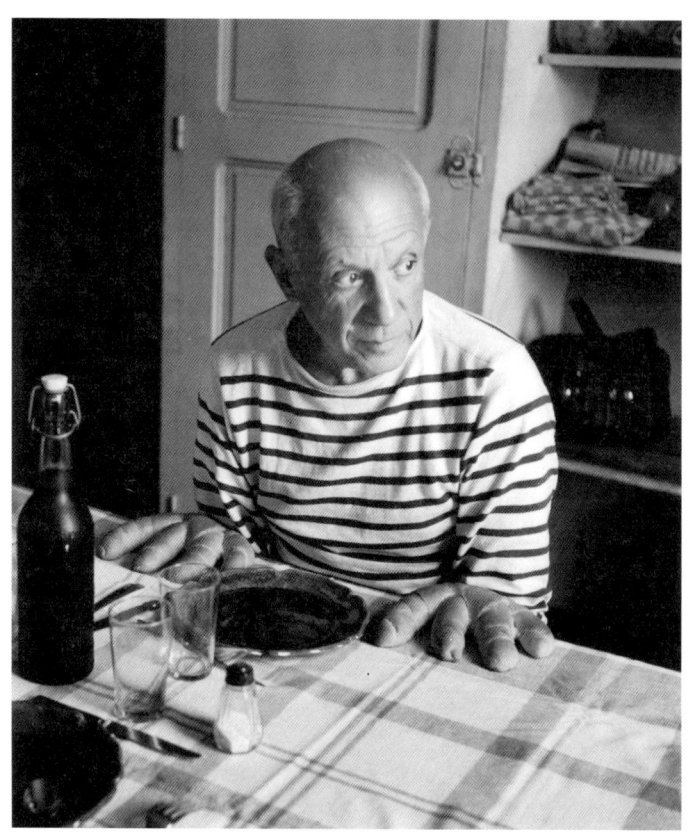

식탁 앞에 앉아 있는 파블로 피카소.

당신이 먹는 것이
곧 당신이다

요리 잘하는 남자가
사랑받는 이유

요즘 셰프들이 대세다. 미국에서도 셰프들의 인기는 할리우드 스타 못지않다. 유명 배우들은 요리사와 친구가 되려하고 대중은 셰프들도 연예인으로 치부한다. 그렇게 되면 요리는 차선이 되고 들러리가 된다. 때론 본업을 잊은 셰프들의 처세가 민망하기도 하고 어떨 땐 먹는 것을 가지고 너무 요란하게 구는 것처럼 보이기도 한다. 어쨌든 대중은 셰프의 화려한 솜씨에 환호한다. 때론 그들의 창의력이 예술을 능가할 때도 있다.

요리에 대한 관심이 왜 중요할까? 요리 잘하는 남자가 유머 있는 남자만큼 인기 있다는 사실은 중요한 의미가 있다. 그것은 삶에 스토리가 생긴다는 것이고 인생에 풍요롭고 다양한 맥락context이 생겼

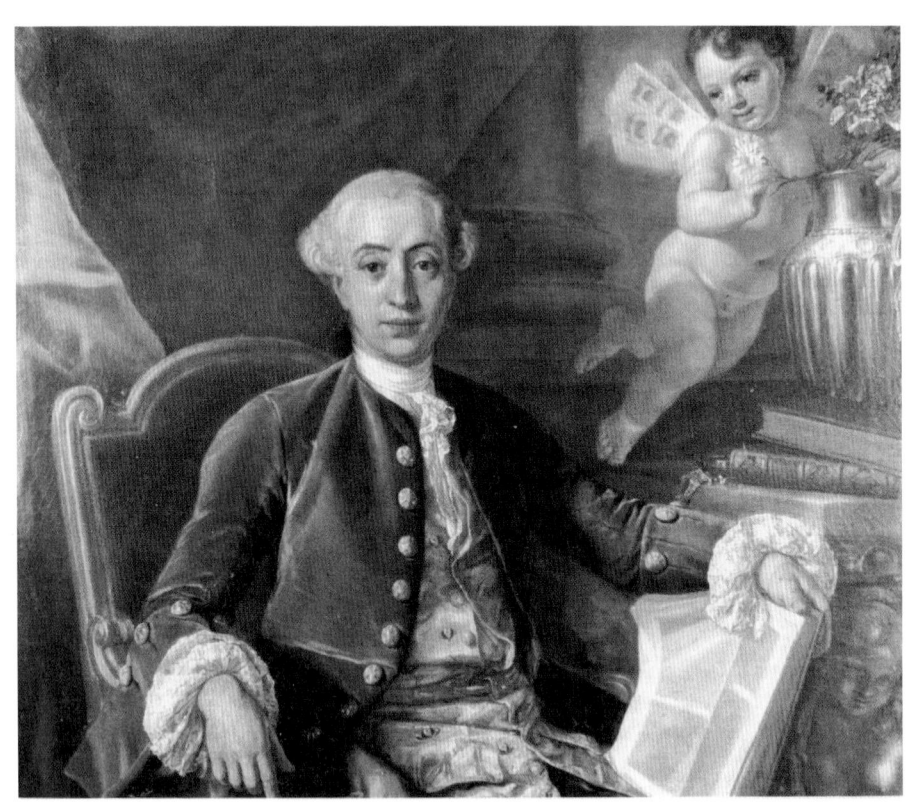

안톤 라파엘 멩스Anton Raphael Mengs, 〈지아코모 카사노바의 초상〉
1760

다는 걸 뜻한다. 음식을 통해 시각, 후각, 미각 등의 감각, 취향, 여성성, 자연에 대한 시각, 문화 등 여러 가지 정보가 쌓일 수밖에 없다. 예컨대 음식과 어울리는 술 공부가 따라오게 되고 제철 식재료는 자연에 대한 섭리를 알려주고 향신료는 세계 무역 네트워크까지 공부하게 한다. 그러니 음식은 단지 먹을거리가 아니라 문화이자 스토리텔링의 무한한 보고가 된다.

무엇보다 요리는 추억이다. 여자들은 남성보다 감각에 예민하고 자극적인 음식을 아주 좋아한다. 남성들에게 좋아하는 여자가 생겼다면 그녀에게 잘 보이고 싶다면 맛있는 요리를 해주는 것이 좋다. 혹 요리를 못 한다면 멋있거나 맛있는 식당으로 데려가면 된다. 음식을 주문할 때 먹을 만큼만 시키면 안 된다. 좀 과하다 싶을 정도로 음식을 시켜야 한다. 여자는 그것을 후한 애정 표현으로 받아들인다. 음식 앞에서 인색하면 완전 낭패. 때론 여자들은 맛있는 디저트 가게를 알고 있거나 커피를 맛있게 탈 줄 아는 세심한 남자를 매력적으로 생각할 때가 있다.

전설적인 '유혹남' 카사노바는 음식에 관한 엄청난 정보를 가진 인물이었다. 카사노바의 식단은 자신의 인생의 희로애락과 흥망성쇠를 그대로 보여준다. 불확실한 천국보다는 현세의 삶을 탐닉하고 영위했던 그에게 여자와 요리는 둘도 없이 소중했다. 치즈 사전을 출판하려 했을 만큼 요리에 지대한 관심이 있었던 카사노바는 여자를 유혹하기 위해서라도 요리가 필요했다. 그는 수많은 저작물을 남겼지만 그중에서도 음식을 이용해서 여성을 유혹한 사례들이 넘쳐난다. 그는 쾌락의 요리로 여성을 도취시켰지만 절대로 농락하지는 않았다. 카사노바는 늘 강조했다.

"아름다운 여성 앞에선 음식도 제대로 먹을 줄 알아야 한다."

카사노바는 파리에 도착한 뒤 재정 전문가가 되어 복권을 발행하고 백만장자가 된다. 그는 엄청난 돈으로 저택을 빌려 왕궁에서나 볼 수 있는 화려한 축제와 만찬을 열곤 했다. 사람들은 카사노바의 파티에 초대받고 싶어했다. 특히 카사노바의 치킨 프리카세는 소문이 자자했는데 그는 이 음식을 만들려고 특별히 어두컴컴한 방 하나를 마련해 닭을 풀어놓고 쌀을 먹여 키웠다고 한다. 닭고기는 눈처럼 하얗고 입 안에서 살살 녹을 정도로 맛있었다고 전해진다.

파티를 열기에는 그 저택이 너무 좁다고 판단한 카사노바는 당시 유명인사들을 부르봉 호텔로 초대해 만찬을 열기에 이른다. 카사노바는 손수 샐러드를 만들었고 당시 왕조차 별로 먹어보지 못한, 파리에서 최고의 진미인 철갑상어를 선보였다. 파리의 사교계에서 그의 인기는 잠시 동안이었지만 왕가를 추월할 정도였다. 그때 선보였던 요리로는 바질 거품 수프, 치킨 프리카세(화이트소스로 졸인 고기찜 요리), 카사노바식 샐러드, 철갑상어찜, 양송이 라구(고기소스), 베네치아식 토끼 요리, 카사노바식 배 요리 등이었다.

카사노바의 식단에 성욕을 자극하는 효능이 든 음식이 등장하는 것은 당연지사다. 양파, 파슬리, 후춧가루, 굴, 마늘, 바질, 닭벼슬, 아

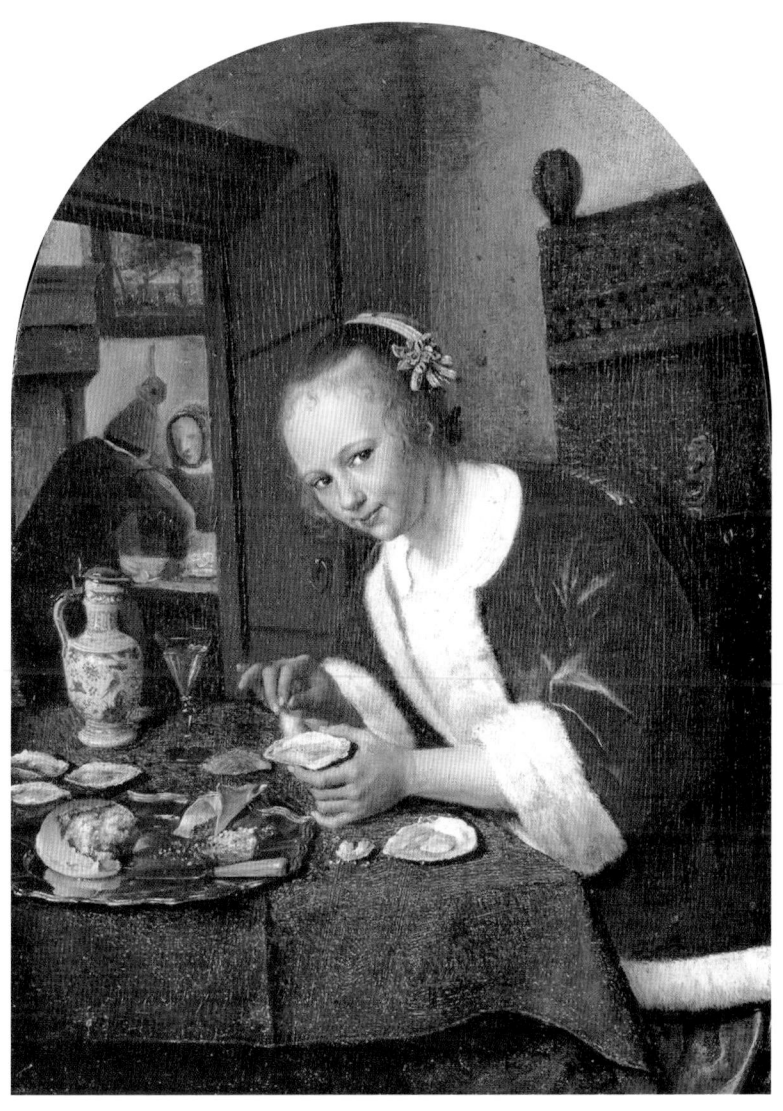

얀 하빅스 스텐 Jan Havickszoon Steen, 〈굴 먹는 소녀〉

패널에 유채, 21×15cm, 1658~60, 헤이그 마우리츠하우스 왕립미술관

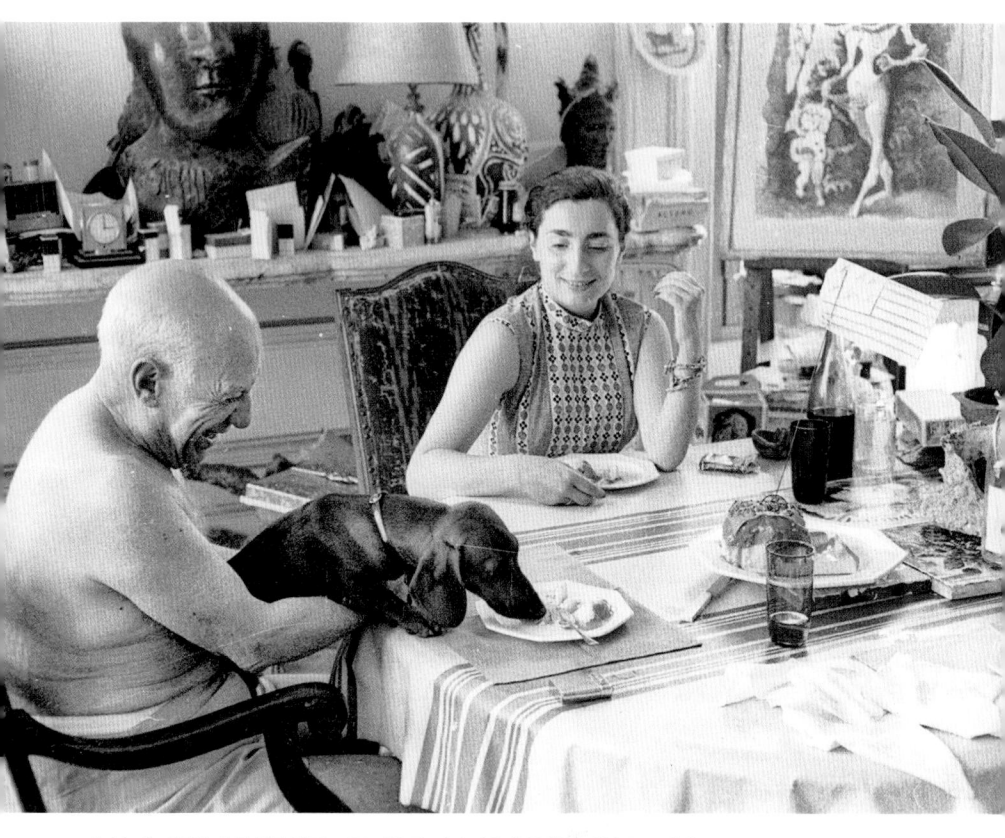

피카소가 자클린과 식사를 하던 도중 키우던 강아지에게 음식을 나눠주고 있다.

티초크, 캐비어, 바닐라 열매와 같은 재료와 양념은 사랑의 힘을 북돋아준다고 알려져 있다.

카사노바가 특히 여자들과 먹었던 음식 중 굴에 관한 일화는 매우 에로틱하다. 최음제의 역사에서 빼놓을 수 없는 굴은 먹는 행위만으로도 유혹의 느낌을 전할 수 있다. 어느 날, 카사노바는 로마에서 세상 물정 모르는 두 여성을 레스토랑으로 초대해 굴 요리를 대접했다. 카사노바는 굴 먹는 방법을 먼저 시범으로 보여주었는데 굴 즙을 삼키지 않고 입에 담고 있는 방법부터 상대방 입 속으로 굴과 굴즙을 밀어넣는 야릇한 방법들을 가르쳐주었다. 그녀들은 굴처럼 맛있는 음식을 먹는다는 사실이 죄악일 거라고 생각할 만큼 굴을 먹는 행위에 매혹되었다.

18세기 로코코 시대에 카사노바라는 미식가가 있었다면 20세기에는 단연코 파블로 피카소를 꼽을 수 있다. 피카소 역시 요리를 통해 여성들을 새로운 감각의 세계로 이끌었다. 생각해보라. 음식이야말로 시각, 청각(요리 만드는 소리), 후각, 미각, 촉각 등 모든 감각을 열어놓게 만드는 과정이다. 그러니 피카소가 여성을 유혹할 수 있는 힘은 그의 탐식 혹은 미식으로부터 나온 것이라고 해도 과언이 아니다.

피카소는 식사 시간을 중요한 의식처럼 생각했다. 때론 상을 차리는 가정부를 심하게 꾸짖곤 했는데, 식탁을 캔버스처럼 생각한 피카소가 가정부의 미적 센스가 형편없다고 생각했기 때문이다. 특히 스

STYLE ·

281

페인식 볶음밥인 파에야를 좋아했던 그는 점심으로 파에야를 실컷 먹은 후 투우를 보러가곤 했다.

독설가이기도 한 피카소는 때론 음식에 대한 혹평으로 사람들을 난감하게 만들기도 했다. 어느 날 피카소는 지인의 집에 초대받았는데 피카소가 파에야를 좋아한다는 소문을 들은 부인은 파에야를 정성껏 푸짐하게 준비했다. 주인집 여자는 음식을 먹으면서 왠지 석연치 않은 표정을 짓는 피카소에게 물었다.

"왜 음식이 입에 맞지 않으세요?"

"아니요, 아니요, 마담. 홍합, 로브스터, 오징어, 샤프란, 쌀 등 들어갈 건 모두 들어갔네요. 아! 그런데 요리사가 빠져 있군요!"

어떤 요리평론가의 독설이 피카소의 역설을 따라갈 수 있겠는가?

피카소가 살던 시대는 가난이 주는 은총이 존재했던 시대였다. 음식 하나를 두고도 얼마든지 풍부한 담론을 펼칠 수 있었다. 피카소는 성공한 이후에도 화려한 식탁보다는 소박한 식탁을 좋아했다. 말년의 피카소의 부인이었던 자클린 로크는 예기치 않았던 장소, 즉 지하실, 다락방, 작품 보관실, 비어 있는 게스트하우스에서 피카소를 위한 밤참 자리를 마련했다. 예술가의 부인다운 창의적인 면모가 느껴진다.

피카소는 거창한 식탁보다는 주방에서 먹다 남은 차가운 닭고기 요리와 채소 수프만 차려놓고도 파티를 열었다. 나이가 들면서 점점 더 아주 친한 몇몇 사람들과 추리고 추려낸 친구들과 키우던 강아지

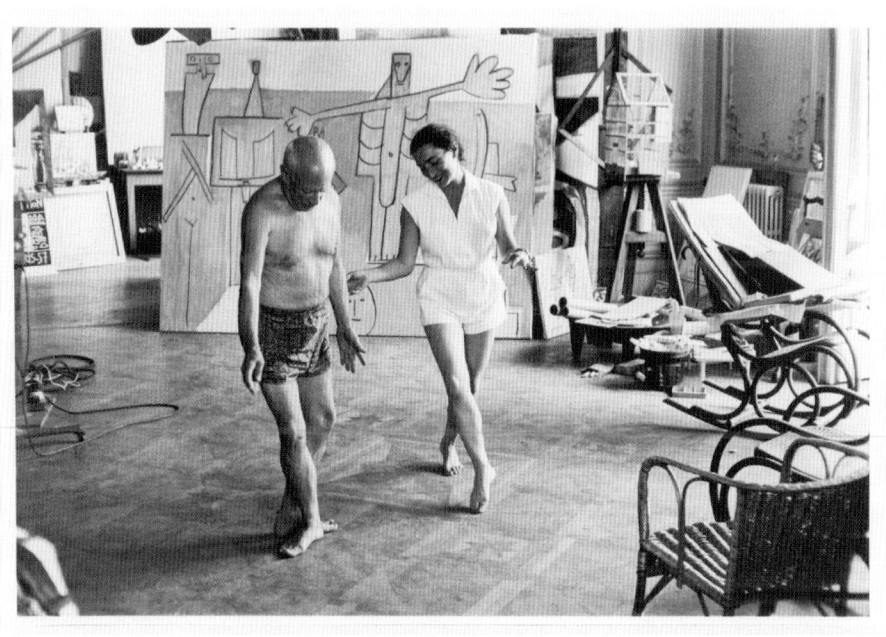

피카소가 자클린과 함께 아틀리에에서 춤을 추고 있는 모습.

만이 피카소의 마지막 파티에 참석할 수 있었다.

손님이 도착하기 몇 시간 전 여유롭게 요리를 준비하는 시간은 황홀하다. 싱싱한 재료들을 식탁이라는 캔버스 위에 펼쳐놓는다. 세잔의 정물처럼 아주 조형적이다. 도착할 시간에 맞춰 와인을 미리 열고 혼자 홀짝거리며 음식을 만든다. 그러면 손님이 올 때쯤 약간 기분이 상승하며 자연스럽게 환대의 시간이 시작된다.

어떤 요리든 상관없다. 당신의 트레이드마크가 될 만한 음식을 정하자. 그리고 거기에 따르는 이야기 하나쯤 곁들이자. 또 음식을 준비하면서 느낀 감정을 살짝 곁들이자. 음식 자체가 중요한 게 아니다. 음식에 딸린 스토리는 추억이 되고 그 추억은 바로 예술이 된다.

그림 볼 줄 아는 사람,
그림 살 줄 아는 센스

취향을 가진 사람이 된다는 것

여기 두 사람이 있다. 한 사람은 몇 년 전부터 그림 공부를 열심히 하러 다닌다. 문화센터와 예술 관련 모임은 물론 인터넷에서 미술사와 미학 강의를 듣는 한편 미술관과 박물관을 꾸준히 방문한다. 다른 한 사람은 이제 막 미술에 관심을 갖게 되었고 큐레이터와 딜러 같은 미술계 종사자들과 친분을 쌓았다. 게다가 그는 아트페어와 옥션을 통해 그림을 사기 시작했다. 이 두 사람 중 누가 더 높은 안목을 갖게 되겠는가?

사실 그림 보는 안목에는 왕도가 없다. 그냥 많이 보면 된다. 그런데 많이 보는 것보다 더 빨리 출중한 안목을 가지려면? 사봐야 한다! 그림을 사기 시작하면 그림 보는 안목과 심미안은 괄목상대할 만큼 진화한다. 돈이 개입되면 그림에 대한 동물적 감각이 살아난다. 가짜를 사서도 안 되고 투자가치가 있는지도 봐야 하고 잘못된 그림을 사서 낭패를 보는 일도 줄여야 하기 때문이다. 그러니 그림을 구입하기 위해서는 이런저런 중요한 미술사적 맥락은 물론 미술시장의 최신정보를 총동원해야 한다. 그림 보는 실력이 섬세해지지 않을 수 없다.

세계적으로 유명한 컬렉터 프랑수아 피노François Pinault는 PPR그룹의 회장으로 자수성가형 억만장자다. 프랑스 외진 시골 마을에서 자라 고등학교를 중퇴한 피노는 서른 살 전까지는 미술을 향유할 수 없는 열악한 환경에서 살았다. 그는 아버지의 제재소에서 일을 돕다가 스물일곱 살 되던 해 소시에테–피노라는 이름의 목재 유통회사를 세운다. 바로 이 회사가 현재 구치, 이브생로랑, 보테가베네타, 발렌시아가, 푸마, 스텔라맥카트니, 세르지오로시 등 세계적인 패션 브랜드를 가지고 있는 PPR그룹의 모태가 된다.

피노는 컬렉션을 시작할 때 처음에는 이해가 쉬운 구체적인 형상이 있는 작품, 즉 정물화나 풍경화와 같은 쉽고 편안한 작품에 관심을 기울였다고 고백한다. 그러다가 인상파와 입체파 작품들을 수집하게 됐고 지금은 피카소에서 몬드리안, 제프 쿤스에서 데이미언 허스트, 신디 셔먼Cindy Sherman 등의 작품이 포함된 수천 점의 방대한 현대미술품을 소장하고 있다. 1998년에는 아예 세계적인 미술품 경매 회사 크리스티Christie's를 인수했다. 피노는 2003년, 자신이 사십 년

그림 같은 여자 그림 보는 남자

286

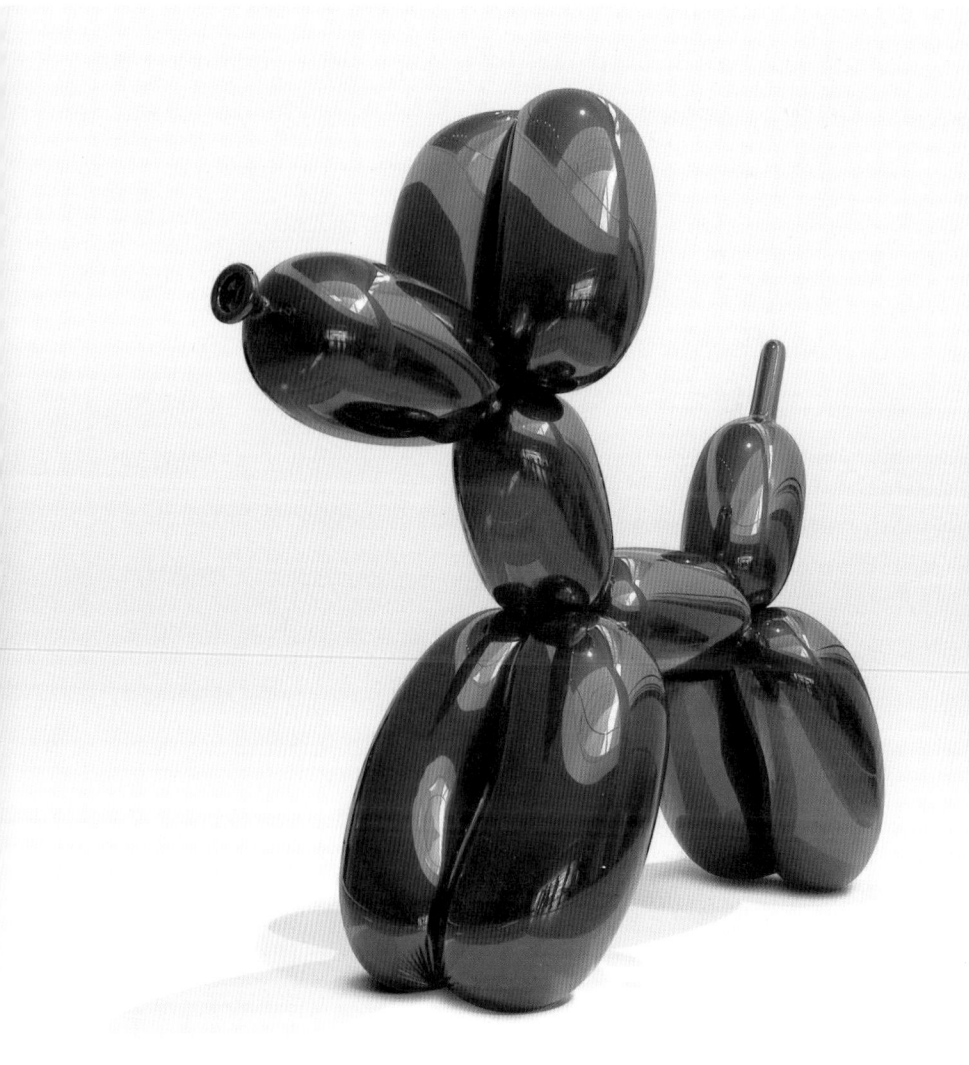

에 걸쳐 쌓은 그룹의 경영권을 아들 프랑수아 앙리 피노François Henri Pinault에게 넘겨주었는데 그 이유가 자신은 미술에만 전념하기 위해서란다. 그렇게 피노는 베네치아에 자신의 이름을 딴 미술관을 만들고 미술계 인사로서 제2의 인생을 살고 있다.

피노는 세계를 돌며 자신의 컬렉션을 순회 전시했는데 2011년 한국에서도 송은문화재단의 초대로《프랑수아 피노 컬렉션: 고뇌와 환희》라는 전시가 열렸다. 피노는 전시 오프닝에 현대미술계에서 최고로 비싼 스타작가이자 출품 작가이기도 한 제프 쿤스를 동반해 눈길을 끌었다. 그만큼 그는 예술가들과의 절친하고 친밀한 삶이 얼마나 자신의 인생을 풍요롭게 해주었는지를 예술가를 대동하는 것으로 표명하곤 했다.《프랑수아 피노 컬렉션》전은 공공미술관에서도 기획하기 어려운 전시로 근간에 본 의미 있는 전시 중 하나였다. 뿐만 아니라 고등학교를 중퇴한 목재상의 아들이 이룬 기념비적 컬렉션을 목도하면서 예술에 대한 취향이 어떻게 진화할 수 있는지 느낄 수 있었던 소중한 기회였다.

프랑수아 피노야말로 미술품 수집을 통해 미술 공부를 한 대표적인 경우다. 그는 미술품 수집으로 인해 자기 삶이 훨씬 더 매력적인 것으로 바뀌었다고 고백한다. 예전에는 불확실했던 취향이 컬렉션의 경험을 통해 드라마틱하게 진화했고, 이젠 비평가의 조언과 유행을 무시할 만큼 자기 확신이 생겼다고도 말했다. 이처럼 취향이라는 게 하루아침에 생기지 않는다. 취향은 항상 문화와 접맥될 수밖

그림값은 어쩌 그림보는 눈일까

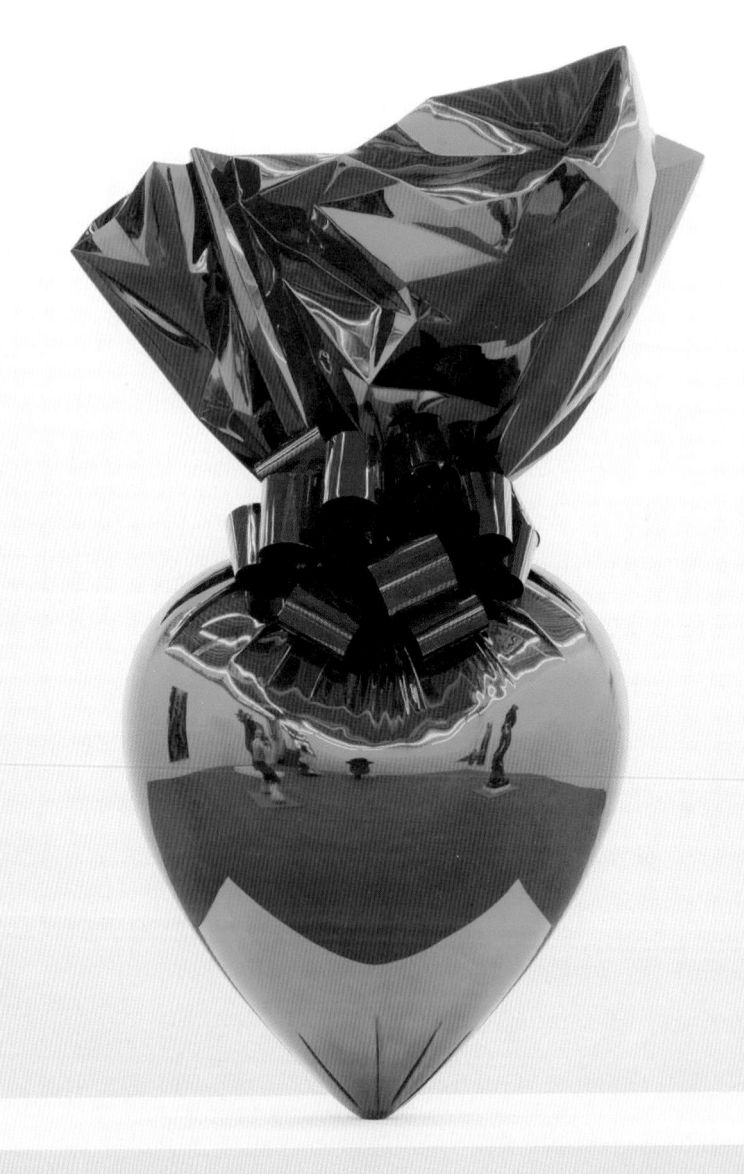

에 없는 개념이다. 문화culture가 경작하다cultivate라는 용어에서 온 것처럼 문화와 예술에 대한 인식이나 취향은 절대로 거저 생기지 않는다. 피눈물 나게 갈고 닦아야 생긴다.

메디치 가문도 3대째인 로렌초 데메디치 정도가 돼서야 비로소 예술 보는 안목이 가장 탁월해졌다. 1대 코시모 메디치는 산마르코 성당과 산타크로체 성당 등 하드웨어를 만들었고 2대 피에로 메디치는 비로소 미술품을 체계적으로 수집하기 시작했다. 그리고 3대 로렌초 데메디치는 본격적으로 진정한 미술품 컬렉터가 되었다. 인문주의적 교양을 폭넓게 지녔던 그는 학예, 특히 신플라톤주의 철학 연구를 장려했고 결국 최고의 르네상스 전성기를 구가했다. 그런 까닭에 로렌초가 가장 '위대한 자'로 칭송받았다.

그렇지만 잘난 조상 덕분에 안목과 취향이 대대손손 전수되는 일이야 그리 흔한 일이겠는가! 21세기의 메디치라고 불리는 찰스 사치Charles Saachi는 조상이 아닌 부인들을 잘 둔 덕에 세계적인 컬렉터가 되었다. 컬렉터라는 말로는 부족하여 '스펙큘렉터speculator+collector'라는 신조어를 만들었을 정도로 그는 미술계에서는 알아주는, 대단한 컬렉터다. 그는 사치 갤러리를 만들어 데이미언 허스트, 트레이시 에민 등을 위시한 소위 yBa를 세계적인 스타로 만들었다. 그로 인해 영국이 새로운 미술의 중심지로 떠올랐다.

무엇이 사치로 하여금 세계를 움직일 만큼 대단한 컬렉터가 되게 만들었을까? 사실 사치는 유대계 이라크인 출신으로 세 살 때 영국

그림 같은 여자 그림 보는 남자

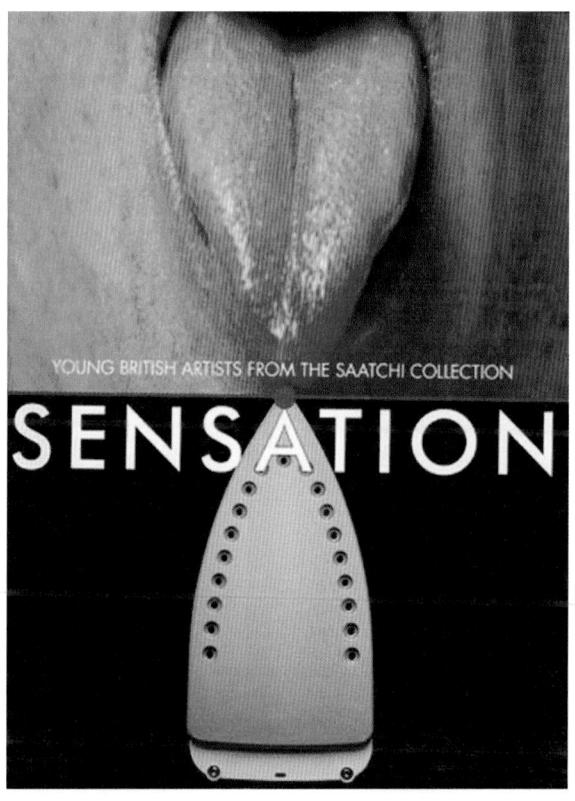

찰스 사치가 기획한 《센세이션sensation》의 1997년 포스터.
광고인답게 충격을 주는 전시 포스터를 만들었고 이를 통해 자신이 지향
하는 현대미술을 제시했다.

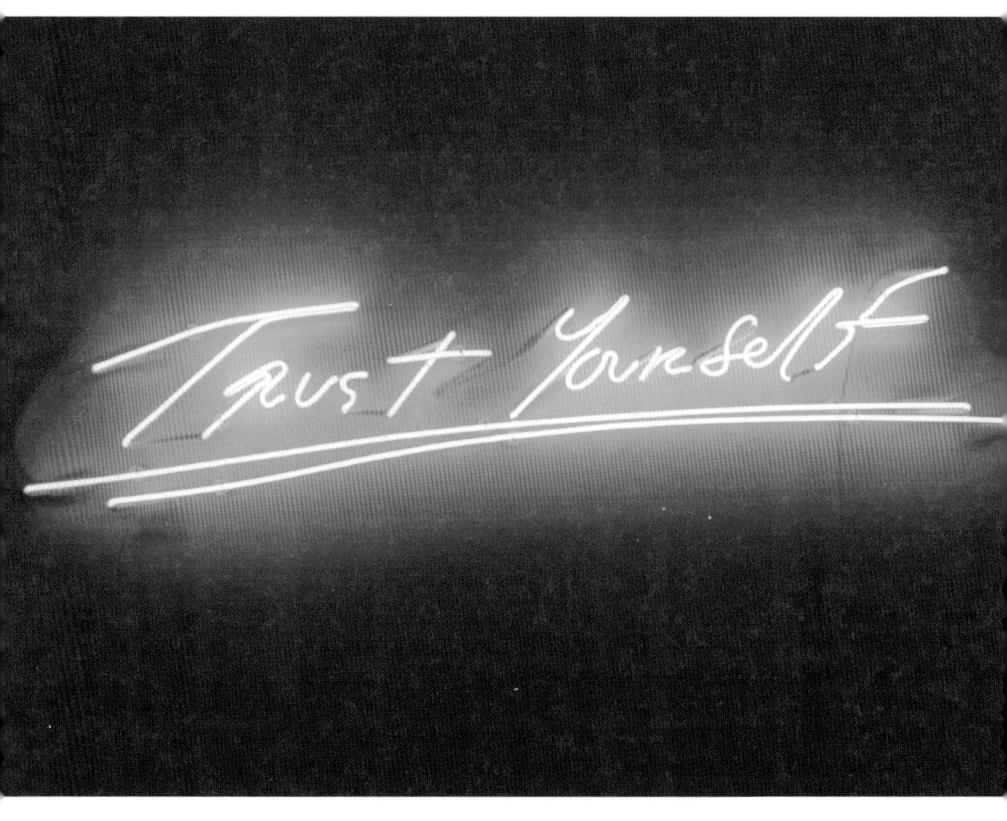

트레이시 에민Tracey Emin, 〈너 자신을 믿어〉

으로 이주했던 이민자 출신이다. 그는 그저 엘비스 프레슬리, 척 베리, 리틀 리처드 등의 미국 팝 문화에 심취해 있었던 평범한 젊은이였다. 그런 그가 미술계에 입문하게 된 계기는 여자들 덕분이었다. 결론적으로 말해 미술계 여자들과 사랑에 빠져 미술 보는 안목이 급격히 좋아졌다.

먼저 사치의 첫 결혼은 미술계 입문식이나 다름없었다. 첫 번째 부인인 도리스 롤하트는 미술사를 전공한 미국인으로 미니멀리즘 분야의 미술과 디자인 전문기자로 유명했다. 그는 아내의 도움으로 뉴욕의 화랑을 자주 드나들며 미니멀리즘과 팝아트 계열의 미술품을 수집하기 시작했다. 1980년대 들어서는 미국과 독일, 이탈리아에서 새롭게 떠오르던 신표현주의 계열인 줄리앙 슈나벨Julian Schnabel과 산드로 키아Sandro Chia 등의 회화를 사들였다. 시간이 흘러 소장품 규모가 제법 커지자 사치는 1985년 집 근처의 한적한 고급 주택가에 있던 페인트 공장을 개조해 사치 갤러리라는 전시공간을 열었다.

이어 두 번째 부인 케이 하르텐슈타인도 역시 미술잡지 기자였다. 세 번째 부인은 국내 케이블 프로그램을 통해서도 알려진 유명 요리사 나이젤라 로슨이었는데 그녀와의 이혼 방법이 구설수에 올랐다. 아내의 의사를 묻지도 않고 신문을 통해 일방적인 이혼 통보를 했던 것 때문이다. 유명한 광고회사 사치 앤드 사치를 운영했던 광고인답게 무엇을 해도 충격 그 자체였다.

프랑수아 피노와 찰스 사치 등 현대의 수퍼 컬렉터들은 돈을 이용해 미학적 기준을 변형시키고 예술을 투자와 돈벌이의 수단으로 이용했다는 비판에서 자유롭지 못하다. 그럼에도 예술에 대한 그들의 취향과 수집은 그 자체로 아주 흥미로운 개념미술이 되었다. 미국의 심리학자 워너 뮌스터 버거Winner Münster Burger는 《컬렉팅, 그 못 말리는 열정》에서 다음과 같이 말한다.

"컬렉터는 미술품에 힘과 가치를 부여한다. 왜냐하면 미술품을 가지고 있음으로써 자신의 정신적 상태가 향상되는 기쁨을 얻기 때문이다. 사람들은 좋은 작품을 가지고 있으면, 그 작품의 가치가 자기 자신에게로 옮겨진다고 믿는다. 좋은 작품을 통해 컬렉터는 자신이 '뭔가 의미 있는 사람'이라고 확신하게 된다."

당신이 지금부터 그림에 대한 자신만의 독특한 취향을 갖고 싶다면? 먼저 전문가의 생각을 벤치마킹하면 된다. 대략 손해를 보지는 않을 것이다. 그런데 진짜 나만의 취향을 갖고 싶다면 유행을 따르지 말고 내 직관과 시선과 열정을 따르기를 권한다. 혹 나중에 사들였던 작품을 모두 되팔고 싶은 때가 오더라도 그건 좋은 일이다. 내 취향이 일취월장했다는 걸 알게 될 테니. 그림 볼 줄 아는 안목 값을 치룬 셈 치면 된다.

내 안의
낯선 나

아니마를 긍정해야
진짜 행복을 알 수 있다

당신에게 가끔씩 낯선 감정이 올라올 때가 있다. 질투와 변덕, 시기와 연민, 울적함 등 말이다. 이런 감정이 올라올 때 당신은 어떻게 행동하는가? 사실 이런 감정이 올라오는 건 아주 자연스러운 일이다. 오히려 이런 감정이 전혀 느껴지지 않는다는 것, 아니 이런 감정을 전혀 눈치채지 못하는 것이 더욱 큰 문제가 된다.

카를 구스타프 융의 설명으로는 남성들 속의 이런 낯선 감정들을 아니마anima라고 부른다. 아니마는 라틴어로 영혼을 뜻하는데 남성의 무의식 속에 있는 여성적 요소를 뜻한다. 다시 말해 아니마는 남성들이 조상 대대로 여성에 관해서 경험한 모든 것의 침전물이다. 사실 남성이 여성을 볼 때 현실적인 여성을 보는 것이 아니라 자기의 무의식에서 투사된 여성상을 본 것이다. 따라서 아니마는 당신이 첫눈에 반하는 여자가 왜 그녀인지부터 당신이 왜 여자에게 인기가 없는지, 왜 자주 실패한 것 같은 마음이 드는지 등을 넌지시 알려준다. 그러니 성가시더라도 무의식 속 아니마의 존재를 이해하고 그 존재와 잘 지내게 된다면 인생의 많은 어려운 일들을 수월하게 넘길 수 있다.

남성 무의식 속 아니마의 존재는 어떤 모습일까? 아니마는 고대 신화와 성경에 등장하는 여신이나 창녀, 요정, 마녀 등 몇몇 여성 유형으로 이해할 수 있다. 융의 정신적 동반자였던 토니 볼프Tony Wolff는 〈여성 정신의 구조적 형태〉라는 논문에서 여성 유형을 어머니, 헤타이라, 아마존, 영매 등 네 가지로 분류한다.

쉽게 말해 첫 번째로 어머니, 즉 모성을 대표하는 여성 원형은 남편보다 자식을 더 소중하게 여기는 유형이다. 신화와 역사 속 인물로는 데메테르와 성모마리아가 이에 속한다. 두 번째로 헤타이라는 고대 그리스에서 남성들의 정신적 동반자가 되기 위해 특별 교육을 받은 고급 기생을 말한다. 이런 유형은 남성들과의 관계에서 자신의 정체성과 만족을 추구한다. 남성들은 이런 여성들을 좋아하는데 그녀들이 남성들의 에로스를 이끌어내기 때문이다. 신화와 역사 속 인물로는 아프로디테와 이브 그리고 클레오파트라가 여기에 포함된다.

세 번째는 아마존 여전사 유형으로 외부세계에서 주된 정체성과 만족을 찾는다. 보통 전문직에 종사하며 유능하고 지략이 뛰어난 부류다. 신화 속 인물로는 아테나가 이 부류에 속한다. 네 번째 여성유형은 영매 스타일이다. 영적인 세계와 인간 세상을 연결해주는 매개자 역할을 한다. 직업적으로는 예술가나 시인, 점성술사 등이 이에 속하고 신화 속 인물로는 아르테미스와 메데이아 등이 있다.

이런 여성 원형들은 아니마가 인격화된 것으로 남성의 무의식 속에 존재하면서 남성들에게 긍정적이고 부정적인 영향을 동시에 미친다. 아니마의 긍정적인 면은 영적인 힘과 직관, 자연에 대한 비상한 지혜, 무한한 연민과 사랑의 능력 등이다. 부정적인 면으로는 감정적이며 비합리적인 감수성, 유혹적이며 간악하고 잔인한 태도 등이다. 흔히 간계를 써서 남자에게 굴욕과 죽음을 가져다주는 유혹하는 여자로 의인화된다. 일종의 팜파탈이다. 아니마의 부정적인 측면과 관계 맺게 되면 종종 불유쾌한 생각과 감정과 환상에 휘말린다. 더불어 타인에게 잘 속아 넘어가거나 스스로 유혹자가 되어 상대를 타락시키는 결과를 낳기도 한다.

반대로 아니마와 긍정적인 관계를 맺고 있는 남자들은 여성들과 대화를 잘 나누며 어린아이를 잘 보살피고 동식물과도 잘 교감한다. 이처럼 남자의 내면에서 아니마가 긍정적으로 기능할 때 그의 의식을 확장한다. 또한 아니마는 꿈과 환상, 새로운 아이디어를 통해 정신적 이미지와 활기를 주는 감정들로 이루어진 내면세계를 인식하도록 유도함으로써 인격을 풍요롭게 한다.

예술가들은 아니마를 어떻게 표현했을까? 사실 남성 예술가들은

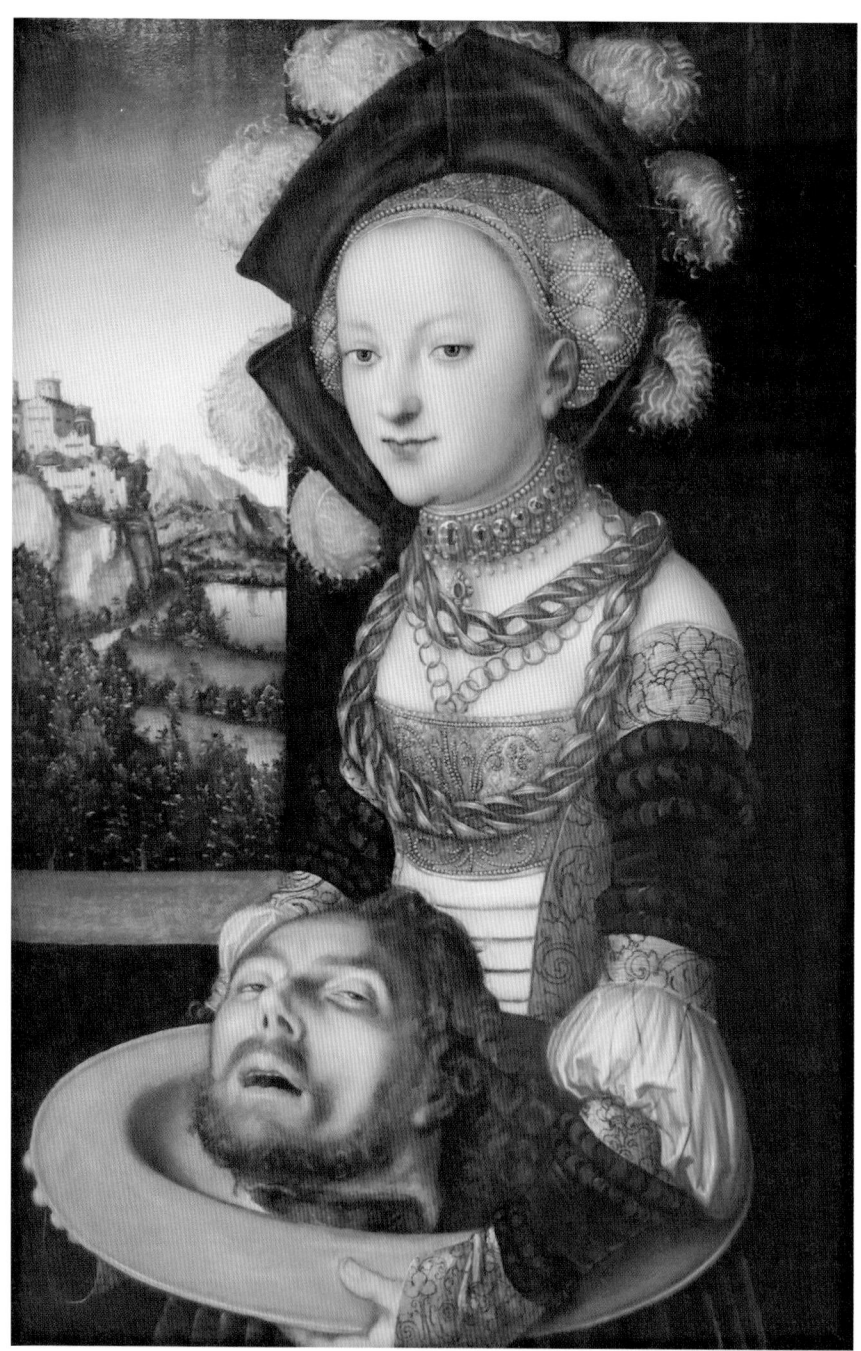

루카스 크라나흐, 〈세례요한의 목을 들고 온 살로메〉
목판에 유채, 87×58cm, 1530, 부다페스트 파인아트 박물관

대부분 아니마가 강한 사람들이다. 어쩌면 아니마와 잘 화해하고 소통한 부류들일지도 모른다. 피카소는 스스로 자신은 남성성 때문에 사랑받은 것이 아니라 여성적이었기 때문에 사랑받았다고 토로했다. 사실 피카소의 아니마의 긍정적 측면이 여성들의 감정을 잘 읽어내게 해 그녀들을 매혹했고, 아니마의 부정적 측면이 그녀들을 내치고 가슴 아프게 했다. 어쨌거나 대부분의 남성 예술가들은 여성성이 풍부한 이들이다.

남성 속에 있는 아니마의 부정적 속성을 가장 잘 드러낸 존재는 살로메, 메두사, 메데이아, 스핑크스, 유디트 등이 있다. 그중에서도 성경에 나오는 살로메는 단연 압권이다. 계부이자 삼촌인 헤롯 왕을 춤으로 유혹해 세례요한의 목을 베도록 설득한 살로메는 이중으로 유혹적인 존재이기 때문이다.

세례요한은 전 남편의 이복 형과 혼인하는 등 율법에 어긋나는 행동을 한 살로메의 엄마인 헤로디아를 비난했다는 이유로 투옥되었다. 투옥만으로 성에 차지 않았던 헤로디아는 자기보다 젊고 아름다운 딸 살로메를 앞세워 세례요한을 죽이기로 결심한다. 살로메는 자신에게도 음심을 품던 헤롯 왕을 관능으로 유혹했다. 더욱 치명적인 건 그녀가 죽인 존재가 세례요한이었다는 점! 세상을 구하러 온 선지자를 죽였다는 건 부정적인 아니마가 저지른 치명적 실수다.

화가들은 세례요한의 비극적인 삶과 죽음의 드라마보다 살로메의 미모와 성격에 더 매료되었다. 그래서인지 그들은 피가 뚝뚝 떨어지

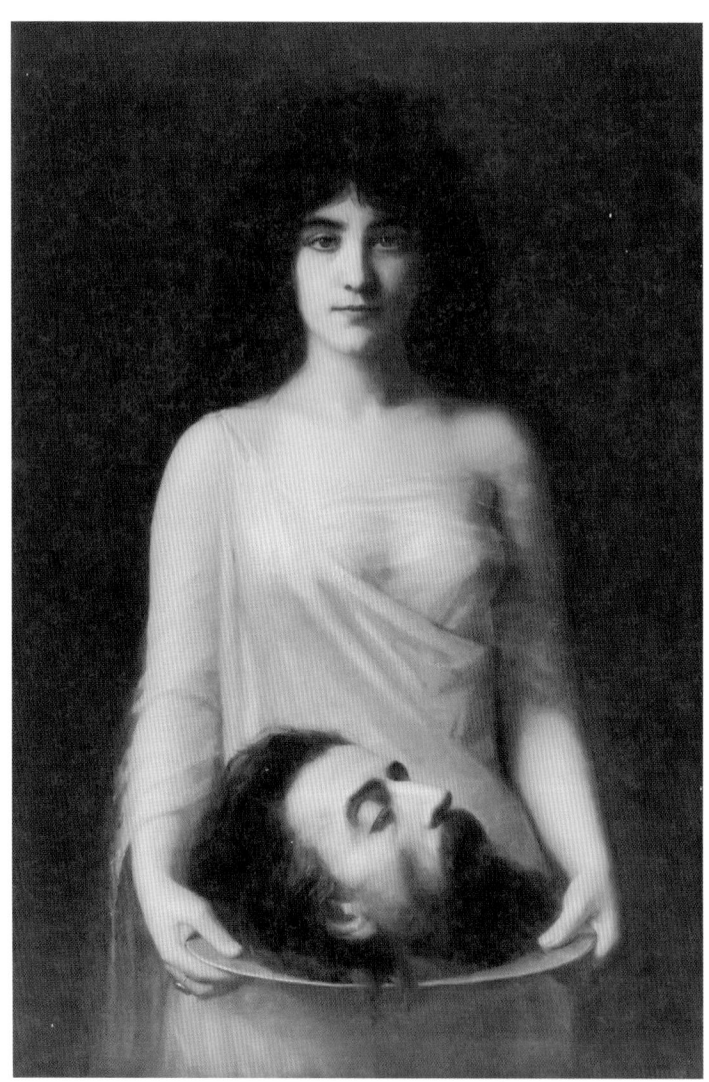

장 베네 Jean Benner, 〈살로메〉
캔버스에 유채, 118×80cm, 1899, 낭트 보자르 박물관

는 목 잘린 세례요한을 쟁반에 담아 온 살로메의 모습을 다양한 방식으로 변주해 그려냈다. 가장 눈에 띄는 그림들은 소름끼치도록 천연덕스럽고 냉정한 살로메의 모습을 담은 그림들이다. 남성들 속에 존재하는 부정적인 아니마로서의 살로메는 위험한 여성성의 대명사가 되었다.

남성 속에 있는 아니마의 긍정적 속성을 가장 잘 드러낸 존재는 성모마리아나 데메테르 같은 여성상일 것이다. 영원한 모성의 존재들. 남성들은 언제나 자궁에서처럼 자신을 지켜줄 신비한 모성을 그리워한다. 미술관에 넘쳐나는 성 모자상과 아프로디테와 큐피드를 보면 이해가 빠르다. 남성들은 여자를 성녀 혹은 악녀라고 이분법적으로 생각하는 경향이 짙다. 대표적으로 에드바르 뭉크가 그렇다. 그는 이상적 연인으로는 성모마리아, 적대적 여인상으로는 살로메나, 메두사 같은 여성을 그렸다.

흥미로운 점은 뭉크가 그린 성모마리아는 참으로 기괴하다는 점이다. 사실 〈마돈나〉는 짝사랑한 고향 후배인 다그니 유을 모델로 했어도 뭉크 곁을 스쳐간 어머니, 누이, 첫사랑 등 그의 잠재의식 속에 자리 잡은 여성에 대한 트라우마가 버무려져 있다. 뭉크의 그림에는 성모마리아로 생각했던 여자조차도 상처와 절망을 주는 무시무시한 존재일 뿐이라는 심각한 여성혐오 사상이 녹아 있다. 어쩌면 뭉크는 자신의 무의식 속 여성성인 아니마와 제대로 화해하지 못한 대표적 화가가 아닌가 싶다. 독신이었던 그는 평생 여성을 가까이하는 동시에 두려워하고 공포스러워했다.

　부정적인 아니마로서 제시한 살로메와 같은 존재들은 남성들이 유혹하고 싶고 유혹에 빠지고 싶은 감정을 의인화한 존재들이다. 권력을 거머쥔 성공한 남자들이 저지르는 자기 파괴적인 행동의 배경에는 아니마가 불러일으키는 불안과 공포가 있다. 성공한 남자의 무의식 속에서 드러나는 무시무시한 그녀는 그에게 전달하고자 하는 메시지를 갖고 있다. 그것은 외부적인 성공에 집중하면서 내면의 성장에 소홀했다는 의미다.

　남성들이 내면의 아니마와 긍정적인 관계를 맺으면 이성과의 관계에 도움이 된다. 남자가 자신이 갖고 있는 여성성과 화해하기를 원한다면 현실에서 만나는 여자들의 특성을 이해하도록 노력해야 한다. 당신이 집 안에서 만나는 여성, 학교나 학원에서 만나는 여성, 동창회나 모임에서 만나는 여성, 직장에서 대면하는 여성들은 모두 당신의 아니마와 조우하게 하는 존재들이다. 이제 그녀들이 다시 보일 것이다. 그녀들은 모두 나의 아니마다!

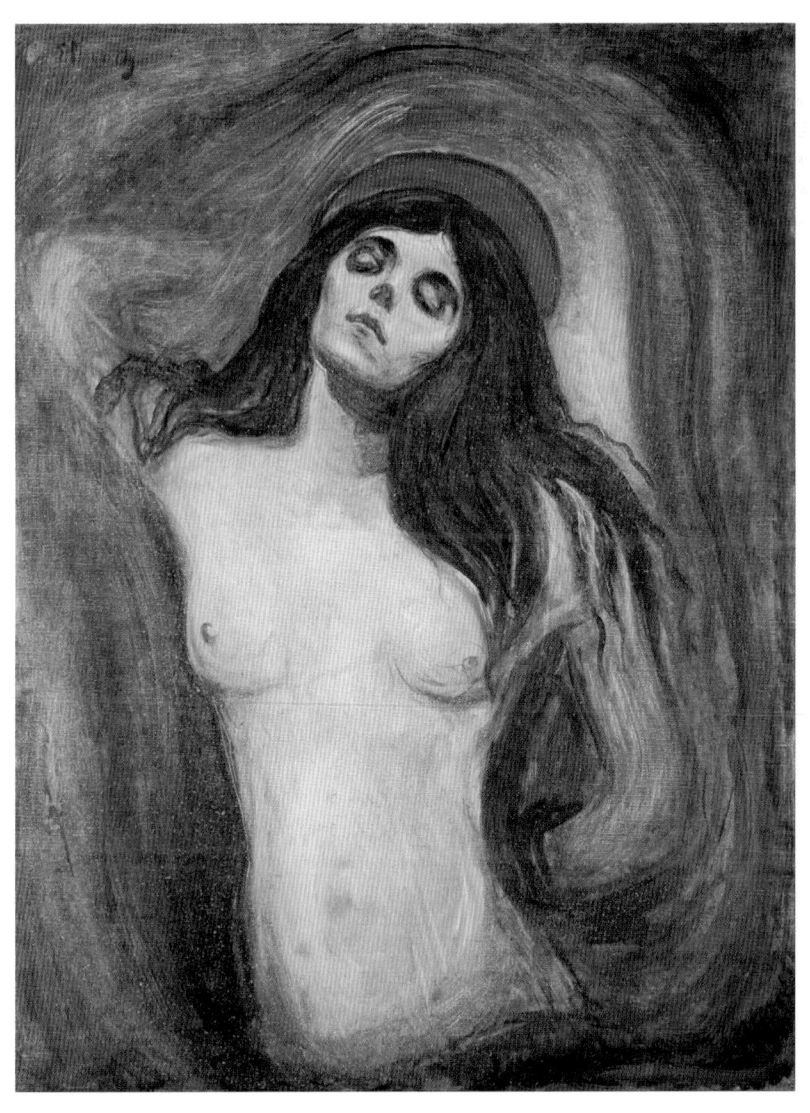

에드바르 뭉크, 〈마돈나〉
캔버스에 유채, 90×68cm, 1894~95, 오슬로 뭉크 박물관

책 읽는 여자는
위험하다

새로운 세상에서
새 꿈을 꾸는 여성들

       가을은 책 읽기에 좋은 계절이 아니다. 가을은 정말 놀기 딱 좋은 계절이다. 그렇지만 늘 그렇듯이 이런 계절에 책을 보는 사람이 있다. 집에서 고요히 책을 보고 있다고 치자. 남편은 집을 지키는 아내가 고맙다는 생각이 든다면 그것은 진짜 여자를 몰라도 너무 모르는 것이다. 지금부터 책 읽는 아내를 둔 남자들은 긴장하시길.

    책 읽는 메릴린 먼로를 상상해본 적이 있는가? 사실 섹스심벌로 유명한 메릴린 먼로가 20세기 현대소설 중 가장 위대한 책이라고 평가받는 미국 작가 제임스 조이스James Joyce의 《율리시스Ulysses》를 탐독했다면? 먼로를 인터뷰한 적이 있는 매그넘 사진가 이브 아널드

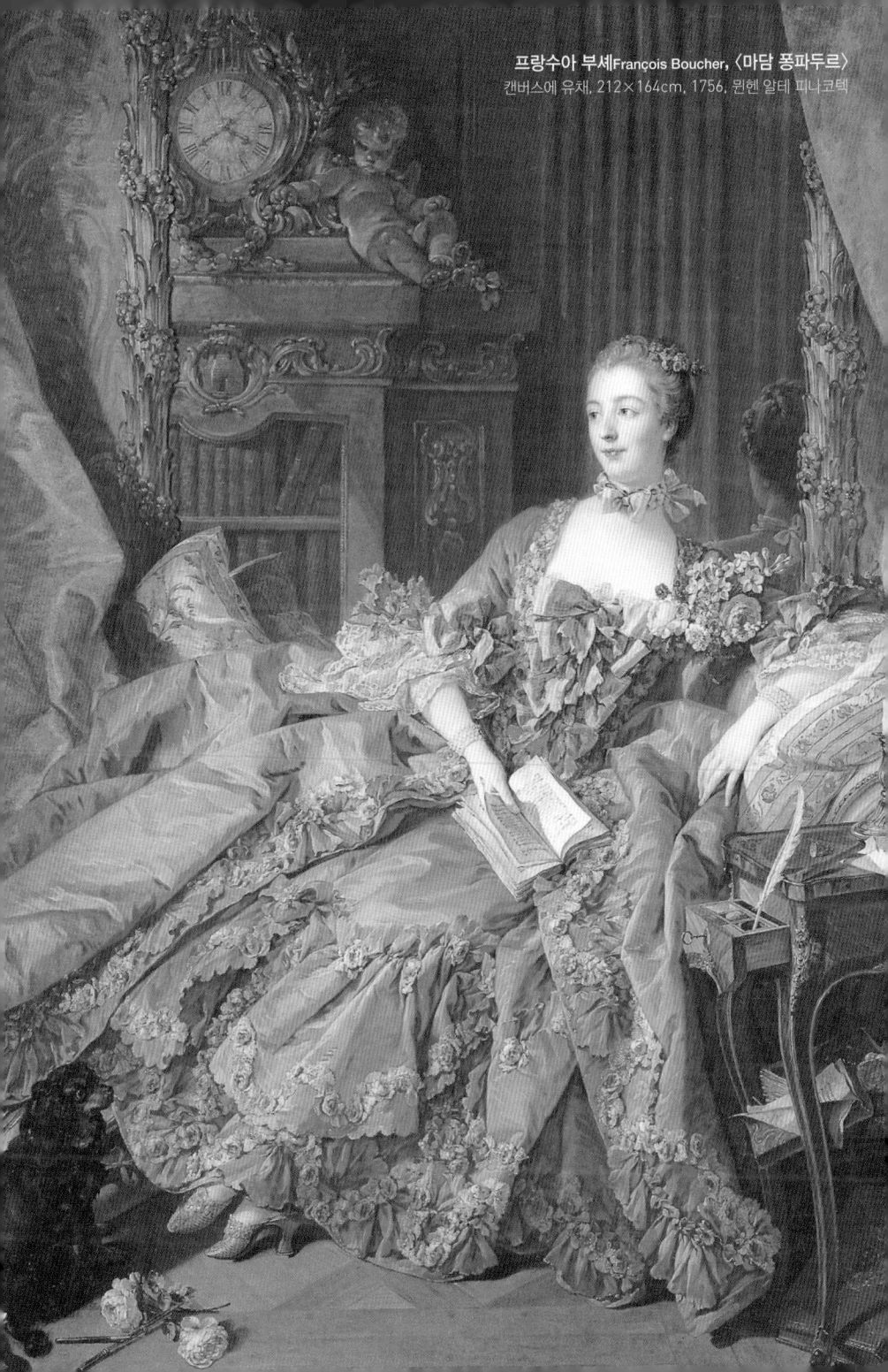

프랑수아 부셰|François Boucher, 〈마담 퐁파두르〉
캔버스에 유채, 212×164cm, 1756, 뮌헨 알테 피나코텍

에 따르면, 먼로를 찍기 위해 약속한 장소에 갔을 때 그녀가 《율리시스》를 읽고 있었다고 한다. 먼로는 자신이 제임스 조이스의 책과 그 어조를 좋아하며, 내용을 좀 더 잘 이해하기 위해서 소리 내서 읽고 있지만 힘든 일이라고 말했다 한다. 그녀는 관련 강좌를 듣기 위해 대학은 물론 제임스 조이스 연구모임과 접촉했다고 한다. '알면 다 친다'고?! 어쩌면 먼로의 죽음은 그녀가 너무 많이 알고 있었기 때문은 아니었을까?

루이 15세의 연인 마담 퐁파두르 역시 대단한 독서가였다. 그녀의 독서는 왕의 여자가 되기 위한 레토릭(수사학)을 배우기 위한 필수항목이다. 그것은 왕을 유혹하기 위한 가장 중요한 책략이 권태로운 왕을 지루하지 않고 재미있게 해주는 것이었음을 의미한다. 독서는 그녀가 왕의 여자가 된다는 점괘를 믿은 어머니로 인해 아홉 살 때부터 시작한 교양활동 중 하나였다. 그녀의 독서는 다방면에 걸친 것이었다.

퐁파두르 초상화는 그녀가 얼마나 교양이 넘치는 사람이었는지 잘 보여준다. 그녀가 등장하는 그림에는 책과 악보가 꼭 함께한다. 그녀는 살롱의 식객이었던 볼테르, 디드로 같은 철학자들이 백과사전을 만들도록 후원했다. 왕의 인생 중 절반인 이십 년 가까운 세월을 사랑 받는 애첩으로 온갖 영화를 누릴 수 있었던 것은 그녀가 엄청난 스토리텔러, 즉 재미있는 여자로 왕을 무장해제시킬 수 있었기 때문이리라. 그런 방식으로 퐁파두르는 왕의 비서실장이자, 애인이자, 친구이자, 엄마이자 여러 역할을 다중적으로 해낼 수 있었다. 퐁파두르는 자신의 전 인생을 통해 현명하고 지적인 여성이라는 이미지 구축에 힘썼다. 그리하여 그녀는 '벨 사방Belle Savante, 학식 있는 여인'이 되었다. 퐁파두르 초상화가 대부분 책을 든 모습으로 존재하는 이유다.

책 읽는 여자들은 언제부터 그려지기 시작했을까? 책 읽는 여자가 등장하기 시작한 것은 17세기부터다. 특히 네덜란드만큼 문자를 통해 이루어지는 책과 편지가 크게 유행한 나라는 없었다. 특히 편지 읽는 그림이 많았던 것은 인간 특히 남녀 사이에 사적이고 내밀한 관계가 지배적이었다는 뜻이다. 여성들은 편지작성법 교본이라든지 글씨 연습책 같은 것을 많이 읽었다.

그러다가 살롱 문화가 발전하고 더불어 출판 산업이 발달하기 시작한 18세기 로코코 시대부터 책 읽는 그림이 대대적으로 그려지고 그 여파는 19세기 말에서 20세기 초반까지 이어진다. 아마도 책 읽는 여자들이 많이 그려졌던 시대는 어느 때보다도 여자들이 남성 중심의 가부장적 이데올로기의 세계에 갇혀 있을 때였을 것이다. 처음에 여자들은 자아실현의 수단이기보다는 지루하고 비천한 일상을 견디는 방법으로 책 읽기를 선택했던 것 같다.

그런데 책을 통해 가정이라는 좁은 세계를 상상력과 지식으로 이루어진 무한한 세계와 맞바꿀 수 있는 가능성을 얻게 된 순간, 그러니까 책이라는 자신만의 공간을 얻게 된 순간부터 여자들은 달라지기 시작했다. 자아를 발견하면서 가정에 대한 순종을 벗어던지고 독립적 자존심을 얻게 되었다. 그녀들은 책을 통해 자아실현이라는 거대한 각성의 세계로 진입하기 시작했다.

프란츠 아이블Franz Eybl이 그린 소녀만큼 독서에 몰입한 상태를 기막히게 표현한 그림도 흔치 않다. 소녀는 책이 주는 최고의 기쁨에 빠져 있다. 말하자면, 고통 속의 쾌락을 느끼고 있다는 것! 책을 읽는 일이 책을 쓰는 일만큼 어려운 일이라는 사실을 감안한다면, 그녀의 모습은 독서를 통한 반半 무의식 상태처럼 보인다. 그것은 그윽한 눈과 조금 벌어진 입의 모양뿐만 아니라, 오른손이 자연스럽게 심장 위에 놓여 있다는 점, 그리고 블라우스의 어깨끈이 내려와 있는 것도 모를 정도의 집중 상태라는 것이다. 그렇게 소녀의 시간은 멈추었고 빛이 온몸에 쏟아져 내리고 있다. 그녀는 아주 온전히 책이 주는 세계와 혼연일치가 되었다.

책 읽는 그림 중에서도 아주 특별하게 시선을 잡아당기는 그림이 하나 더 있다. 흔치 않게 벌거벗은 여자가 책을 읽고 있는 장면이다. 짙은 갈색머리의 소녀는 조금은 딱딱해 보이는 의자에 앉아 입을 벌린 채 책에 열중해 있다. 잡지로 보이는 이 인쇄물은 그녀의 무료함과 권태를 잠시나마 잊게 해주고 있었던 것일까? 어쩌면 그녀가 입고 있다가 벗어놓은 아름다운 기모노가 그녀의 정신 상태를 대변해 줄 수 있을지도 모르겠다.

그녀는 19세기 말의 낭만적 발상과 자포니슴Japonism, 19세기 중반 이후

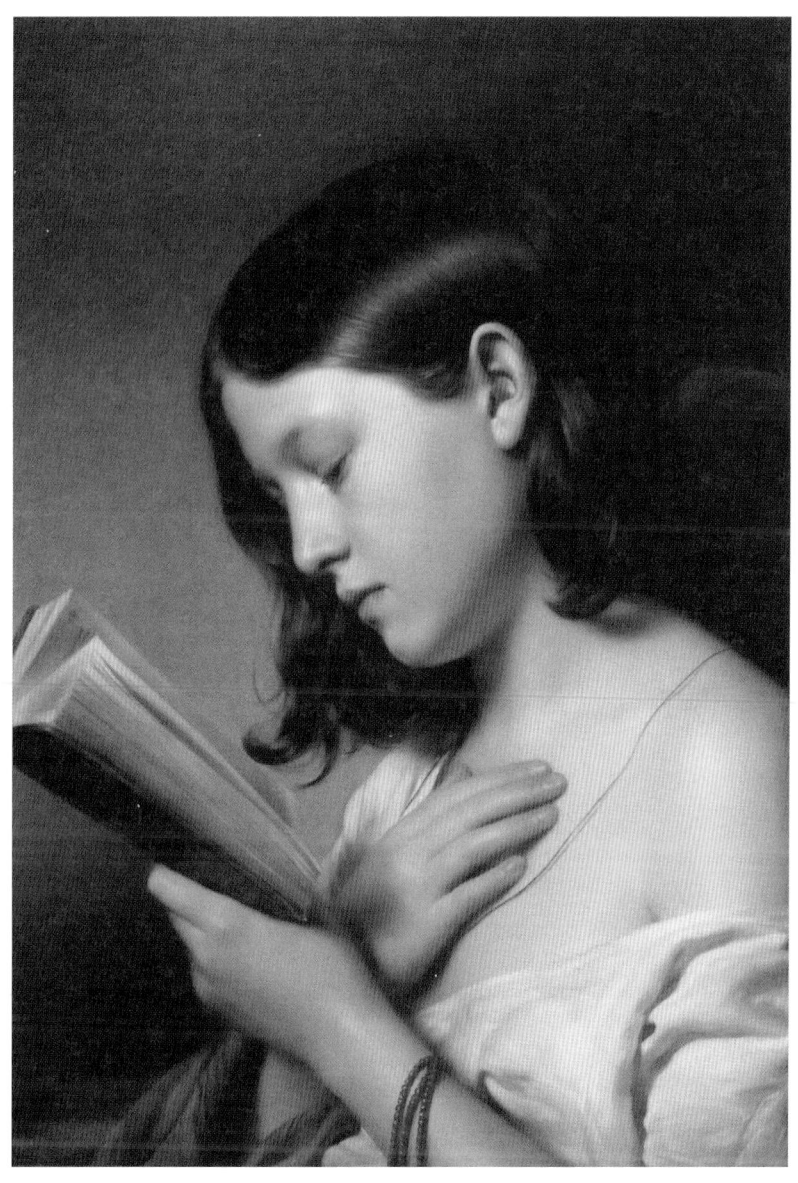

프란츠 아이블, 〈독서하는 소녀〉
캔버스에 유채, 53×41cm, 1850, 빈 벨베데레 궁 박물관

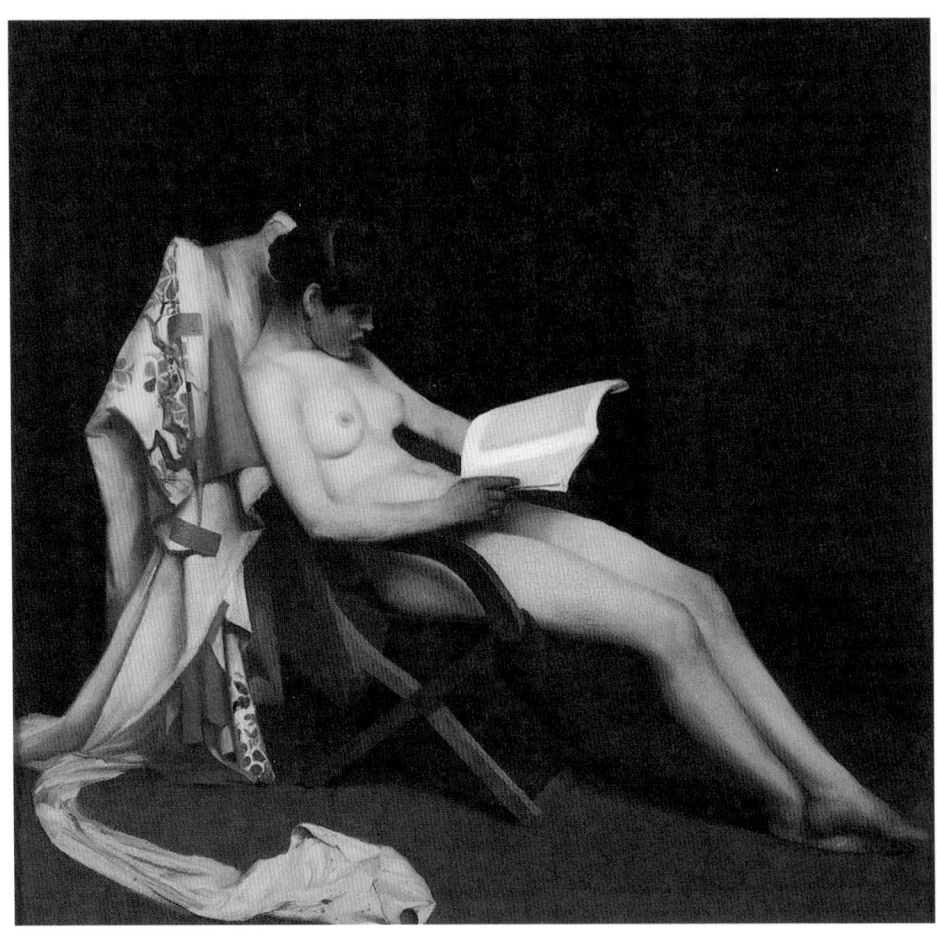

테오도르 루셀 Theodore Roussel, 〈책 읽는 여성〉

캔버스에 유채, 152.4×161.3cm, 1886~67, 런던 테이트 미술관

유럽에서 유행하던 일본풍의 사조이라는 유행의 첨단에 젖어 있던 허영기 있는 여자였을 거라는 점이다. 여자의 허영심은 또 얼마나 에로틱한가! 다시 말해 그녀가 보는 책은 그녀가 입었던 옷과 진배없이 나를 다른 세계로 잠시나마 데려가줄 환상의 세계, 즉 그녀가 동경해 마지않는 세계를 의미하는 것이리라.

더불어 책 읽는 벌거벗은 여자는 아마 책 앞에서는 어떤 수치심도 없다는 것을 뜻할 수도 있다. 어쩌면 책이 피부를 통해 직접 심장까지 뚫고 들어온다는 의미일 수도 있다. 어쨌거나 독서는 인간을 벌거벗게 만든다. 그것은 책을 통한 인간과 세상에 대한 이해가 결국 인간을 더 자유롭게 한다는 뜻이다.

책 읽는 여자를 그린 시대의 남성들이 진정 책 읽는 여자를 두려워한 이유는 그녀가 모든 것을 잊어버리고 오로지 자기만의 환상의 세계에 빠져들었기 때문이다. 그렇게 그녀는 가사, 남편, 아이, 심지어 애인도 잊어버린다. 오직 책만을 중요한 것으로 여기며 혼자서도 잘 지낼 수 있게 된다. 더군다나 독서는 기존 세계에서 벗어나려는 반항적인 아이가 되게 만든다. 남들한테는 두려움을 주고, 스스로는 두려움이 없는 존재가 되는 것이다. 남성들은 그런 존재를 매혹적인 동시에 두려워했던 것이다.

언제나 타자적 삶(소외되고 배제된 사람의 편에 서는 것)이 모토인 예술가들이야말로 현실과 환상을 오가는 그녀들의 시선과 태도에 쉽게 매료당했다. 화가들은 여자들이 책을 읽는 순간 그녀들이 꾸는 혁명

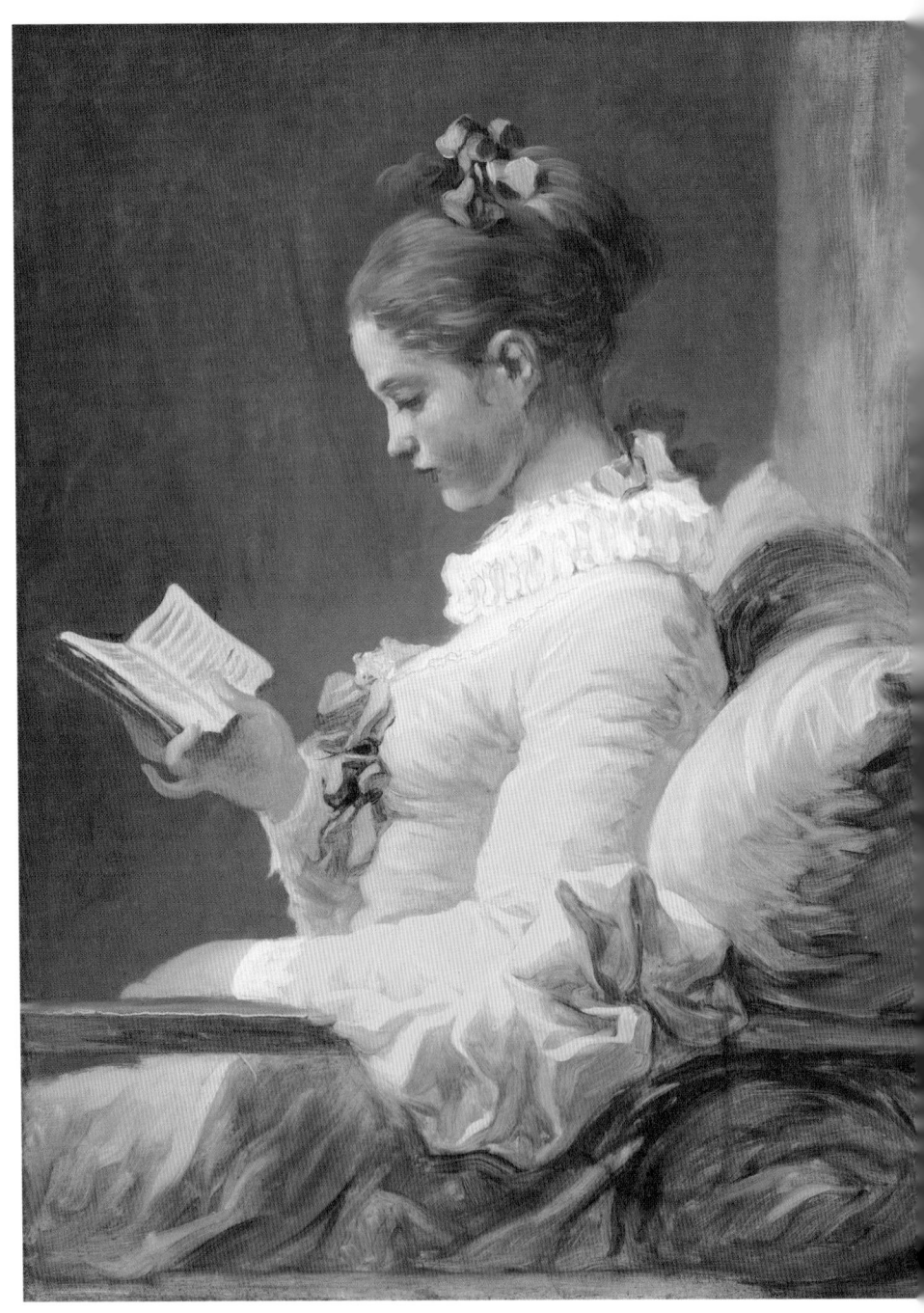

장 오노레 프라고나르Jean-Honoré Fragonard, 〈책 읽는 여인〉
캔버스에 유채, 82×65cm, 1770~72, 워싱턴 D.C. 국립미술관

의 기쁜 꿈에 동참하고 싶어했던 것 같다. 화가들이야말로 그 마음 속에 일어나는 변화를 가장 먼저 인정하고 싶었던 존재들이었을지도 모르니까.

이제 책 읽는 여자들을 위험하게 생각하던 시대가 지났을까? 여전히 책을 읽는 여자들은 어떤 식으로든 반란과 저항과 혁명을 꿈꿀 것이다. 그런데 이제 책 읽는 여자는 더 이상 예전 방식으로는 위험하지 않을지도 모른다. 이제 달라진 시대를 살고 있는 여성들은 여행, 사업, 운동, 봉사, 블로거, 취미 등 수동적 독서를 넘어서 적극적 체험을 더 중요히 여기며 살고 있기 때문이다. 그러니 이제 두려운 건, 단순히 책 읽는 여자가 아니고, 책도 많이 읽고 체험도 많이 하는 여자들이다. 아마 당신은 당신의 여자가 혼자 배낭 메고 세계일주한다고 나설까 봐 살짝 겁이 날지도 모른다. 그녀들은 예전 여자들처럼 곰국도 끓이지 않는다. 이제 당신도 홀로서기를 하든지, 젖은 낙엽처럼 들러붙어 있든지 결정을 내려야 할 순간이 왔다. 아무쪼록 현명한 선택을 하길 바란다.

서로를 안아주는 따스한 위로와 공감

그림 같은 여자
그림 보는 남자

초판 1쇄 2016년 7월 10일
초판 3쇄 2017년 1월 10일

지은이 유경희
펴낸이 전호림
책임편집 이승희
마케팅 · 홍보 강동균 박태규 김혜원

펴낸곳 매경출판㈜
등 록 2003년 4월 24일(No. 2-3759)
주 소 (04557) 서울시 중구 충무로 2(필동1가) 매일경제 별관 2층 매경출판㈜
홈페이지 www.mkbook.co.kr   **페이스북** facebook.com/maekyung1
전 화 02)2000-2641(기획편집) 02)2000-2636(마케팅) 02)2000-2606(구입 문의)
팩 스 02)2000-2609   **이메일** publish@mk.co.kr
인쇄 · 제본 ㈜M-print 031)8071-0961
ISBN 979-11-5542-487-2(03600)

책값은 뒤표지에 있습니다.
파본은 구입하신 서점에서 교환해 드립니다.